360度の視点で
能力を哲学する絵事典

スキル
ペディア

SKILLPEDIA
The Pictopedia of Abilities

村山昇
Noboru Murayama

絵・図 サカイシヤスシ
Yasushi Sakaishi

はじめに

あなたは健康な樹木？不健全な樹木？

　本質を離れたところのささいな部分に執着し、そこでああだこうだともがいている状況を指して、よく「枝葉末節にとらわれる」などといいます。そこで、人の能力を樹木に喩えてみたのが下図です。

　樹木が生き生きと花を咲かせ、豊かに実をつけるために必要なことは何でしょう───まず根を広く深く大地に張ること。そして太く堅い幹を天に伸ばすこと。さらには、そこからいくつも枝を出し

いまの私たちは枝・葉の能力をとがらせることに熱を上げ、
果実取りに急いでいないか。
根や幹が弱り細っていることをほったらかしにしたまま……

樹木のメタファー

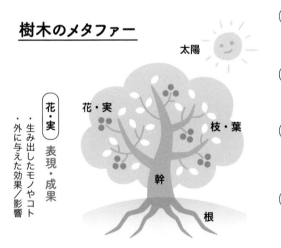

太陽

花・実

枝・葉

幹

根

・外に与えた効果／影響
・生み出したモノやコト
花・実　表現・成果

| 太陽 | おおいなる目的 |

・何の意味に向かって「働く・生きる」か
・夢、志、理想、ビジョン

| 枝・葉 | 末端の技能・知識 |

・●●の処理技術
・●●の知識／情報　など

| 幹 | おおもとの力 |

・しる力、みる力、読む力
・考える力、学ぶ力、想う力
・かく力、言う力、伝える力　など

| 根 | マインド・観 |

・「働く・生きる」に対し、どういう態度をとるか
・世界をどうとらえるか
・大切にしたい価値は何か

能力

て、葉を茂らせ、燦燦たる陽光を受けて健やかに生長していくこと、ではないでしょうか。

　私たちの事業現場・職場では、ますます成果が求められています。短期に、効率的に、数値で表れる成果ほど歓迎されます。そのため職業人としての能力開発は、どんどん業務処理的な知識・技能習得へと傾き、細分化され、即効性を狙うものになります。

　書店に並ぶ数多くの実務本、ハウツー本、成功法本。最新の業界情報・先端知識を披露するセミナー。テクニカルスキルを身につける研修。こうしたものを常に取り込み、アタマと手先を器用に磨き続けないと職場からはじかれる時代になりました。

　これはいわば、樹木の枝・葉のみをとがらせ、揺り動かし、木の実を取ろうと急いている状態のように思います。その間、根や幹はなおざりにされています。根や幹がしだいに弱り細ってきているにもかかわらず、私たちは「もっと多く、もっと早く」の成果を求めているのです。樹木としては何とも不自然・不健全な状態にあります。

末端の枝・葉能力の競争では AI に勝てない

　人間の能力は本来、個々を全人的、個性的に豊かにするためのものです。ところが、昨今の私たちは能力というものをあまりに功利主義に寄せて考えるようになりました。テストでよい点を取るために、よい学校へ入学するために、よい会社へ就職するために、生産性を上げて評価と給料を上げるために……それにかなう知識や技術・資格は何だ、というふうに。こうした結果、私たちは細分化された作業を処理することには長けるものの、部分的に自分を使うだけで全体的に豊かに生きることが苦手になりました。

　そして、その自分の居場所と決めていたはずの小さな枠の中に AI（人工知能）という名の競合者が侵入してきたのです。

ハウツーをいっさい教えない能力本

　枝・葉の能力は、機械やAIとの競争になります。そこでは人間は早晩、負けます。しかし幹となる能力、根となるマインド・観は、人間でしか、より正確にはその人にしか持てないかけがえのないものです。ここの重要性をどう再認識し、自分をどう再編成していくか———これこそが本書の大きな目的です。

　本書は能力をメインテーマにする本でありながら、直接的に能力の修得法、業務処理のハウツーを教えるものではありません。能力の見つめ方・とらえ方を書いたものです。そして人間の能力の可能性のすばらしさに気づく本でもあります。

短期的な功利からは遠い本です。しかし、自分という能力存在に今一度まなざしを向け、今後も長く続く仕事・キャリア・人生に対し、自分をどう開発していくかを考えるには、とてもよい影響を与えてくれる一冊になるでしょう。

ここでアインシュタインの次の言葉を添えておきます。———「ふたつの生き方がある。奇跡など起こらないと信じて生きるか、それとも、すべてが奇跡だと信じて生きるか」。

本書ではこれから人間の持つさまざまな能力、そしてそれらを司る意識・観をみていきます。これらが渾然一体となり、あらゆる可能性を秘めた私たち1人1人の生命とは何と奇跡的な出現なのか。それを発見する旅に出ましょう!

こんな人のための本です

一般ビジネスパーソンへ

● 自分を生かす能力、キャリアを拓く能力について見つめなおしたい
● 変化に振り回されないために、能力・意識をどう持てばよいのだろう
● 自分らしい仕事をするために、能力とどう向き合えばいいのだろう
● 「〜できる力」の本質をとらえ、根幹から自分を強くしたい

管理職者・経営者へ

● 能力というものを深い次元で理解したい
● 部下・社員の能力開発において何が重要であるかのヒントを得たい

人事担当者・キャリアコンサルタントへ

● 人材育成支援の観点から能力というものを再考察したい
● 能力を司る意識や観についての理解を深め、相談に役立てたい

就職活動学生へ

● 能力の重要性について学んでおきたい
● 働くうえで、能力や意識の何が重要なのだろう
● 知識や技術以上に大事なことって何だろう

本書のつくり・使い方

根幹のチカラ　44項目

生きるうえで、働くうえで、根となり幹となる能力・意識を解説していきます。

一度ざっと本文を読んでから絵図をながめ、再度本文を読むと理解が深まるでしょう。

興味ある項目から読み始めてもかまいませんが、全体としては第1部から第3部までひとつの流れになっています。

コラム　10本

「根幹のチカラ」についての理解を深め補強するための内容をお届けします。

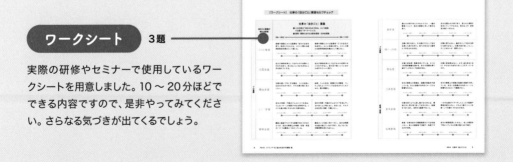

ワークシート　3題

実際の研修やセミナーで使用しているワークシートを用意しました。10 〜 20分ほどでできる内容ですので、是非やってみてください。さらなる気づきが出てくるでしょう。

はじめに …… 2

こんな人のための本です …… 4
本書のつくり・使い方 …… 5

Contents
目次

第1部 ｜ コア20

「中核能力」の本質を押さえる …… 10

Introduction　能力の広がりと深み …… 12

C01　しる力 …… 16
C02　みる力 …… 24

コラム1　時代の変化をどうみるか …… 33

C03　読む力 …… 34
C04　きく力 …… 38
C05　感じる力 …… 40
C06　数える力 …… 42
C07　はかる力 …… 44

コラム2　抽象的価値をはかる …… 49

C08　考える力 …… 52

コラム3　「仕事とは何か」を自分の言葉と絵で表現する …… 69

C09　学ぶ力 …… 74
C10　ためる力 …… 78
C11　合わせる力 …… 80
C12　想う力 …… 82

コラム4　「分析」と「ビジョン」の両輪 …… 88

C13　決める力 …… 90
C14　かく力 …… 92
C15　言う力 …… 96
C16　つくる力 …… 102
C17　起こす力 …… 104
C18　伝える力 …… 106

コラム5　オノ・ヨーコの「インストラクション・アート」 …… 111

C19　つながる力 …… 112
C20　導く力 …… 118

第2部｜アドバンスト14

強い仕事を生み出すための「発展能力」…… 120

Introduction　強い仕事を生み出す発展能力 …… 122

A01　課題発見力 …… 126
A02　プロジェクト構想力 …… 128
A03　アイデア発想力 …… 130

コラム6　セレンディピティ …… 132
コラム7　量販の圧力に追いやられた写楽の浮世絵 …… 139

A04　マネジメント …… 140
A05　リーダーシップ …… 142
A06　クリティカル・シンキング …… 144
A07　デザイン・シンキング …… 146

コラム8　知の思考・情の思考・意の思考 …… 148

A08　コンセプチュアル・シンキング …… 150
A09　編集力 …… 158
A10　言葉力 …… 160
A11　図解力／図観力 …… 166
A12　ファシリテーション …… 186
A13　機会創出力 …… 188
A14　メタ能力 …… 194

第3部 | マインド10

能力を活かす「意識・観」 198

Introduction 「観」という名の羅針盤 200

M01 自立／自律／自導 204
M02 自信 206
M03 自制心 210
M04 仕事の「自分ごと化」 214

ワークシート 仕事の「自分ごと」意識セルフチェック 216
コラム9 仕事を「自分ごと」にするために 220

M05 オープンマインド 222
M06 習慣 226
M07 価値基盤・理念軸 228

ワークシート 価値基盤の言語化 230
ワークシート 2つの自己定義宣言〈セルフ・ステートメント〉 233

M08 夢・志 234
M09 観 240

コラム10 意識と無意識の境からやってくる創造力 250

M10 こころ・精神性 252

本書のまとめとして「能力とキャリア」総括 257

おわりに 260

参考文献 ..... 263　　索引 264

第**1**部 ｜ コア20

「中核能力」の
本質を押さえる

自分自身を樹木に喩えたとき、生き生きと花〈自分の表現〉を咲かせ、
豊かに実〈成果〉を結ぶためには、太く天に伸びた幹が必要です。
第1部ではその幹となる中核能力を20項目取り上げます。
単純な仕事であれ複雑な仕事であれ、あるいは日々の生活であれ、
これらの力の強さが仕事・生活の質を決めていきます。

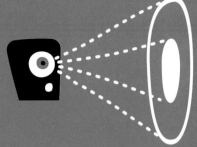

Part 1
Core Abilities 20

C 01 しる力

C 02 みる力

C 03 読む力

C 04 きく力

C 05 感じる力

C 06 数える力

C 07 はかる力

C 08 考える力

C 09 学ぶ力

C 10 ためる力

C 11 合わせる力

C 12 想う力

C 13 決める力

C 14 かく力

C 15 言う力

C 16 つくる力

C 17 起こす力

C 18 伝える力

C 19 つながる力

C 20 導く力

Introduction

能力の広がりと深み

価値創造回路の中で
上流・中流・下流に広がる諸能力

　私たちは、日々、仕事上でも生活上でもさまざまにモノをつくったり、コトを行ったりしています。そうした物事にはたらきかけをして、価値を創造していく活動を下図のように単純にモデル化してみました。

　私たちが何か意志的な活動をするときの流れは、「INPUT→価値創造回路→OUTPUT」。そしてその自分の中の回路は、右ページ図のように、ざっくり3つの部屋に分かれて広がっているととらえます（といっても実際はこういう間仕切りはなく能力として渾然一体としています）。

　例えば、私たちが何かモノを加工する場合、まず、原材料になる素材を入手します。そして、その素材の状態を「みたり」「触れたり」して、どういう加工方法がいいかの判断材料にします。また、技術書をいろいろ「読んで」学びます。あるいは、お客さんがどう仕上げてほしいかの要望を「きき」ます。このように価値創造的な活動は、まず受信や摂取、認知からスタートします。

　次に、その自分が取り込んだものを「考えたり」「組み合わせたり」「覚えたり」するという中流過程があります。すなわち、理解や編集、記憶のステップです。

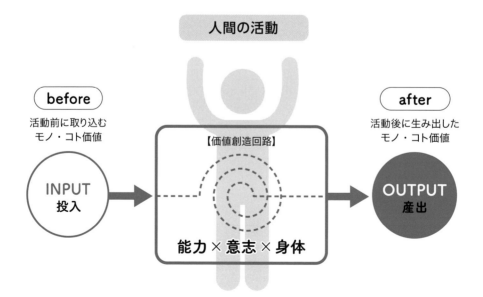

回路の平面的なつくり

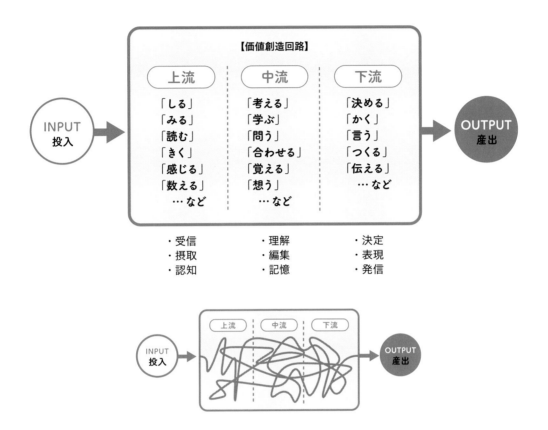

そしてさらに、下流過程として「決める」「つくる」「伝える」などの、決定、表現、発信があります。こうした流れを経て回路から出されたものが、アウトプットとして他人の目に触れることになります。

回路内を縦横無尽に動き
諸能力を一点に向かわせる

ただ、ここで上流・中流・下流といっていますが、回路の中でさまざまな能力がはたらく流れは、上流から下流への単調な一方通行ではなく、複雑に行ったり来

たりするのが実態でしょう。

価値創造回路に広がりを持ち、諸能力を一点に向かって統合的に使える人が優れたアウトプットを出せる人です。例えば、優れた記事が生み出されるためには、下流過程の「書く」能力に長けているだけでは不十分で、よく「しり」、よく「読み」、よく「考え」、よく「組み合わせる」ことが必要です。そしていったん書いては、また、「読む」に戻ったり、「問う」に戻ったりしながら、ようやく、よく「書ける」ことになります。

能力が発揮される具合には
深さがある

　さて、価値創造回路を斜めからもながめてみましょう（下図）。この図は能力が発揮される具合に深さがあることを示すものです。

　例えば、私たちが何かを「みる」場合、単純に目に入るものを「見る」ときもあれば、目に映る事象の奥に何かの原理や本質を「観る」こともあります。普通の人はリンゴが木から落ちるのを「見る」だけですが、ニュートンはそこに万有引力を「観た」わけです。

　そのように私たちが各々に持つ価値創造の回路には、タテ方向の深みがあります。その観点でながめていくと、例えば次のような仕事の形態がみえて

きます───①処理的な仕事、②よく練られた仕事、③プロフェッショナル的仕事、④芸術的即応の仕事。

　一般的に、能力は「高い／低い」のようにいわれます。これは能力が成す効用の度合いに着目するからでしょう。しかし本書ではそれと異なり、能力の発揮具合に着目します。能力は多分に意識や身体と連関しています。そしてその人の味わい的なものにじみ出します。そうしたことから、本書では能力を深みという観点でながめ、能力の発揮具合が「深い／浅い」のようにとらえます。

　さて、それでは価値創造回路の中に広がっている20の中核能力と、それぞれにおける深みについてみていきましょう。能力に対する新たな発見がいくつもあるでしょう。

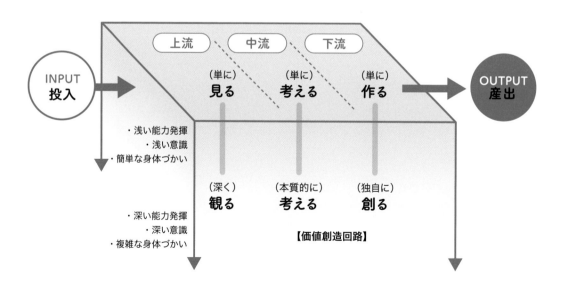

回路の立体的なつくり

【価値創造回路】

① 処理的な仕事

- 深い吟味がなされることなく、上流から下流に単線的に行われる仕事
- 誰でもできるような価値創造の小さな仕事
- 定型（ルーチン）ワークなど

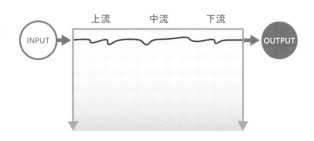

② よく練られた仕事

- ある深さで、ていねいになされる仕事
- 深さに応じた価値が創造される
- その人ならではの仕事になる

③ プロフェッショナル的仕事

- 深いところで、磨かれた技と意識でなされる仕事（ときに無意識層にまで入り込んでもがく）
- プロの仕事にふさわしい価値が創造される
- 独自かつ完成度を伴った仕事

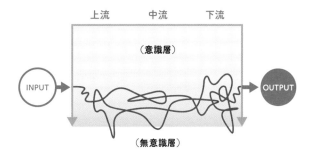

④ 芸術的即応の仕事

- 非常に深いところで直線的に瞬時に反応がなされる仕事
- 希有な価値が創造される
- 心技体が高度に一つになった仕事

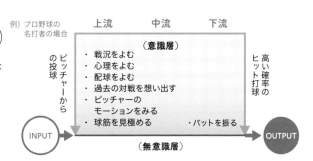

C01 しる力

「しる」とは、事象（身の回りで起こる出来事とその様子）や経験を、データや情報といった形にして自分の中に取り込むこと。そしてそれらをもとに物事を理解・判別する体系をつくりあげること。さらには道理にかなった賢明な処し方を生み出すことをいいます。

「データ断片を持つ」から
「賢慮を湛える」まで

「しる」ことは下図・右図のように段階的に変容していきます。「しる」は一般的には「知る」と書きますが、意図的に漢字を当てるなら、「（単に）知る」「識る」「智る」というように分けてとらえることができます。

段階Ⅰ・段階Ⅱでの「しっている」は、単にデータや情報を自分の内に取り込んでいるというだけのものです。ところが段階Ⅲにおける「しっている」は、それを合理的な体系のもとで知識として取り込んでいるのでより深いといえます。

ちなみに、自分の内で構築したその合理的体系が「識」と呼ばれるもので、網のようなイメージでとらえるとよいかもしれません。各人が内面に構築する網には、広さや厚さ、方向性の違いが出ます。

段階Ⅳの「しっている」は、独自の普遍化から理を悟り、そこから深い知恵を湧かせることができる状態です。頭だけでなく、心を含んだ統合的なはたらきになります。

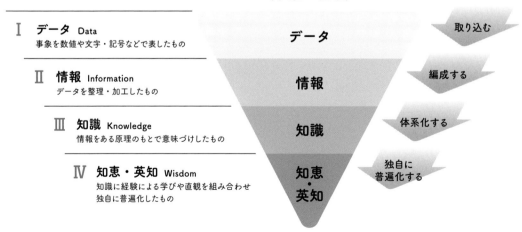

（事象・経験）

Ⅰ	**データ** Data 事象を数値や文字・記号などで表したもの	データ	取り込む
Ⅱ	**情報** Information データを整理・加工したもの	情報	編成する
Ⅲ	**知識** Knowledge 情報をある原理のもとで意味づけしたもの	知識	体系化する
Ⅳ	**知恵・英知** Wisdom 知識に経験による学びや直観を組み合わせ独自に普遍化したもの	知恵・英知	独自に普遍化する

「しる」ことの段階変容

しっている
〔Ⅰ〕

データ

データを自分の内に
取り込んでいる

頭で断片的に
処理される作業

しっている
〔Ⅱ〕

情報

情報を自分の内に
取り込んでいる

しっている
〔Ⅲ〕

知識

知識を自分の内に
取り込んでいる

＊「識」とは物事を判別する「網」のようなもの
【知識】 物事を判別する合理的体系の網。
　　　　あるいは、その網に乗せて
　　　　つかんでいる内容
【博識】 物事を判別するための網が広い
【見識】 物事を判別する網に
　　　　しっかりとした方向性がある
【良識】 物事を判別する網の方向性が健全である

しっている
〔Ⅳ〕

知恵・英知

知恵・英知を
自分の内に湛えている
理を悟り、
そこから深い知を
湧かせることができる

【知恵】 物事の本質をとらえ、
　　　　賢く対処する心のはたらき
【英知】 優れた知恵
【叡知】 知恵が正しく極まったもの。
　　　　徳性の結晶知

頭だけでなく、
心を含む
統合的なはたらき

❗ Essential Points

☐ 知識の「識」は物事を判別する「網」。あなたの網は、どんな広さだろう？
　　どんな厚さだろう？　どの方向を向いているだろう？

☐ さらに、その網から普遍的な知恵が湧き出してくるだろうか？

しる力の「深み」

どれだけの厚みで
物事をしろうとするか

前ページでみてきたように「しる」ことには段階があります。浅いところの「知る」は、データ・情報の断片を持つか持たないかという「have」的なレベルです。そこから一段深い「識る」は、人間を合理的な方向に動かす作用があります。すなわち「do」的な影響を及ぼすものです。

「知識は力なり」とフランシス・ベーコンは有名な言葉を発しました。彼は自然界に起こる事象の因果関係をきちんと理をもって解明すること（＝知識）によって、自然を実利的に活用できる（＝力を生む）と主張したわけです。ラテン語の「知識＝

scientia」は、現代英語の「科学＝science」の語源にもなっています。

最も深い「智る」レベルになると、そこは「be」的なレベルになります。内奥から湧いてくる英知（叡智）はその人をあるべき方向へと導きます。ある場面では、科学的に合理的な答え（＝知識）とは異なる判断を自分に仕向けることさえ起こりえるでしょう。

「しる」ことの最深部にいるのは、必ずしも最先端の知識を持った研究者・インテリであるとはかぎりません。市井の一人間であっても、物事を深いところでつかみ、徳性から湧き出した英知のもとに生きる人はたくさんいます。

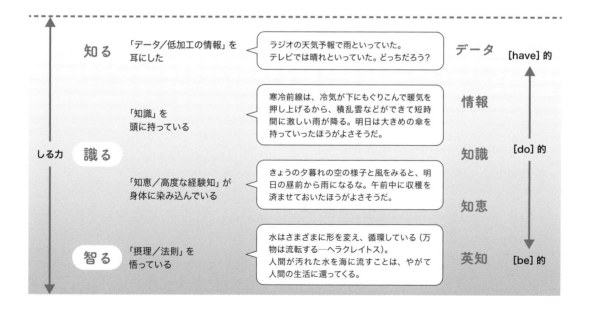

しる力の「広がり」

「しる方法をしる」 そして
情報の真偽を見抜く目利き力をつける

私たちはこの世のすべてのことを自分の内でしっておく必要はありません。何かしりたいと思ったときに、しる方法を身につけていれば、それで事が足りる場合があるからです。

インターネット上の情報の中からほしい情報を見つけ出すセンスや技術。図書館や博物館、教育研究機関を活用する工夫。知識や知恵を持った人とのネットワークづくり……これらが「しる力」の広がりになります。

しかし、ただ広がりを持つだけでは不十分です。メディアリテラシーを身につける、目利き力を磨く、といったことをしないと、偽の情報を真に受けたり、非効率な情報探しになったりします。

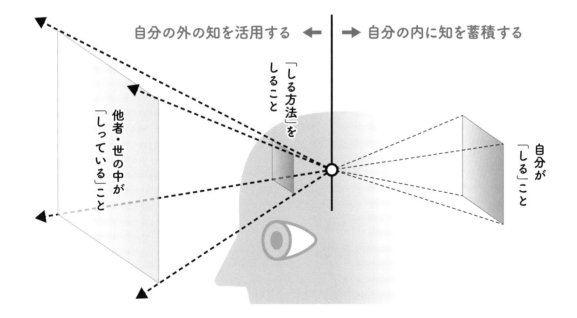

自分の外の知を活用する ← → 自分の内に知を蓄積する

「しる方法」をしること

他者・世の中が「しっている」こと

自分が「しる」こと

「私がフィラデルフィアに住んでいた子供のころ、父はこう教えてくれた。エンサイクロペディア・ブリタニカの内容を暗記する必要はない。そこに書かれている内容を見つけだす方法を身につければいいんだ」。

――リチャード・S・ワーマン『情報選択の時代』

しる力の「ふくらみ」

手元に『Eゲイト英和辞典』(ベネッセコーポレーション 2003年初版発行：現在絶版) があります。その帯には、こんなコピーが記載されています───「on＝"上に"ではない」。

私たちは学校でonを「〜の上に」という意味で暗記してきました。が、この辞書はそうではないといっています。そこでこの辞書で「on」を引いてみると、下のような図が載っていました。

on：〜 に接触して

水平・垂直方向を問わず
「接触関係」を表す

出所：『Eゲイト英和辞典』(ベネッセコーポレーション)

そう、onは本来、タテ・ヨコ・上下を問わず何かに接触していることを示す前置詞だというわけです。暗記的に「〜の上に」と覚えてしまうと、「the fly on the ceiling (天井に止まったハエ)」とか、「a crack on the wall(壁に入ったひび割れ)」「a village on the border (国境沿いの町)」などの言い表し方に思考が発展しなくなります。そして、たいていはまた1つ1つ、丸暗記をしていくことになります。

原理・本質をつかむことで
「しる」は空間的にふくらむ

このように断片を暗記していって「しる」を増やすことが学校教育の現場ではしばしば行われます。しかし、本当に「しる」を豊かにするためにはどうすることがよいのでしょう。それは、根源にある本質をつかむことです。大本の「一 (イチ)」をつかんでおけば、それを十にも、百にも発展応用ができ

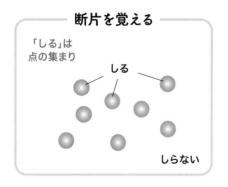

断片を覚える

「しる」は
点の集まり

しる

しらない

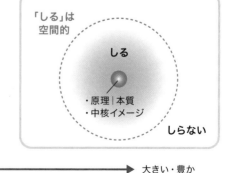

大本の原理をつかむ

「しる」は
空間的

しる

・原理｜本質
・中核イメージ

しらない

小さい・やせている ◄──────────────────► 大きい・豊か

しる力のふくらみ

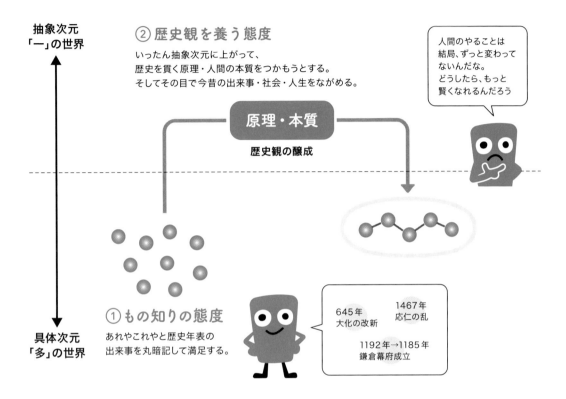

歴史を「しる」2つの態度

抽象次元「一」の世界

② **歴史観を養う態度**

いったん抽象次元に上がって、
歴史を貫く原理・人間の本質をつかもうとする。
そしてその目で今昔の出来事・社会・人生をながめる。

原理・本質

歴史観の醸成

人間のやることは
結局、ずっと変わって
ないんだな。
どうしたら、もっと
賢くなれるんだろう

① **もの知りの態度**

あれやこれやと歴史年表の
出来事を丸暗記して満足する。

具体次元「多」の世界

645年
大化の改新

1467年
応仁の乱

1192年→1185年
鎌倉幕府成立

ます。他方、末梢の事柄の丸暗記では、応用がきき
ません。

　末梢の断片を暗記的に覚える場合、しるは「点
の集まり」です。大本の原理・本質をつかむ場合、
しるは「空間的」になります（左図）。

歴史を「しる」 2つの態度
教養とは知識量の多さではない

　俗に言う「教養がある」とはどういうことでしょ
うか。例えば、歴史年表の出来事をたくさん覚えて
いて、蘊蓄をいろいろ披露できたり、クイズで正解

を連発できたりするのが、歴史教養のある人でしょ
うか。それは単に情報や知識の断片コレクターで
あり、教養人とはいいません。

　真の教養人とは、断片から何か原理・本質を自
分なりにつかんで観を養い、その視座から現実を
見つめなおすことができる人です（上図）。

　前の箇所でみたとおり、知識の断片を持つという
「have」的なレベルは、しることの表層にすぎませ
ん。しることを「do」的、「be」的に昇華させていく
のが教養であるともいえます。

暗黙知と形式知

「潜在的なモワモワ知＝暗黙知」と 「顕在的なかっちり知＝形式知」

　例えば、料理人はいろいろな経験や勘、調理知識、技法を蓄えています。それらの知が、その人の内に感覚的に、無形に、あいまいに保有されている場合、「暗黙知」と呼ばれます。一方、それらの知を文章（マニュアルやレシピ）にしたり、図表や数式にして、他の人でも共有できるようにしたものを「形式知」といいます。

　簡単に言えば、暗黙知とは、「モワモワした感じで潜在的にしっていること」。形式知とは「かっちりした形に顕在化させてしっていること」です。

外に表現することで 自分の「しる」が確かになる

　暗黙知と形式知は、1996年刊行の『知識創造企業』（野中郁次郎／竹内弘高著）によって広く普及する概念となりました。同書は、組織内における知識創造がどのようなプロセスで起こるのかを分析したもので、有名な「SECIモデル」もここで提示されました。

　同モデルは、組織員1人1人が持つ暗黙知が、[共同化：Socialization]→[表出化：Externalization]を経て組織全体の形式知となり、形式知はさらに[連結化：Combination]→[内面化：Internalization]を経て暗黙知になる。そしてまた次の循環が始まり、知識が進化・深化していくことを説明するものです。

　しることを深め、しる力を強化していくために、普段から自分の内にある「モワモワ知」を「かっちり知」に変換する作業を頻繁に行うことがよいでしょう。具体的には、自分のしっていることを言語化する、図表・絵に描いて示す、形にして作る、概念を起こして説明する、理論化する、比喩で示す、などです（次ページ図①）。

　そうして自分の外に目に見える形でアウトプットされたものは、②他者のフィードバック（評価・反応・アイデア）を受けることとなります。するとまた、それを自分の内で練り直し、③またアウトプットします。この繰り返しの過程で、自分が何をどうしているのかが確かになっていきます。

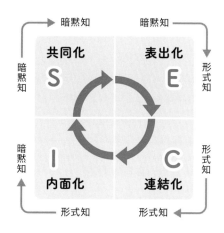

SECIモデル図

*野中郁次郎・紺野登著『知識創造の方法論』をもとに作図

自分の内の「暗黙知」を「形式知」として外に出せ

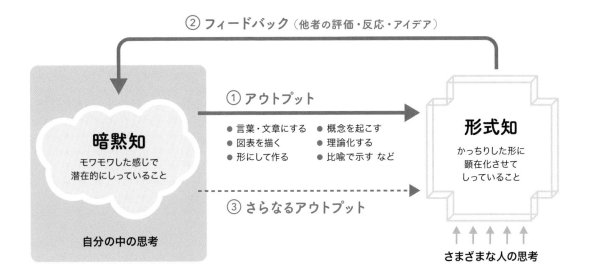

水は凍ったときに初めて手でつかむことができる。それはあたかも人間の思想が心の中にある間は水のように流動してやまず、容易に捕捉し難いにもかかわらず、一旦それが紙の上に印刷されると、何人（なんびと）の目にもはっきりした形となり、もはや動きの取れないものとなってしまうのと似ている。まことに書物は思想の凍結であり、結晶である。（中略）

それはもはや自分一人の私有物ではなく、万人の共有物として、さまざまな批判検討を受けねばならぬこととなる。そしてそれ故にこそ、著者自身にとっては、さらに前進するのに最も都合よい基地となるのみならず、他の多くの人達の心にも新鮮な栄養となり、強い刺激を与え得るのである。

―― 湯川秀樹『目に見えないもの』

C02 みる力

「みる」もインプット的能力の代表格であり、いかに自分の内に情報を取り込むかという重要な作業です。「みる」ことは実に多様で漢字表記でも、見る、観る、視る、察る、覧る、診る、看る、などニュアンスの違いによって書き分けることがあります。

「みる力」といった場合、身体的な観点では静止視力や動体視力、深視力といったものがあり、検査で測定ができます。本書ではそれとは別の、意思的な観点での「みる力」をみていきます。

私たちは仕事・人生において、さまざまな事象や経験、出来事に遭遇します。状況的なコトを意思的にどうみるか、目にみえない本質をどうつかむか、この能力にはいろいろなものがあります。

いろいろな「みる」力

「みる」力の成熟化・深化 →

① 視野	狭い ｜ 偏っている	狭くも広くも自在に
② 視座	低い ｜ 硬直的 ｜ 単眼的	高い ｜ 意図的 ｜ 複眼的
③ 視点	平凡 ｜ 固定的	ユニーク ｜ 柔軟的
④ 焦点	ぼやけている ｜ 絞り切れていない	シャープ ｜ 絞り切れている
⑤ 着眼	甘い ｜ 凡庸	鋭い ｜ 独自的
⑥ 洞察	浅い ｜ 表層的 ｜ 見る	深い ｜ 本質的 ｜ 観る
⑦ 目利き	真価を必ずしも見抜けない 評価軸が一般的、ぶれる	真価を見抜ける 評価軸が独自で鋭い、ぶれない
⑧ 見立て	鈍い・粗い （抽象化が未熟）	洗練されている （豊かに抽象化ができる）
⑨ かえりみ	省みる・顧みる・やってみることを あまりしない	省みる・顧みる・やってみることを ごく自然にやっている
⑩ まなざし	まなざしの源になる想いがない	物事を想いの光で照らしてみる

同じ会社で働く人でも、会社の状況についてみているものが違う。なぜなら、

- 〔視野＝みている範囲〕が違うから。
- 〔視座＝みる立場〕が違うから。
- 〔視点＝注意してみるところ〕が違うから。

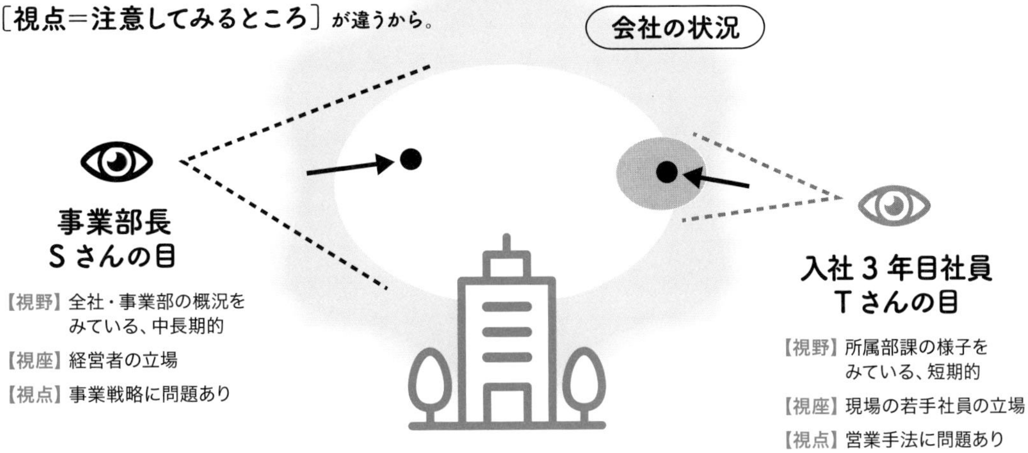

会社の状況

事業部長
Sさんの目

【視野】全社・事業部の概況を
みている、中長期的
【視座】経営者の立場
【視点】事業戦略に問題あり

入社3年目社員
Tさんの目

【視野】所属部課の様子を
みている、短期的
【視座】現場の若手社員の立場
【視点】営業手法に問題あり

私にはみえていないものが
あの人にはみえている

　例えば上図のように、同じ会社で働く人間であっても、会社の状況についてみているものが違います。それは「みる力」の要素である視野や視座、視点が違うからです。誰にでも視野や視座、視点というものはありますが、重要なのはその成熟の度合い、深化の度合いです。

　身体的な視力であれば、眼球というレンズを通して網膜に映った像をいかにクリアにとらえるかという簡単な構造で考えることができます。しかし、これら意思的にみる力は、多分に抽象化能力や意識のありよう、観の醸成具合と連関していて、とても複雑な構造になっています。みえなかったものがみえてくるようになるためには、いろいろな努力や過程が必要です。

！　**Essential Points**

- ☐ 「物理的にモノをみる力」と「意思的にコトをみる力」。
- ☐ みる力が成熟化すると、状況や経験からいろいろなものがみえてくる。
- ☐ みる力の成熟化には、抽象化能力や意識のありようなどが複雑にからんでいる。

視野・視座・視点・焦点・着眼

物事をみる力に関わる基本要素について5つをあげます。

①【視野】

視野とは、物事をみる範囲。視野は主として「狭い／広い」のように面積的なことをいいますが、「短期的／長期的」といった時間的なことにも当てはめられるでしょう。

②【視座】

視座とは、みる位置・みる立場。「歴史的視座から批評を加える」「芸術的視座からながめる」などのように、みる位置を特に意識しているときに用います。「アリの眼／タカの眼」も視座の違いです。「視座を高くもつ」とは、より上位の次元に立って物事をみるということです。視座を複数もつことを「複眼的にみる」ともいいます。

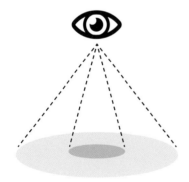

① 視野

みる範囲

【用例】

・視野が「狭い（小さい）／広い（大きい）」

・「長期的／短期的」な視野（展望）をもつ

・「巨視的（マクロで）／微視的（ミクロで）」物事をみる

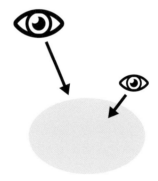

② 視座

みる位置・みる立場

【用例】

・「歴史的視座」「芸術的視座」から批評する

・「鳥瞰的視座」＝タカの眼で物事をみる
　「局所的視座」＝アリの眼で物事をみる

・「視座を高くもつ」

・「視座を複数もって＝複眼的に」みる
　＊「観点」も同意

③【視点】

　視点は、注意してみるところ。「視点がユニーク」「柔軟的に視点を変える」のように使います。なお、視点は視座と同じで、みる位置という意味もあります。視座・視点は、「観点」と置き換えられます。

④【焦点】

　焦点は、集中してみる点とその明瞭さ。「焦点が シャープ」「焦点が絞り切れていない」「もっとその問題にフォーカスすべきだ」のようにいいます。

⑤【着眼】

　着眼とは、物事の解決につながりそうなところに目をつけること。「着眼が鋭い」「独自の着眼点」のようにいいます。

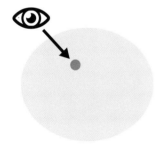

③ 視点

注意してみるところ

【用例】
・視点が「平凡／ユニーク」
・視点が「固定的／柔軟的」
＊「視座」「観点」と同意で
　用いるときもある

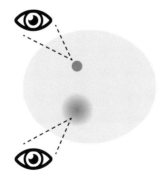

④ 焦点

集中してみる点と
その明瞭さ

【用例】
・焦点が「ぼやけている／シャープ」
・焦点が「絞り切れている／
　絞り切れていない」

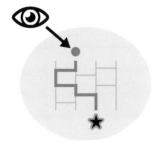

⑤ 着眼

物事の解決につながりそうな
ところに目をつける

【用例】
・着眼が「甘い／鋭い」
・着眼が「凡庸である／独自である」

洞察

「見る」と「観る」
認知の深さの違い

物事の本質や原理といったものはたいてい外側からはみえず、内奥に隠れています。それを見抜くことが洞察です。洞察は英語で、insight＝in（内への）＋sight（みること）。

私たちがふつうにやっている「見る」は、物事に視線を向け、目から入った視覚情報を知識や記憶にかけてそれが何であるかを判別することです。

それに対し、「観る」はもっと複雑な処理を内部で行うことになります。みている対象を、経験則や理念（こうあるべきだという根本の考え）に照らし合わせたり、これまで自分の中に構築した価値体系や世界観の網に通してみたり。そうした高度な抽象化や意識の集中によって、物事の本質をとらえようとする心のはたらきです。

また、第一級の科学者や芸術家たちがしばしば指摘するように、意識下にあるもの——例えば、霊性や深層に蓄積された記憶など——の作用も忘れてはならない要素です。

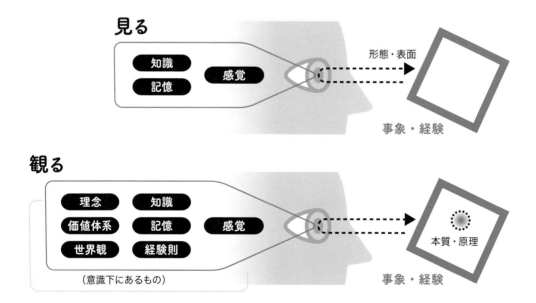

目利き

不動の評価軸をもつからこそ
変化の中の本物がみえる

　目利きとは、物事の真偽や真価を判別する能力に優れることです。

　もともと美術品や工芸品の鑑定力について使われていましたが、しだいに世の中のトレンドやヒット商品を感知したり、人の潜在的な才能を見分けたりする力にも用いられるようになりました。

　目が利く人は具体的にどんなことができるのか、典型例を4つあげてみましょう。

① 【流行の中の本物選び】
　流行に乗っているものの中から長く生き残る本物を見分けられる。

② 【不易の中の発掘】
　主流から外れているところから、多くの人が気づいていない普遍の価値をもったものを掘り起こせる。

③ 【ヒットの芽察知】
　次に流行となるものに着目できる。

④ 【リバイバル提案】
　忘れ去られたものの中から今に蘇らせる素材を見つけられる。

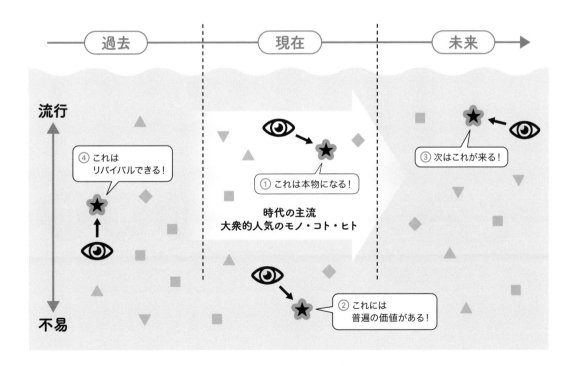

見立て

ごく普通のものを
異なった文脈で再発見する技

　茶道の祖である千利休は見立ての名人でした。当時、水筒として用いられていた瓢箪（ひょうたん）や、漁師が捕った魚を入れるかごとして使っていた魚籠（てご）を花差しとして転用し、周囲を驚かせました。そのように、物を本来あるべき姿ではなく、別の物としてみることが見立てです。

　また、陶磁器の世界では、窯の炎の影響で作品の表面にできたシミや焼きムラなどを「景色」と呼びます。やきもの作品という小宇宙の中に偶然現れた模様を、自然に見立てて賞美するわけです。

　さらには竜安寺で有名な枯山水という庭園様式。砂紋は海や川の波を表し、石・岩は山や島を表すといいます。観念的な次元では、砂紋は絶え間ない時の流れ、石は須弥山や三尊仏を表し、庭全体として無常の世界を抽象化しています。そのように、見立ては一種の類比（アナロジー）、隠喩（メタファー）、寓意です。

　グラフィックデザイナーの原研哉は、「新奇なものをつくり出すだけが創造性ではない。見慣れたものを未知なるものとして、再発見できる感性も同じ創造性である」（『デザインのデザイン』より）と書いています。

　見立てとは、認識の目を肥やすことによって、いま周囲にあるごく普通のものを異なった文脈で再発見する技でもあります。

他のものになぞらえて表現し、味わう

［類比・隠喩・寓意］

枯山水

海　山　島　川

（本質的には）
自然・宇宙の絶え間ない流れ
生々流転・無常の世界

かえりみ（省み・顧み）

視線を過去・未来に投げて戻してくる
Uターン型のみる形

「かえりみる」とは、過去・後方を振り返り、いま・ここの自分に生かせることをあれこれ考えることです。漢字では「省みる・顧みる」と書きます。省みるは、主に自分の内面に目を向ける場合に、例えば「反省」「省察」のように使われます。顧みるは、「歴史を顧みる」「危険を顧みない」のように広く使われます。

かえりみるときの視線は、直線的ではなく"Uターン型"になります。いったん過去や後方に目を向けて、そこから、いま・ここに戻してくるイメージ

です。かえりみることを英語で「reflection」といいますが、これも「反射」という意味を含みます。

Uターン型でものをみることは、過去・後方のことだけにかぎりません。未来・前方に視線を投げ出して、いま・ここの自分に戻すという場合もあります。それが「やってみる」という形式の「みる」です。すなわち、読んでみる、飛んでみる、破ってみる、越えてみる、など。

こうした「（いろいろな行動）＋みる」は、いざ何かに挑戦して、その結果、何がみえてくるかを楽しみにする形です。私たちは、未来に向けてかえりみることを、実はしばしばやっているのです。

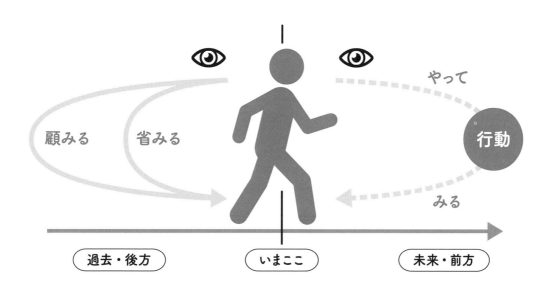

まなざし

想いに満ちた眼には
可能性がきらきらとみえてくる

まなざしは、一般的には「目を向ける様子、目の表情」という意味ですが、ここでは「みる力」の観点から、文字どおり「眼（まなこ）を差すこと」と限定してとらえます。

まなざしは、志（こころざし）と同じく、精神的なエネルギーを何かに差し向けること。その眼は内奥から湧き出る希望や夢、慈愛、確信、使命感に満ちていて、そこから放たれる光によって、さまざまなものの可能性が照らし出されることになります。

可能性あるものがみずから光ってくれるなら、誰もがそれに気づくでしょう。要は、隠れている可能性に対し、みる側の眼がどう光を当てて探し出すか。その意味で、悲観主義の人は決してまなざしを持つことはできません。

> 「発見の旅とは、新しい景色を探すことではない。新しい目をもつことだ」。
> ——マルセル・プルースト（フランスの作家）

> 「綾部の風景も、ある人が見たらなにもない田舎だけど、見る人が見れば宝の山にもなる。僕も帰って来たばかりの頃はなにも見えなかった。でも本当に眼差し次第なんだ」。
> ——塩見直紀『半農半Xという生き方』

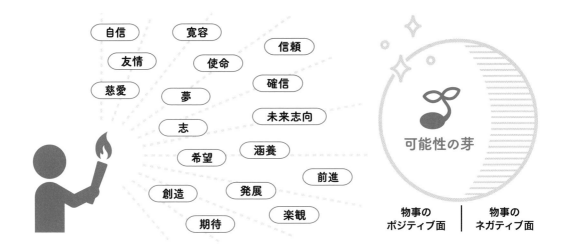

自信　寛容　信頼　友情　使命　慈愛　夢　確信　未来志向　志　涵養　希望　前進　創造　発展　楽観　期待

可能性の芽

物事のポジティブ面 ｜ 物事のネガティブ面

時代の変化をどうみるか
——各々がとらえる時代観

コラム1

「これまでは●●の時代→これからは■■の時代」を自分の言葉と絵で表現してください。
『健やかな仕事観をつくるワークショップ』参加者の答えの一例

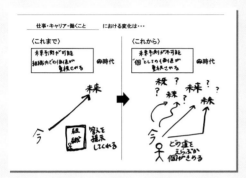

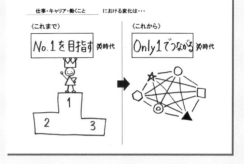

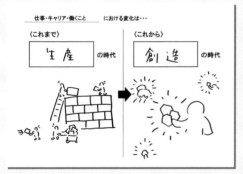

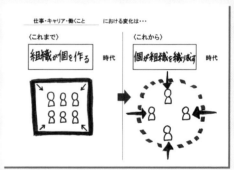

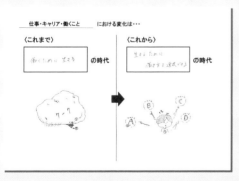

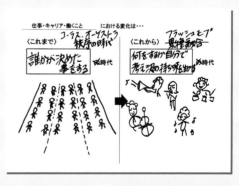

＊作成者の承諾を得て掲載しています。

C03 読む力

多読だけが能ではない
目的に応じて読む形を使い分けする

　読書ほど効率的なインプット作業はありません。書物は時空を超える知見のエキスです。古今東西の書き手が一生かかって知りえた情報が、手元の1冊に収められています。読む力をうまく養えば、それこそ人類がつくり上げた知の大海から無尽蔵に宝を引き出すことができます。

　読書にはいろいろな形があります。「量の読書・速さの読書・質の読書」という3つの観点でとらえたのが右ページの図です。

　「多読」は手当たり次第にいろいろな本を読むこと。それに対し「広読」は、何か本を読んでいたときに、ある1つのテーマや作家に関心をもち、それ

についていろいろと本を読み広げていくイメージです。

　また、1冊の本を速く読むということでは、目的に応じて「速読」「粗読」「通読」の使い分けがあるでしょう。

　本の内容を深くとらえていくためには当然、「熟読・精読」が不可欠です。さらには時間をおいて「再読・重読」することを強くお勧めします。特に偉大な本であればあるほど、自分の成長に合わせて与えてくれるものが深まってくるからです。以前読んだときに気づかなかったことを得る。それが「再読・重読」の醍醐味です。

　「心読」は心のひだで感じ入るように読むこと。100冊の多読より、1冊の心読が人生を変えるときがあるかもしれません。また、「身読」とは宗教の

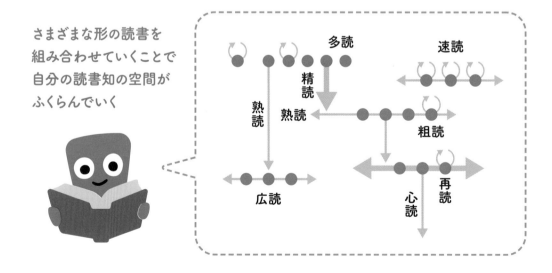

さまざまな形の読書を
組み合わせていくことで
自分の読書知の空間が
ふくらんでいく

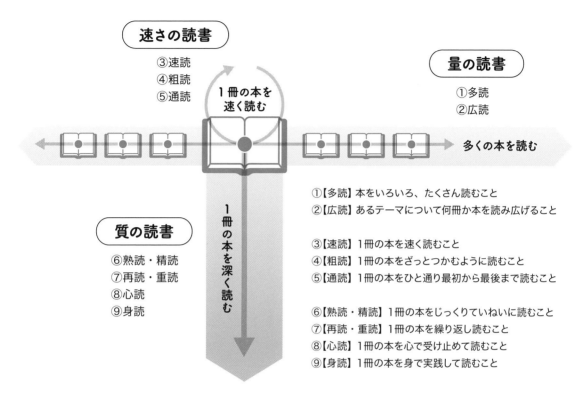

読書のさまざまな形

速さの読書
- ③速読
- ④粗読
- ⑤通読

量の読書
- ①多読
- ②広読

1冊の本を速く読む

多くの本を読む

1冊の本を深く読む

質の読書
- ⑥熟読・精読
- ⑦再読・重読
- ⑧心読
- ⑨身読

①【多読】本をいろいろ、たくさん読むこと
②【広読】あるテーマについて何冊か本を読み広げること

③【速読】1冊の本を速く読むこと
④【粗読】1冊の本をざっとつかむように読むこと
⑤【通読】1冊の本をひと通り最初から最後まで読むこと

⑥【熟読・精読】1冊の本をじっくりていねいに読むこと
⑦【再読・重読】1冊の本を繰り返し読むこと
⑧【心読】1冊の本を心で受け止めて読むこと
⑨【身読】1冊の本を身で実践して読むこと

世界の言葉で、経典を身をもって読むこと、すなわち、教えを観念で終わらせず実践して理解するということです。

　読書によっていわば自分の "読書知の空間" がふくらんでいくわけですが、そのためにさまざまな形の読書を組み合わせることが重要です。量の読書だけではヨコ方向にしか伸びません。質の読書だけではタテ方向だけになってしまいます。

! Essential Points

□ 量の読書・速さの読書・質の読書
　――目的に応じて読書の形を使い分けているだろうか?
□ 「読書知の空間」を豊かにふくらませよう。

読書によって得られるもの

あなたの思考は
あなたの読書を基にしている

　読書によって得られるものは下図のようにいろいろあります。読書からこれらのものを豊かに得ていくためには、いろいろなジャンルの本を読むことです。

　例えば小説など文学作品には情報や知識はあまり詰まっていませんが、言葉づかいや文体を学んだり、文章を映像に起こす力を養ったりするためには格好の教材です。

　また、高く大きく生きた人の自伝や歴史解説書

⑥ 共振熱・動機

情熱は伝染する。熱量のある本に触れると、その熱が読み手の心に転移する。その熱は何かしら行動を起こすきっかけを生む。

① 言葉づかい・文体

書物は言葉づかいや文体の見本。私たちは本をいろいろ読むことで、語彙を豊かにしたり、文体を学んだりしていくことができる。

⑤ 書物の咀嚼力・評価力

読書を重ね、①〜④のものを獲得・涵養していくことで読書力が磨かれる。それまで難解と思っていた本の内容も咀嚼できたり、それが良書であるかないかがみえてきたりする。

② 情報・知識

書物は情報や知識の蓄積メディアである。読むとは、情報や知識という素材を摘み取っていく作業となる。

④ 知識体系・考え方・観

書物はそれを著した人の知識体系、考え方、あるいは観の結晶である。私たちはそれを教材として、みずからの知識体系や考え方を構築し、観を醸成していくことができる。

③ 情報の変換力・想像力

例えば小説を読むとき、私たちは頭の中で文章表現を情景に変え、登場人物の関係性を構造化し、ストーリー展開を時間軸上に組み立てていく。さらには直接的に表現されていないことを補って想像する（＝行間を読む）。読むとは、文字情報を異なる形の情報に変換する作業でもある。

を読むことで、人生観や世界観、歴史観というものに意識が向きます。そして、生きることに対する熱や動機をもらえます。

あなたの身体はあなたが日々食べているものからできているように、あなたの思考はあなたが日々読むものから生じてくるといっても過言ではありません。読むことは、それほどあなたに重大な影響を与えるものです。

読み手のぶつかり具合に応じて
本は鳴る

何年も書棚に置きっぱなしの本にふと気が留ま

り、久しぶりにページを開いて読んでみたら、「あれっ、この本ってこんなにいいこと書いてあったっけ」「あ、この一文、あらためてぐっとくる」……といったような経験はないでしょうか。

ほんとうに大きな本というのは、読み手の成長に合わせて響いてくるものを懐深く持っているものです。

そうした時を超えて人びとに読み継がれるような古典的書物は、言ってみれば、大きな「梵鐘」です。こちらが未熟に小さく当たれば、小さな音しか鳴りません。深く悩んで大きく当たれば、大きく鳴らしてくれます。

C04 きく力

「きく」とは、音や声を耳を通し受けとめることです。漢字で「聞く」は、なんとなくきく、耳に届くといったニュアンスです。他方、「聴く」は発信源に注意を傾けてきくことです。英語で言えば、「hear」と「listen」の違いになるでしょう。ちなみに、「聴」という字は面白いもので、象形的に「耳・目・心」が入っています（下図）。

受動的に「きく」
能動的に「きく」

「きく」というインプット作業において、受動的と能動的とがあります。例えば「聞く」というとき、何かがきこえてくるのをただ待つのは受動的な姿勢です。それに対し、意図的に情報が集まってくる仕組みをつくることは能動的な姿勢です。

「きき上手」な人は、好奇心や目的意識というアンテナを立てて敏感に情報をききつけようとします。また、ブログやSNSなどのネットメディアをうまく使いこなし、人脈を広げ、情報が集まるようにしておきます。

文明批評家のマーシャル・マクルーハンは、「メディアは人間の身体の拡張である」との有名な言葉を残しましたが、まさに、これはメディアを拡張して自分の耳を拡張することだといえるでしょう。

また、「聴く」にしても、ただ相手の話に耳を傾け、うなずいているだけでは受動的です。相手の中にあるものを十分に引き出すような問いを発する

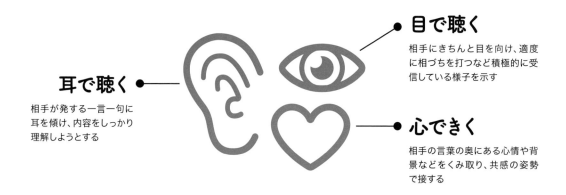

「聴く」という字の中には「耳・目・心」がある

目で聴く
相手にきちんと目を向け、適度に相づちを打つなど積極的に受信している様子を示す

耳で聴く
相手が発する一言一句に耳を傾け、内容をしっかり理解しようとする

心できく
相手の言葉の奥にある心情や背景などをくみ取り、共感の姿勢で接する

"きき上手" な人の5つの「きく」

① 鋭くきく 　好奇心や目的意識というアンテナを高く
立てて、敏感に関連する情報をききつける

② 広くきく 　多種多様にメディアに接し、使いこなす。広
く人脈をつくる。そのように広く網を張って
情報を拾う。集める仕掛けをつくる。

話し手

③ 開いてきく

話し手に対し心を開き、相互が
信頼できリラックスした状態を
つくる。話された内容につき素
直な気持ちで受け容れる。

④ 濃く深くきく

話し手の中にあるものを十分
に引き出し、掘り下げるように、
適切な反応を示しながら、ある
ときは創造的な問いを返しな
がらきく。

⑤ 楽しくきく

「この人との受け答えは楽しい
な。この人なら、またしゃべり
たいな」と思わせるよう会話・
対話・インタビュー・会議の場
を気づきの多い場にする。

こと。また、その場を双方にとって気づきの多い場
にするための流れをつくること。それが能動的に
聴くことです。

優れたインタビュアーは、話の受け手でありなが
ら、実はたくみに場の主導権を握っている人なの
です。

! Essential Points

☐ 「きく」ことは耳だけの受け取り作業ではない。

☐ 能動的に聞くために——アンテナを立てる・網を広く持つ。

☐ 能動的に聴くために——心を開く・創造的な問いを発する・場をつくる。

C05 感じる力

人間は常に身体内外からの刺激を感知しようとしています。もちろんそれは身体を異物や異常から守るためでもありますし、精神的に感動を味わうためでもあります。

感じるために人間は五感（視覚・聴覚・触覚・味覚・嗅覚）をはじめとする感覚機能を発達させています。

五感刺激を受けてから、認知、行動へとつながるプロセスを示したのが下図です。

焼きたての肉を口に入れると、まず目や鼻、耳、指、舌といった感覚器官に刺激がいきます。そこで「熱いっ」「うまいっ」という知覚が生じます。そしてそれを過去の体験や知識と照らし合わせ、「これが牛肉のうまさ」であると認知・認識します。と同時に、「うれしいなぁ」「盛り上がるなぁ」などの感情が起こります。さらにはそれらの認識をもとに評価があり、判断があり、刺激に対する反応・行動へとつながっていきます。

人間は感知器（センサー）の束

視覚
嗅覚
聴覚
味覚
触覚

人間の感覚機能はこれら五感と呼ばれるもののほか、圧覚や温度覚、痛覚など、さらに細分化してとらえられている。

五感刺激からの認知・行動プロセス概括図

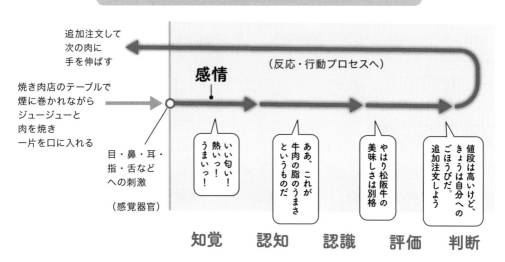

追加注文して次の肉に手を伸ばす

感情

（反応・行動プロセスへ）

焼き肉店のテーブルで煙に巻かれながらジュージューと肉を焼き一片を口に入れる

目・鼻・耳・指・舌などへの刺激

（感覚器官）

いい匂い！熱いっ！うまいっ！

ああ、これが牛肉の脂のうまさというものだ

やはり松阪牛の美味しさは別格

値段は高いけど、きょうは自分へのごほうびだ。追加注文しよう

知覚　　認知　　認識　　評価　　判断

感覚の研ぎ澄ませ方の2種類　〜感じるものを知性・意志の回路にどうくぐらせるか

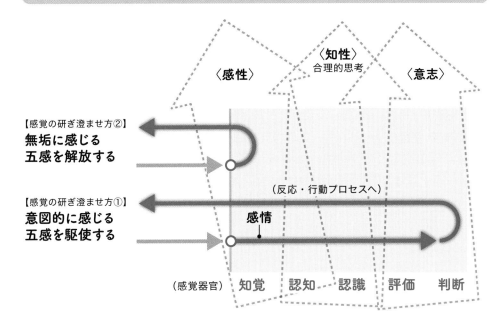

感覚の意図的な研ぎ澄まし
無垢の研ぎ澄まし

　感覚の研ぎ澄ませ方として2種類あります。1つには、感じるものを感性、知性（合理的思考）、意志の回路にくぐらせて、意図的に感じ、五感を駆使すること。例えば、コンマ何ミリの違いを指先の感触だけで認識する金型づくりの名人は、指先で感じ、指先で考え、指先に意を込めて卓越した工作をします。

　もう1つには、感じるものを知性や意志の回路にくぐらせず、五感を解放すること。例えば、あなたは森に入って、小枝を拾ったとしましょう。目を閉じて、その小枝に触れてください。指の感覚を研ぎ澄ませて、何を受け取るでしょう。考えるのではなく。評価するのではなく。ただ無垢に感じるのです。

!　Essential Points

☐　人間は身体を守るために、そして精神を喜ばせるために感じる。

☐　意図的に感じ、五感を駆使せよ。

☐　思考を介さず、ただ感じよ。

C06 数える力

「よみ・かき・そろばん」―― 世の中を生きていくために最低限必要な能力として、昔の人はこの3つをあげました。これは現代でも変わりません。ここでの「そろばん」は足し算や引き算といった四則演算にはじまり、日常生活の場面場面で算数的に処理や工夫ができることを示しています。

巧みな算段とは
儲ける仕組みを発明すること

そうした算数の能力は2つの方向へと発展していきます。1つは科学の世界における「数理」能力。もう1つはお金で回っていく経済社会における「算段」能力です。

算段とは、計算をもとに物事をうまくやりくりするめどをつけること。この算段を3つのレベルでとらえたのが右ページです。

算段Ⅰは商売の原理を算数でつかむレベル。算段Ⅱは算数を複雑にして儲けの拡大を考えていくレベル。さらに算段Ⅲは、儲ける仕組みを発明し、数字で意思を固めていくレベル。

計算処理能力において、人間はもはや機械に勝つことはできません。しかし、ビジネスモデルの発明は人間にしかできないことです。数えることを手なずけて高度な算段をし、意思決定するのが人間の仕事になります。

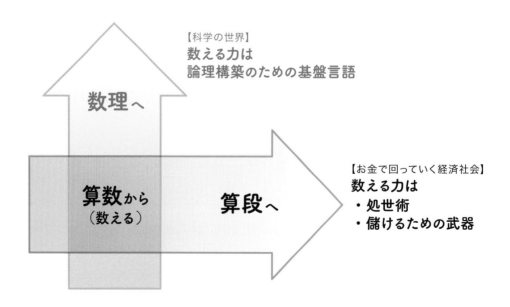

【科学の世界】
数える力は
論理構築のための基盤言語

数理へ

算数から（数える）

算段へ

【お金で回っていく経済社会】
数える力は
・処世術
・儲けるための武器

［算段Ⅰ］商売の基礎となる算数を身につける

売り値	100円
仕入れ値A	60円
儲けA	**40円**

売り値	100円
仕入れ値B	80円
儲けB	**20円**

> 売り値が同じなら
> 仕入れ値を安くすることが
> 儲ける鉄則だな

［算段Ⅱ］算数をもとにして商売拡大の打ち手を考えられる

先月の売り値F	100円
仕入れ値F	60円
儲けF	**40円**

先月の販売個数F
= 50個

儲け合計F
= 2000円

値下げ戦略の売り値G	80円
下げた仕入れ値G	50円
儲けG	**30円**

先月の販売個数G
= 80個

儲け合計G
= 2400円

> 売り値を下げれば、
> それだけたくさん売れる。
> 同時に、仕入れ値を
> 安くする交渉をすれば
> 儲けが大きくなるぞ

飛躍

［算段Ⅲ］ビジネスモデルを創出し、数字で裏付ける

	販売価格	10円
消耗品	製造原価	3円
	1個当たり利益P	**7円**

先月の販売個数P
= 10万枚

利益P
= 70万円

総利益
= 50万円

	販売価格	100円
本体	製造原価	120円
	1個当たり利益Q	**−20円**

先月の販売個数Q
= 1万個

利益Q
= −20万円

例えば、
米・ジレット社の
交換式カミソリ
「替え刃」モデル

> 本体を赤字で売ってもよい。
> まずはユーザーを広げ、その
> 後の替え刃需要で十分利益の
> 取れるビジネスになる！

単に算数を組み合わせる発想

儲ける仕組みを発明し数字で意思を固めていく発想

⚠ Essential Points

- ☐ 経済社会を生きていく私たちにとって、数える力は「算段」する力。
- ☐ 算段とは、計算をもとに物事をうまくやりくりするめどをつけること。
- ☐ 計算処理能力において人間はもはや機械に負ける。
  しかし儲ける仕組みを発明することは人間にしかできない。

C07 はかる力

「はかる」とは、物事の形質や状態、内容をある基準のもとで調べ、その程度をつかもうとすること。また、その程度を量的な数値に置き換えることを「定量化」という。そうした意味を表す漢字として「計る」「量る」「測る」などがあります。

私たちは何か目標を成し遂げようとするとき、当てずっぽうで取りかかるのではなく、関わる物事に対し「はかる」ことから始めます。イスを作ろうと思えば、木材を採寸します。サービス改善をしようと思えば、利用客の満足度を調査します。また、巨大プロジェクトであれば、事前にリスクを複合的に計算して、事業を行うかどうかの判断をします。

そのように「はかる」ことは、事の正否を握る重要な作業です。また、「はかる」こと自体がビジネスにもなる時代です。

「モノを客観的にはかる」から 「コトを主観的にはかる」まで

はかることの主要素を4つに分解してとらえたのが右ページの図表です。最も単純でわかりやすいのは、①の場合のようにモノの形体をはかることです。モノに計測器を当てれば、客観的な数値で知ることができます。②はモノの性質をはかるわけですが、ここでは甘さを物理的な糖分の量に置き換えて、客観的な数値でとらえます。

③〜⑤は物事のできばえや価値といった物質に還元できないものをはかるケースです。それらは物理的な道具ではなく、人の採点や意見によってはかられることになります。したがって、はかった結果を必ずしも数値で表せない（＝定量化できな

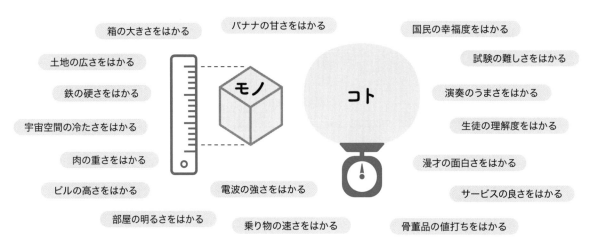

箱の大きさをはかる
バナナの甘さをはかる
国民の幸福度をはかる
土地の広さをはかる
試験の難しさをはかる
鉄の硬さをはかる
演奏のうまさをはかる
宇宙空間の冷たさをはかる
生徒の理解度をはかる
肉の重さをはかる
漫才の面白さをはかる
ビルの高さをはかる
電波の強さをはかる
サービスの良さをはかる
部屋の明るさをはかる
乗り物の速さをはかる
骨董品の値打ちをはかる

モノ　コト

何をはかるか	どうはかるか	どう表すか	客観／主観
対象となる物事の ● 形体をはかる ● 性質をはかる ● 価値をはかる	● 物理的な道具によって ● 人の採点・意見によって	● 数値で表す＝定量的 ● 記述で表す＝定性的	● 客観的 ● 主観的

	何をはかるか	どうはかるか	どう表すか	客観／主観
①	玄関ドアの寸法	メジャー （メートル表示の巻尺）	高さ2032mm×幅1135mm （ミリメートル）	客観的
②	バナナの糖度	糖度計（Brix計）	18度（Brix値）	客観的
③	生徒の課題作文の できばえ	担当教諭の採点	・5段階評価：5点 ・「かなり独創的」「構成がよい」 　「主張が明快」	客観を基にしつつ 主観も入る
④	オークションに出品された 有名画家の絵の価値	評論家、鑑定家、落札者 の評価	・評論家「晩年期の駄作」 ・鑑定家「本人の手による真作」 ・落札者「最高傑作の一枚だ！ 　　　　数千万円の価値あり」	・主観的 ・客観的 ・主観的
⑤	我が子が幼少期に描いた絵 の価値	親の気持ち	「かけがえのないもので 　値段に換算できない」	主観的
⑥	新規大型事業の投資価値	・多面的な統計調査 ・事業現場からの意見 ・経営者の意思と勘	・統合投資判断：A++ ・付帯留意事項 　「●●●の点」 　「●●●の点」	客観を尽くして 最後は主観

い）場合があり、そのときは定性的に記述によって表すことになります。そこには当然、主観的な部分が出てきます。はかる対象が⑥のように複雑なケースにおいては、さまざまな要素が複合的に組み合わさり、総合的な測定がなされることになります。

! Essential Points

- □ 「はかる」とは物事の形質や内容の程度をつかもうとする試み。
- □ モノであれば、その物理量を客観的・数値的にはかろうとするが、コトの程度のように主観的・記述的にしかはかれない場合もある。
- □ はかられた数値に惑わされない目を持とう。

ものさしをつくる

私たち人類は「はかる」ことへの挑戦をやめません。物事をある基準で検知し、測定し、評価する。それは言ってみれば、独自の「ものさし」をつくることです。ここからは、ものさしづくりを、[a] モノ対象、[b] コト対象、[c] モノコト対象の3つに分けて、事例を通してみていきます。

[a] モノはかり
〜超精密・超正確・未知の物質検知

日々の科学技術のめざましい進展によって、物質をはかる道具・技術・原理がさまざまに生み出

され進化しています。GPS（全地球測位システム）によって、大陸の移動距離や土地の歪みがごく小さな誤差で測定できるようになったり、コンパクトな体重計に乗るだけで体脂肪率がわかったりするようにもなりました。

また、ガン細胞がつくり出すタンパク質や臭いの検知によって、ガンを発見できる方法が考案されたり、第5の基本味として発見された「うま味」も、成分測定の道具が開発されたりしています。

カミオカンデは岐阜県の神岡鉱山があった場所の地下1000mに建設された観測装置です。この

ⓐ モノはかり

物質をはかる道具・技術・原理が
さまざまに生み出され進化している

・大陸の移動距離・土地の歪み
・体脂肪測定
・ガン細胞の検出
・ニュートリノ観測…など

（近い将来には）
・宇宙空間のダークマター観測も？

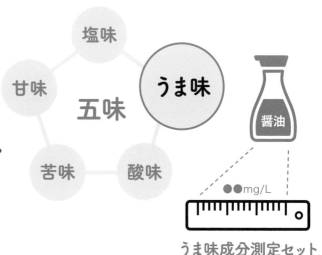

うま味成分測定セット

装置によって1987年、世界で初めてニュートリノの観測に成功しました。未知の物質をとらえ、はかろうとする人類の好奇心の成果でした。

[b] コトはかり
〜能力レベルや性向がどうであるか

物質に還元されない能力レベルや性向などをはかるものさしもいろいろ開発されています。IQは人間の知能をテストによって指数で表すものさしです。また、高校や大学などの偏差値も入試合格難度を示す1つのものさしといえます。

プロ野球選手のバッティングの実力をはかる1つが安打率です。スポーツの世界ではいまや、さまざまな角度からのデータが選手の能力をはかるものさしとして活用されています。他に率を用いたものに定時運航率があります。空港の機能性をはかるものさしとして考案されました。

また、いまや「●●検定」「●●資格」ブームです。ネット検索にかけてみると実に多くの検定・資格が出てくるでしょう。各種検定試験は、その人がその分野についてどれくらいの知識・技量があるのか、それを1級とか2級とかで判定してくれるものです。

人の傾向性をはかる診断ツールもいろいろつくられています。性格診断テストや職業適性診断テストなどです。型やパターンといったもので人の性質の傾きをはかります。

ⓑ コトはかり

物質に還元されない能力や傾向性を
はかるものさしにもいろいろある

・IQ（知能指数）
・受験校の偏差値
・野球選手の安打率
・空港の定時運航率
・各種『■■力検定試験』
・職業適性診断

『江戸歴史文化検定』

1級

ボランティアガイドKさんの
江戸についての説明
知識は「検定1級レベル」

Ⓒ モノコトはかり

その内容や実態をはかるために、
モノ（ハード）的な側面と、コト（ソフト）的な
側面の両方に複合的にものさしを当てる

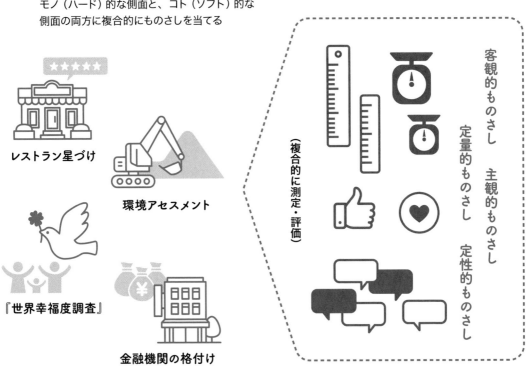

レストラン星づけ

環境アセスメント

『世界幸福度調査』

金融機関の格付け

（複合的に測定・評価）

客観的ものさし　主観的ものさし

定量的ものさし　定性的ものさし

---

[c] モノコトはかり
〜ハード面とソフト面を複合的に測定

　レストランの星付け評価を掲載している『ミシュランガイド』があります。彼らは店の何をはかっているのでしょう。もちろん第一に、料理の味のよしあしや値ごろ感です。しかしそれだけではなく、料理の盛りつけの創造性、サービスの質、店の外観・

内装が醸し出す雰囲気、立地の利便性などもあるでしょう。そのように、レストランをはかるとは、モノ（ハード）的な側面と、コト（ソフト）的な側面の両方に複合的にものさしを当て、その店の実力を測定・評価することです。

　世の中を見渡すと、さまざまな査定やランキングがあります。銀行など金融機関の格付けにはじまり、建設プロジェクトにおける環境アセスメン

コラム2

抽象的価値をはかる

物体の大きさや重さをはかることに比べ、抽象的な価値をはかることは、そう単純ではありません。例えば、20万部売れた本Aと、2000部売れた本Bとで、どちらが「優れた本」かと問われたとき、あなたはどんなものさしで両者をはかるでしょうか。

もちろん、売れた部数というのは1つの尺度ではありますが、それは主に経済的価値を表すだけで、その本の価値の一部でしかありません。何をもって「優れた本」とするかという定義から始め、複合的にものさしを当てることでようやく、抽象的な価値の度合いがみえてくることになります。

随筆家の深田久弥は『日本百名山』として、名山100座を選定しました。彼は4つのものさしを考えたようです。それは、①標高1500m

以上、②山の品格、③山の歴史、④山の個性。

「名山である」という抽象的価値の測定に唯一の正解値はありませんが、深田の見識と山への愛情によってはかられた100座は広く支持を受けています。

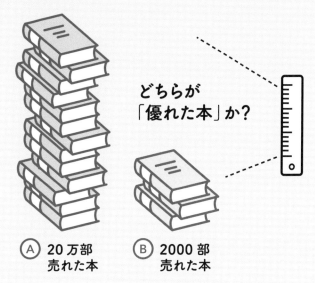

どちらが「優れた本」か?

Ⓐ 20万部売れた本　　Ⓑ 2000部売れた本

ト、さらには世界幸福度調査などまで。それだけはかることへの需要があるのでしょう。

はかろうとする対象の規模や内容が大きく複雑になればなるほど、モノとコトの要素がからみ合い、ものさしは単純なものではなくなってきます。

定量的／定性的なものさし、客観的／主観的ものさしが適当に組み合わさることではじめて、実態を表す測定・評価が可能になります。そして、そのための専門家が育ち、日夜、より効果的な方法を追求しています。

数値に惑わされない目を持つ

３つの種類の嘘がある。
嘘と大嘘、そして統計である。

——— ベンジャミン・ディズレーリ（英国の政治家）

　人間はあらゆるものを定量化しようと、次々にものさしを開発・進化させていきます。その結果、世の中にはさまざまな測定数値、統計データ、評価指標、順位づけが溢れてきます。そこで大事になってくるのが、「はかられた数値に惑わされない目」です。

　例えば、科学的原理に基づいてつくられた計測器で自然現象などをはかる場合、故障でもしていないかぎり、はかられた数値はおおよそ信用できるものです。

　しかし、はかるプロセスがブラックボックスになっていたり、主観的な作業が入っていたりするものの場合は、出てきた数値を鵜呑みにはできません。世の中に出回る測定数値の中には、実は方法がいい加減だったり、発信者の動機によって偏向

や意図的操作、都合に合わせた解釈に染まっている数値がたくさんあります。

　モノと情報が多すぎて、自分にとって何が適当なものかわからなくなってしまった現代、私たちは安易に数値・データを頼りにします。それが権威のあるところから出されていればなおさらです。

　三つ星を取ったレストランにいきなり行列ができる、「いいね！」が何十万とついている記事だからますます閲覧者が集まる、AI（人工知能）が判定した自分の型（タイプ）を信じ込む……いま起こっているのは「独自の評価眼による個性の多様化」ではなく、「データ信奉による没個性化」なのです。

　私たちは末端の数値に振り回されない "ものさしの賢い主人" でなくてはなりません。

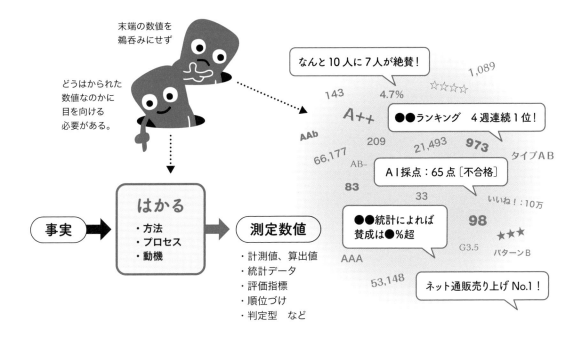

世の中にはさまざまな数値が出回っているが……

末端の数値を
鵜呑みにせず

どうはかられた
数値なのかに
目を向ける
必要がある。

なんと10人に7人が絶賛！

143 4.7% ☆☆☆☆ 1,089

A++

AAb 209 21,493 973 タイプAB

66,177 AB- ●●ランキング　4週連続1位！

83 AI採点：65点〔不合格〕

33 いいね！：10万

●●統計によれば
賛成は●%超 98 ★★★

AAA G3.5 パターンB

53,148 ネット通販売り上げ No.1！

事実 → はかる
・方法
・プロセス
・動機 → 測定数値

・計測値、算出値
・統計データ
・評価指標
・順位づけ
・判定型　など

「私は五大陸の最高峰に登ったけれど、
高い山に登ったからすごいとか、厳しい岸壁を登攀したからえらい、
という考え方にはなれない。山登りを優劣でみてはいけないと思う。
要は、どんな小さなハイキング的な山であっても、
登る人自身が登り終えた後も深く心に残る登山がほんとうだと思う」。

―――植村直己『青春を山に賭けて』

「順番なんて、ほんとうの人間の価値とは何の関係もないんだよ」。

―――岡本太郎

「健康とは、数値に安心することではなく、自分が『健康だ』と感じることです」。

―――日野原重明『生きかた上手』

「なにも考えずに権威をうやまうことは、真実に対する最大の敵である」。

―――アルバート・アインシュタイン

C08 考える力

「考える」は、古語の「かむかふ」から来ているといわれます。「むかふ」は「向かう」、あるいは「かふ」は「交う＝交わる」との意味です。要は、自分が真剣に物事に向かっていく、あるいは物事と交わっていくことでそれが何であるかをつかむ、これが「考える」ということの原型のようです。

本書では「考える」を次のように定義します——考えるとは、理に向かう精神的はたらき。

さて、ここで出てきた「理（り・ことわり）」とは何でしょう。理はもともと、玉石にあるすじめや模様にしたがって、玉石をきれいに磨き出すことをいいました。このことから物事をうまくおさめるの意味を帯びます。それから単に、玉や木などにある模様を指すようになりました。このような流れから、物事に備わるすじみち、根本の法則を「理」と呼ぶようになりました。

物事の背後にある「理」をつかみたい
それは人間の根源的性質

人間は根源的な性質として「わかりたい」「理由づけしたい」「すじみちを通したい」という欲求を持っています。幼児がいろいろなものをみて「なぜ? なぜ?」ときくのもそのためです。

そのように人間は物事の背後にある「理」をつかもうとします。なぜなら生命自体が秩序形成を目指す力だからです。ですから、理をつかまないと落ち着きません。逆に理にかなうことは気持ちが

「考える」を考えるキーワードは「理」

り・ことわり
理

= **① おさめる**

玉石にあるすじめや
模様にしたがって、
玉石を磨き整えること。

- ・修理　・処理
- ・整理　・理髪

= **② すじ**

玉石にあるすじめや
模様。木のもくめ。
皮膚のきめ。

- ・木理　・肌理
- ・地理

= **③ ことわり**

物事に備わるすじみち。
根本の法則。

- ・道理　・条理
- ・原理　・無理
- ・物理　・心理

「考える」とは──
"理"に向かう精神のはたらき

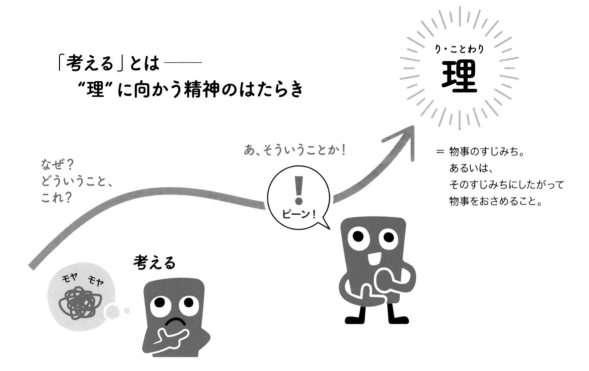

り・ことわり
理

なぜ？
どういうこと、
これ？

あ、そういうことか！

！
ピーン！

モヤ モヤ

考える

= 物事のすじみち。
あるいは、
そのすじみちにしたがって
物事をおさめること。

いい。そのため知らないうちに「なんでこうなっているんだろう？」と考えている自分がいます。

理（り）という漢字に、大和言葉は「ことわり」という読みを当てましたが、これも「事を割る／事が分かる」ということです。

物についての根本法則を考えるのが「物理」。心についての根本法則を考えるのが「心理」。人の行いのすじみちを考えるのが「道理」「条理」「倫理」。散らかった状態をすじみちにそって考え、うまくまとめようとするのが「処理」「整理」。まさに「考える」は「理」とともにあります。

！ **Essential Points**

☐ あなたが「考える」とき、精神はあなたなりの「理」に向かっている。

☐ あなたの思考は、豊かな「知・情・意」から湧き出したものだろうか？

豊かな思考とは

「考える」は精神のはたらきの広い範囲に及ぶ活動

哲学者カントは、人間の精神のはたらきとして「知・情・意」の3つを考えました。彼は「私は何を知りうるか｜私は何を望んでよいか｜私は何をなすべきか」との有名な問いを示し、人間の知性・感情・意志を吟味検討しました。

知・情・意の3つが精神の空間をふくらませるとき、考えるというのはこの空間の中で、とても広い範囲に及ぶ活動です（下図）。

私たちは純粋に考えることだけをするのではなく、知的に何か知りながら考えます。情的に何か感じながら考えます。また意的に何か思いながら、志

しながら考えます。そういえば、「思考」という言葉自体も思うことと考えることの組み合わせになっています。

そのように、考えることは他の活動と溶け合って人間の精神のはたらき全体に影響を与えていきます。逆に言えば、考えることは他の活動がどうであるかによっても影響を受けます。

思考フレームの空欄を埋めて考えた気にはなっているが……

考えることは、頭で知を獲得するだけの作業ではありません。胸で感じ、肚（はら）で志すことなどが合わさってこそ、豊かな思考というものが湧き出してきます。

真理を求めようとする
精神のはたらき

Intellect
知

知る

覚える

考える

思う

観ずる

感じる

志す

美しさ・優しさ
を感じようとする
精神のはたらき

Emotion
情

祈る

Volition
意

善いこと・正しいこと
を行おうとする
精神のはたらき

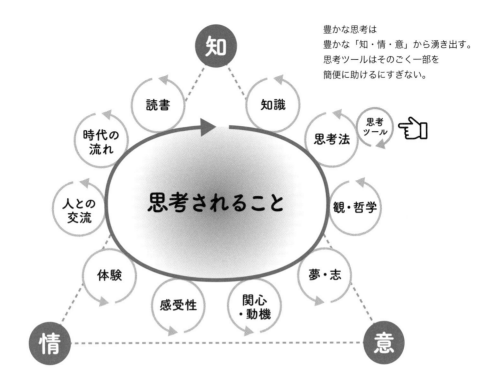

豊かな思考は
豊かな「知・情・意」から湧き出す。
思考ツールはそのごく一部を
簡便に助けるにすぎない。

「能率的に考える事が、合理的に考える事だと思い違いをしているように思われるから
だ。当人は考えている積りだが、実は考える手間を省いている。（中略）考えれば考
えるほどわからなくなるというのも、物を合理的に究めようとする人には、極めて正常
な事である。だが、これは能率的に考えている人には異常な事だろう」。

―――― 小林秀雄『人生の鍛錬』

　昨今は思考法や思考ツールの習得が盛んです。
しかし、それらは思考を手助けする一要素でしか
ありません。思考フレームの空欄をうまく埋めるこ
とで何か考えたような気になっていますが、それは
簡便に答えが出せただけのことで、ほんとうに質
のよい思考になっているかどうか疑わしいもので
す。

　そんな状況にあって、評論家の小林秀雄が喝破
した上の言葉は傾聴に値します。
　いくらIQが高くて頭の回転が鋭くても、やせた
思考の人はいます。豊かな思考は、知・情・意の豊
かな活動から湧き出すもので、その人の全人的な
営みが関係するものです。

考える形のさまざま

正しく思考されたものであるかぎり、
それは必ず明瞭な表現をとるということです。

——ニコラ・ボアロー・デプレオー（フランスの詩人）

　私たち人間は、ただ漠然と考えることでよしとせず、正しく考えること、そしてその帰結である明瞭な表現を常に追い求めます。その結果、考える形がさまざまに発達しました。本項では以降、その考える形の代表的なものを紹介していきます。

「考える」形のさまざま

① 拡散／収束	発想を広げ、そして絞っていく。 その繰り返し運動でアイデアを精錬していく。
② 仮説／検証	トライアル＆エラー、プロトタイピングで確信ある結論にたどり着く。
③ 帰納／演繹	「真なること」に向かう。「真なること」を広げる。
④ 抽象／具体	物事の本質を「引き抜く」。そしてその本質を物事に「ひらく」。
⑤ 主観／客観	地のままに考える。共通了解を得るように考える。
⑥ 弁証法	正・反・合のダイナミズムによって、第三の答えに昇華させていく。
⑦ アナロジー（類推）	類似性によって未知のことを推し測っていく。
⑧ 要素論／全体論	全体を分解し尽くすことで、全体を解明できるか、できないか。

考える形 〔1〕 ～拡散／収束

豊かな拡散は豊かな蓄積から
全体文脈を意識して収束を

　昨今はビジネス現場でもブレーンストーミングやKJ法（川喜田二郎氏が考案した情報整理の手法）が盛んに行われるようになりました。人間が何かを発想し、整理していくときの思考は、決して一本調子の流れではなく、ふくらんだり縮んだり、ゆるんだり固まったり、というのが常です。そうした思考の「拡散」と「収束」の波をうまく操ることが、よきアイデアにたどり着く鍵になります。

　「拡散」は、アイデアを自由に発想する過程です。このとき、そもそも普段からの生活で知識や情報を幅広く吸収し、経験をそれなりに蓄えていないと発想に厚みが出ません。豊かな拡散は、自分の内に湛えるものが豊かにあってこそです。

　「収束」は、アイデアのグループ化、関係構造化、絞り込みです。この過程で大事なことは、全体的な文脈を忘れないということです。グループ化や構造化をきれいな形でまとめようとするあまり、それが目的化して、本来の課題解決に力強く結びつかない収束になってしまう可能性があります。

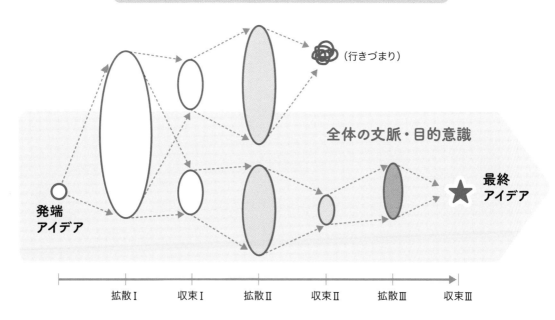

拡散と収束を繰り返しアイデアを精錬していく

（行きづまり）

全体の文脈・目的意識

発端アイデア

最終アイデア

拡散Ⅰ　収束Ⅰ　拡散Ⅱ　収束Ⅱ　拡散Ⅲ　収束Ⅲ

考える形［2］ 〜仮説／検証

仮説立ての前後には客観・論理がいる
仮説立てにはおおいなる想像がいる

昭和のある歌謡曲に「人生は3歩進んで2歩下がる」といった歌詞がありました。思考もある面からながめれば、前方にぽーんと仮説を飛ばして、そこから後ずさりをするように検証を重ね、その繰り返しで確信をつかんでいく流れがあります。

一語で表せば「試行錯誤」「トライアル＆エラー」。デザイン思考における「プロトタイピング」（アイデアをすぐに試作品に起こして改善を重ねること）もこの形です。

仮説を立てる前には、当然、正確な事象把握や情報分析が必要です。そこでは客観的・論理的な思考が求められます。そして検証プロセスにおいても、同様に客観的・論理的な思考が主導的な役割を果たします。

しかし仮説立てにおいては、むしろ客観を超え、論理を超えたところでの主観的飛躍ともいうべき想像（イマジネーション）がなければ、ほんとうに大きな理論・法則は生み出されないでしょう。アインシュタインは次のように言っています———「空想する力は知識よりも大事だ」と。

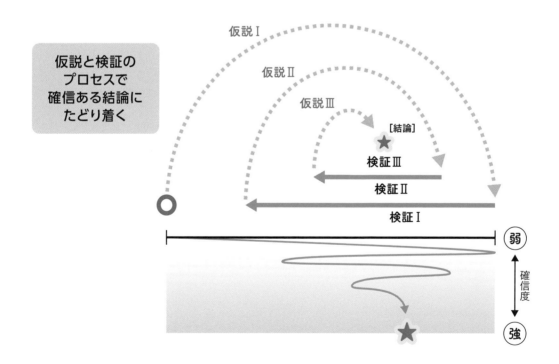

仮説と検証の
プロセスで
確信ある結論に
たどり着く

考える形〔3〕 ～帰納／演繹

「真なること」に向かうのが帰納
「真なること」を広げるのが演繹

考えるとは、物事の背後にある理をつかもうとすることでした。人間は「真なること」を理論や法則としてつかまずにはいられない生き物です。その「真なること」を求める2つの思考態度が「帰納」と「演繹」です。

帰納は、経験や観察によって得られた個々の事実から、一般的な法則（＝真なること）を導き出そうとすること。

他方、演繹は、最初に原理や公理など確実な前提（＝真なること）を置き、そこから個々の事実を推論し、結論づけようとすることです。

帰納と演繹は論理的思考の分野で説明されることが多く、何か難解な手法のように感じますが、私たちは普段、何気なくこの2つの思考を行っています。

例えば、消費者調査で、購買客Aさんがこう言っている、BさんもCさんも同様の指摘をしている。だから消費者全体としてこういう傾向があるのではないか。これは帰納的な態度です。

また、大成功を収めた製品Kの販促手法を製品Mにも適用できないか。これは演繹的な態度です。

帰納法

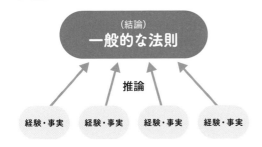

演繹法

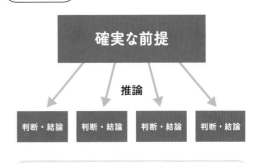

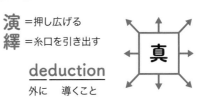

考える形〔4〕 ～抽象／具体

「抽＝抜く」＋「象＝ものの形」
ものから何を引き抜いてとらえるか

　抽象は考えることの中で、とても重要な作業になります。それは物事の本質や原理をつかむことに直結しているからです。

　抽象の抽は「抜く、引く」という意味です。象は「ものの姿、ありさま」。したがって抽象とは、物事の外観や性質をながめ、そこから何かしらの要素を引き抜くことをいいます。

　例えば、下図左のように5つの図形があって、そ

れを仲間分けするとき、私たちの頭はどんな作業をするでしょうか。まず図形の特徴をあれこれながめます。「あ、形に違いがあるな」とか「色付きと色無しがあるな」「輪郭線がばらばらだな」などと気がつきます。そして分類を考えます。

　そのときの頭の作業はおおまかに2段階です。すなわち、①ある要素を引き抜いて、②共通の要素で括ってラベルを付ける。まさに、この1番目の作業が抽象です。そして2番目の作業でラベルに書いた「丸」とか「四角」こそ、私たちが概念と呼ぶものです。

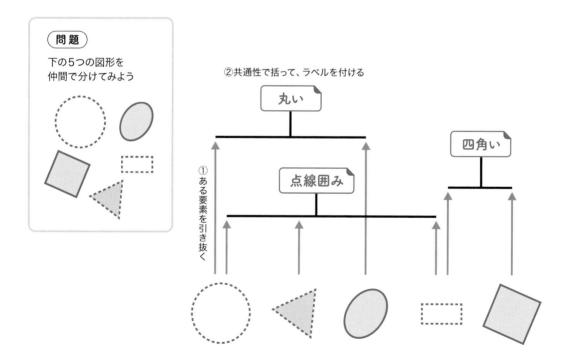

問題

下の5つの図形を
仲間で分けてみよう

②共通性で括って、ラベルを付ける

丸い

四角い

点線囲み

① ある要素を引き抜く

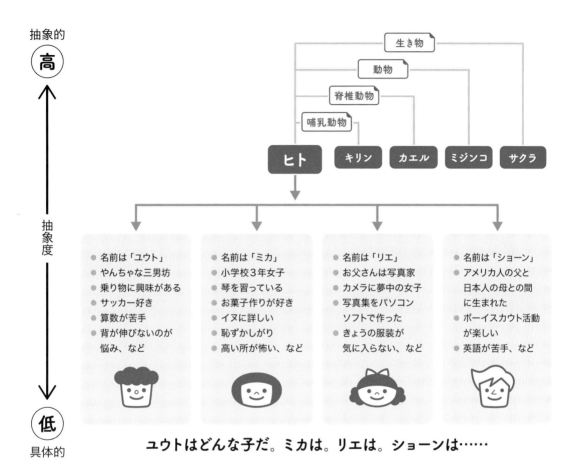

抽象的 高

抽象度

低 具体的

| 生き物 |
| 動物 |
| 脊椎動物 |
| 哺乳動物 |

ヒト キリン カエル ミジンコ サクラ

● 名前は「ユウト」
● やんちゃな三男坊
● 乗り物に興味がある
● サッカー好き
● 算数が苦手
● 背が伸びないのが
　悩み、など

● 名前は「ミカ」
● 小学校3年女子
● 琴を習っている
● お菓子作りが好き
● イヌに詳しい
● 恥ずかしがり
● 高い所が怖い、など

● 名前は「リエ」
● お父さんは写真家
● カメラに夢中の女子
● 写真集をパソコン
　ソフトで作った
● きょうの服装が
　気に入らない、など

● 名前は「ショーン」
● アメリカ人の父と
　日本人の母との間
　に生まれた
● ボーイスカウト活動
　が楽しい
● 英語が苦手、など

ユウトはどんな子だ。ミカは。リエは。ショーンは……

では逆に、抽象度を下げていく、すなわち、具体的に物事をみていくとはどういうことでしょうか。それは、多くの物事を一括りにするのをやめて、個別にそれが備えている要素をていねいにみていこうとすることです。

具体とはそれに備わるものを
ていねいにみていくこと

例えば、目の前に子どもたちがいます。まず、最初の子どもに目を向けます。「この子の名前はユウトなんだ」「男の子だな」「3人兄弟の末っ子だと本人が言っている」「サッカー好きのようだ」……。このように1人1人について特徴をじっくりみていくことが、具体的に物事をとらえるということです。

抽象は物事から要素を引き抜く作業でしたが、具体はその逆で、物事に要素をどんどん備えさせる作業です。その過程では、あいまいさはどんどん排除され、物事の粒立ちがはっきりしてきます。

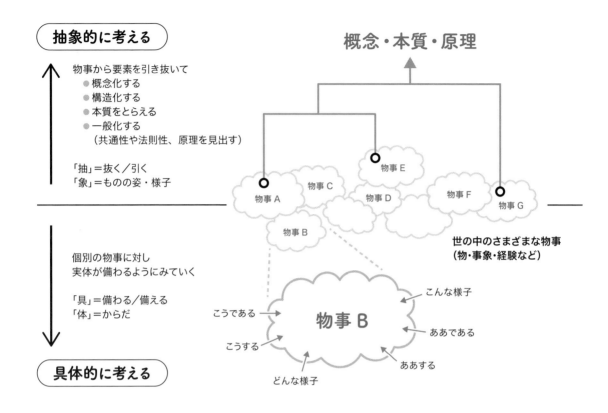

抽象的に考える

物事から要素を引き抜いて
- 概念化する
- 構造化する
- 本質をとらえる
- 一般化する
  （共通性や法則性、原理を見出す）

「抽」＝抜く／引く
「象」＝ものの姿・様子

個別の物事に対し
実体が備わるようにみていく

「具」＝備わる／備える
「体」＝からだ

具体的に考える

概念・本質・原理

物事 E
物事 C
物事 A
物事 D
物事 F
物事 G
物事 B

世の中のさまざまな物事
（物・事象・経験など）

こうである
こうする
どんな様子
物事 B
こんな様子
ああである
ああする

抽象と具体の往復運動によって
概念をつくり認知を深めていく

　抽象的に考えるのと具体的に考えるのとで、どちらが「よい／わるい」とか、「優れる／劣る」ということはありません。どちらも大事です。そして実際、私たちは知らず知らずのうちにこの2つを往復しながら認知の世界を広げ、深めています。

　例えば、幼少期のころを思い出してください。あるときから家の外に出て、広場のようなところで遊ばせてもらうようになります。子どもはその場所を

よく観察し、しだいにそこが普段食べたり寝たりする場所とは違うことを感じ取ります。そしていつしか〈公園〉という概念を頭の中に形成します。

　しばらくすると、今度は少しタイプの異なった公園に行くようになります。そこの様子を1つ1つ詳しくみていくと、どうやら自分が知っている〈公園〉の中でも、これまでと違う何かがあるように思えてきます。そして、それが〈テーマパーク〉という概念のものであることを知ります。さらにそこから、いくつかのテーマパークに行き慣れてくると、〈面白いテーマパークとはこうあるべき〉といったような自

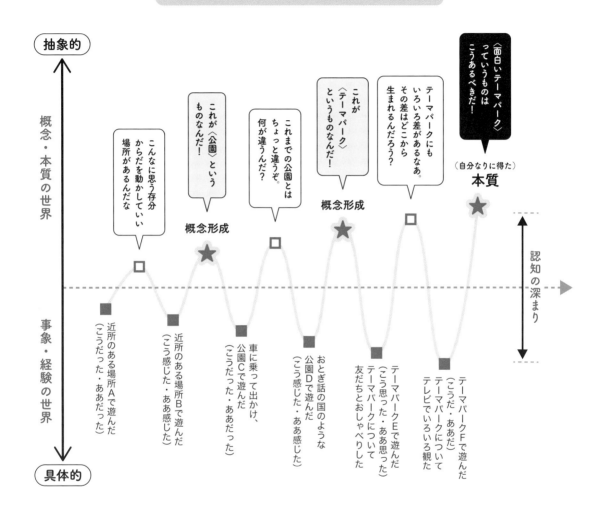

抽象と具体の往復で認知が深まっていく

分なりの本質がみえてきます。

　このように、私たちは事象や経験から概念をつくり出したり本質をとらえようとしたりします。また、それら概念や本質を獲得することによって、事象や経験がより有意義に立ち現れてくることになります。

　その意味で、具体なき抽象はやせてリアル感のないものになってしまうでしょう。同時に、抽象なき具体は散漫なものになってしまう危険性があります。

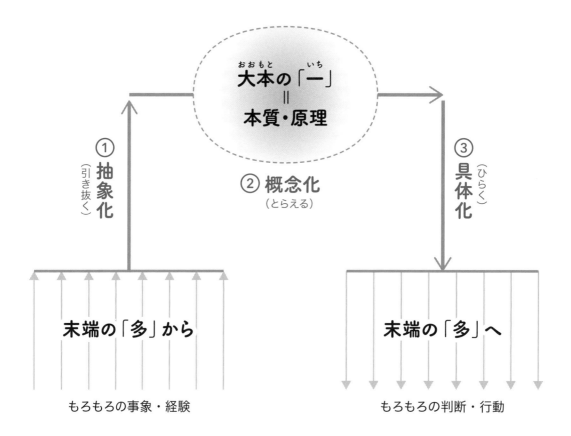

「多」から「一」をつかみ「一」を「多」にひらく「πの字」思考プロセス

大本の「一」
＝
本質・原理

① 抽象化
（引き抜く）

② 概念化
（とらえる）

③ 具体化
（ひらく）

末端の「多」から

もろもろの事象・経験

末端の「多」へ

もろもろの判断・行動

抽象化→概念化→具体化の
「πの字」に進展していく思考

　私たちは日常、もろもろの事象・経験の中で生きています。この雑多な世界から何かを引き抜き

（＝①抽象化）、そこに本質や原理といった「一（いち）」なるものをとらえようとします（＝②概念化）。さらには、その本質・原理を現実生活の判断や行動に展開します（＝③具体化）。この3ステップの流れを、私は「π（パイ）の字」思考プロセスと呼ん

あなたが「成功本」から学ぶ姿勢は……

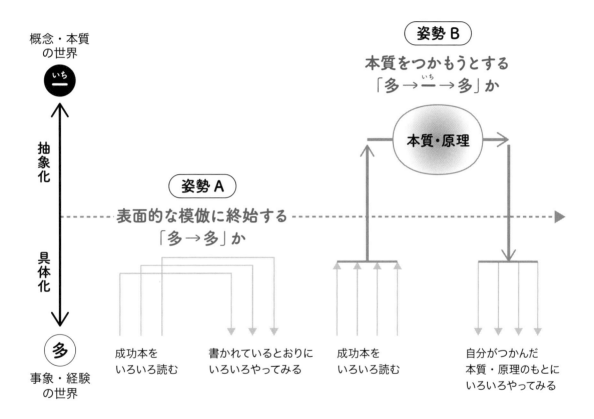

概念・本質
の世界

いち
一

抽象化

具体化

多

事象・経験
の世界

姿勢 A
表面的な模倣に終始する
「多 → 多」か

成功本を
いろいろ読む

書かれているとおりに
いろいろやってみる

姿勢 B
本質をつかもうとする
「多 → 一 → 多」か

本質・原理

成功本を
いろいろ読む

自分がつかんだ
本質・原理のもとに
いろいろやってみる

でいます（前ページ図）。

　書店にはたくさんの成功本やハウツー本が並んでいます。具体的なやり方が列挙してあり、すぐに実行できます。しかし、この具体次元に留まって模倣しているだけなら、効果は限定的です。そこから

抽象次元に上がって、自分なりに本質をつかまなければ深い体得はありません（上図）。

　俗に言う「マニュアル人間」というのは、抽象化によって事の本質をつかまないために、いつまでも場当たり的な処置を繰り返す人です。

考える形 ［5］ 〜主観／客観

地のままに考えるか
共通了解を得るように考えるか

　主観と客観は哲学的に（特にフッサールを中心とする現象学の分野で）議論を始めると、とても難解な概念になっていきます。ここでは普段の生活や職場において「主観的に考える／客観的に考える」とはどういう態度であるのかを、おおまかにつかもうと思います。

　考えることは、知・情・意にまたがる複雑な作業です。時に冷徹に見つめ、時に熱く受け取り、時に固く信じる。そういった複雑な混合によって思考は生まれます。思考は個性であり、各人の傾向性やレベルが生じます。生きる環境や教育、経験、性格などの違いが思考的個性を決めていきます。

　主観的に考えるというのは、まさにこの思考的個性によって物事をつかんでいこうとする態度です。言うなれば「地のままに考える」で、そこに直感的な評価が入っていたり、信条的な判断が入っていたりしてもよいものです。

　それに対し、客観的に考えるというのは、各人が持つ個性を抑え、感情や勘といった不安定なものを排除し、その物事自体を純粋に認識しようとす

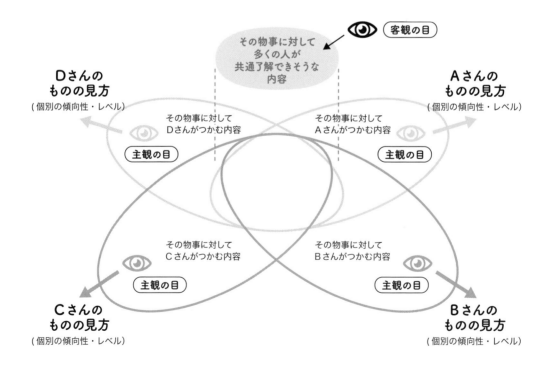

「事業」とは何かを定義する

客観的定義（＝辞書の定義）は"最大公約数"的なもの
主観的定義は人それぞれの見方（＝観）による志向性をもったもの

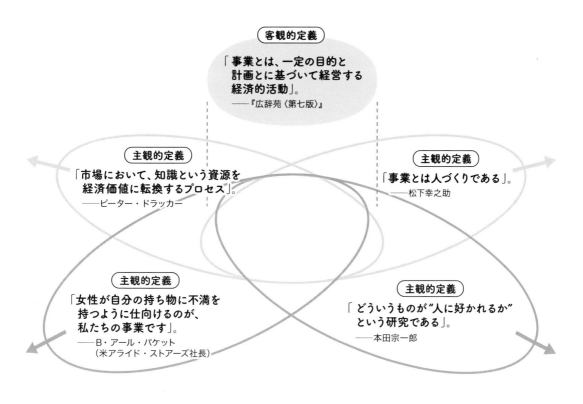

客観的定義
「事業とは、一定の目的と
計画とに基づいて経営する
経済的活動」。
──『広辞苑〈第七版〉』

主観的定義
「市場において、知識という資源を
経済価値に転換するプロセス」。
──ピーター・ドラッカー

主観的定義
「事業とは人づくりである」。
──松下幸之助

主観的定義
「女性が自分の持ち物に不満を
持つように仕向けるのが、
私たちの事業です」。
──B・アール・パケット
（米アライド・ストアーズ社長）

主観的定義
「どういうものが"人に好かれるか"
という研究である」。
──本田宗一郎

る態度です。そして、できるだけ多くの人が共通了解できそうなとらえ方を目指します。そこでは必然的に分析的・論証的な思考となります。客観的な思考の最たる例は科学です。

客観は「優」で、主観は「劣」か
客観を超えて主観的意志を持つ

「それって主観的な見方だよね。もっと客観的に

ながめないと……」。ビジネス現場のやりとりでは、よくこんなフレーズが出てきます。このことは暗に、客観が主観より優れていることをにじませているようです。しかし、はたしてそうでしょうか。

　往々にして主観的な意見がダメ出しされるときは、もののとらえ方が感情的に偏っていたり、浅い経験からの決めつけであったりします。確かにそういうときは、客観が求められるでしょう。

しかし、ビジネスやキャリアにおいて、客観は最終的に目指すべき態度ではなく、むしろ客観を超えて意志的に主観を持つことが目指すべき態度であるともいえます。そうでなければ、ほんとうに深く強い仕事はできませんし、心から納得のいく独自のキャリアは具現できません。

例えば、事業とは何かを考えるときに、松下幸之助は「（松下電器産業にとって）事業とは人づくりである」と言いました。また本田宗一郎は本田技術研究所の社長に就任した際、「（ここでの）事業は、どういうものが"人に好かれるか"という研究である」と言いました。これらはその人なりの深い咀嚼がなされた主観的な定義です。客観を超えたところで意志的につくり出している宣言です。

客観的定義とは世の中の多くの人が定義する最大公約数的な部分のことで、いわば辞書的な定義です（前ページ図）。この最大公約数の部分で物事の解釈を行うことは間違いがないという意味で安全ですが、別の角度からいえば没個性に陥ることでもあります。

客観は物事をとらえる土台・手段
主観こそ物事に意味・目的を与える

表層的な決めつけや感情的な偏見ではなく、深い思考・深い決意から出る主観であれば、それは独自性としてむしろ研ぎ澄ませていくべきものでしょう。哲学者ニーチェは、「この世界に事実というものはない。ただ解釈があるのみ」と言いました。私たちは結局、自らの解釈で自分の生きる世界を決めていくのです。

客観や論理・科学は、物事をとらえる土台とし

て、また、多くの人を納得させる手段として重要なものですが、それ自体は目的を与えてくれるものではありません。肯定的な意味での「主観的に考える」、すなわち、物事に力強い自分なりの解釈を与えること。これによって目的・意味が創出されます。

物事をどう解釈するかによって
人は自分の生きる世界を決めている

私が行っている研修・ワークショップでは、物事の定義化セッションを設けています。さまざまな題材を与えて「○○とは□□□である」と自分の言葉で表現してもらいます。

題材は次のようなものです———「仕事」「事業」「成長」「創造」「自律（自立とどう違うのか）」「仕事の幸福（仕事の成功とどう違うのか）」など。右ページに、実際のワークショップで参加者から出てきた答案をいくつかあげます。さて、あなたならどう主観的に定義するでしょうか。

コラム3

「仕事とは何か」を
自分の言葉と絵で表現する

『健やかな仕事観をつくるワークショップ』参加者の回答から

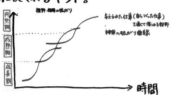

仕事とは、自分の成長・成熟・円熟の過程でそれまで見えなかった景色を見えるようにしてくれるギフト。

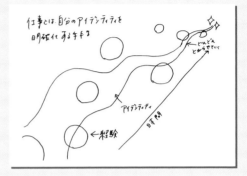

仕事とは自分のアイデンティティを明確化する手段

仕事とは、能力を発揮して未来の手前を照らすことである。

仕事とは自分オリジナルの価値の生み出し方を創り出す営み

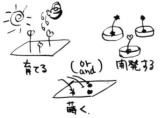

仕事とは、未来をつくること

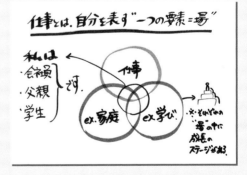

仕事とは、自分を表す一つの要素＝場

＊作成者の承諾を得て掲載しています。

考える形［6］〜弁証法

肯定と否定の対峙を超えて
第三の答えへと昇華させる

　優れた思考力というものを思い浮かべるとき、独創的な発想力、明晰な論理力、深い洞察力といったものが思い浮かびます。しかし、地味ながら、かなり重要なものとして、「対立や矛盾を超えたところに答えをつくり出す力」があります。それが「正・反・合」による「弁証法」です。

　弁証法を思考法の文脈から取り上げ有名にし

たのは、ドイツの哲学者ヘーゲルです。まず一方に「正」と呼ばれる考え方が提示され、他方に、それに対立・矛盾する「反」と呼ばれる考え方が起こります。そのとき、その対立・矛盾を克服して創造される考え方が「合」です。

　「合」は安易な妥協や折衷ではありません。正と反どちらの要素も内包したまま、元の2つの次元とは異なる次元に第三の答えをつくり出すものです。この昇華をヘーゲルは「止揚（アウフヘーベン）」と呼びました（下図）。

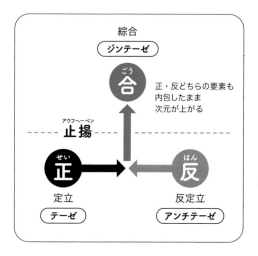

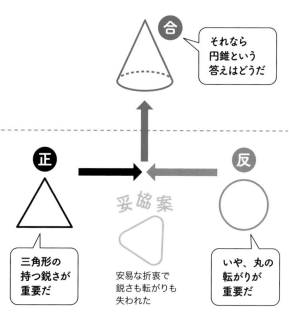

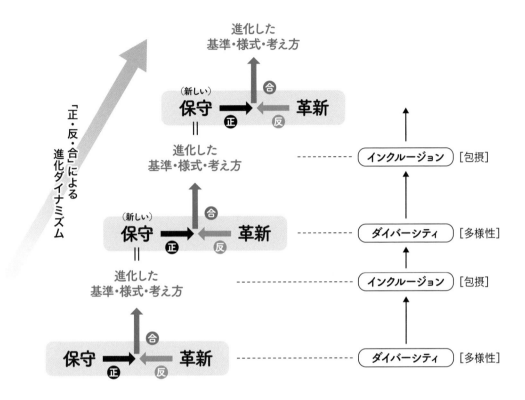

自己内に多様性を保ち
弁証法的進化を持続できるか

　私たちは自分1人でも集団でも、四六時中、考えることをします。たいてい、思考の道筋というのは単純な一本線ではありません。常に自分の中、集団の中に多様な考え方があり、多数の選択肢がからみ合います。そこで起こる対立や矛盾をそのままにして、都合の悪い意見を切り捨てたり、玉虫色の組み合わせをしたり、強力な一理論で全部を塗

り固めたりするのは簡単です。対立や矛盾を忍耐強く乗り越え、止揚して答えを出す。その思考力こそ、いぶし銀の思考力です。

　1人の人間、1つの組織、1つの社会が、自らの中に保守と革新といった考え方の多様性を保ち、上図のような正・反・合による進化ダイナミズムを起こし続けられるか。これはとても大事な観点です。また同時に、この正・反・合のダイナミズムは、多様性と包摂の運動とみることもできます。

考える形［7］〜アナロジー（類推）

類似性を見出し
未知のことを推し測っていく

アナロジーは「類推」「類比」と訳されます。2つの事例において本質・原理に共通性があるとみて、既知の事例から未知の事例を推し測っていくことをいいます。

例えば、数式で「2:3=4:x」とあったとき、私たちは「ああ、x=6だな」と推測します。左辺にある2:3という関係性を原理とし、それを右辺にも当てはめて、未知のことをつかんでいこうとする。それがアナロジーです。

「真なることを広げていく」という意味で、アナロジーは演繹と同じです。演繹が厳密な論理的手続きを経て広げていくのに対し、アナロジーはもっとゆるく広げていくイメージです。言い換えると、「敷衍（ふえん）する」「拡大適用する」になります。

また、アナロジーは修辞学（レトリック）の分野でも比喩の技法として展開されます。「雪のように白い肌」といった直喩。「その事件は氷山の一角」といった隠喩など、これも事柄を類似性でとらえるものです。

こうしたアナロジーを豊かに使いこなすには、「抽象／具体」の箇所で述べた「πの字」思考プロセス（→64ページ）、すなわち抽象化→概念化→具体化がしっかりできるかどうかです。

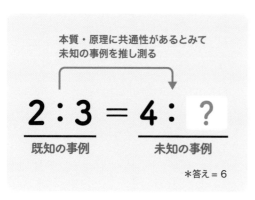

本質・原理に共通性があるとみて
未知の事例を推し測る

$$2:3 = 4:\boxed{?}$$

既知の事例　　未知の事例

＊答え＝6

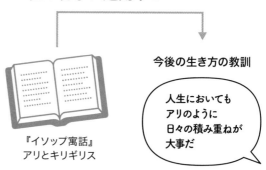

本質・原理に共通性があるとみて
他の物事に適用する

今後の生き方の教訓

人生においてもアリのように日々の積み重ねが大事だ

『イソップ寓話』
アリとキリギリス

考える形〔8〕 ～要素論／全体論

全体を分解し尽くすことで
全体を解明できる／できない

　要素論は、全体は部分の総和であるととらえる立場です。部分の性質をくまなく観察し、部分と全体の因果関係・構造をとらえることで、全体を理解し統御できると考えます。すなわち、分解的アプローチの思考形です。「機械論」や「唯物論」とも結びつきやすい立場です。

　全体論は、全体は部分の総和を超えたものであるとの立場です。そこでは、全体と部分の境界線はあいまいである、部分が全体を包含する、全体自体が独自の振る舞いをするなどの考え方をするので、全体を部分や要素に還元することはできないとみます。つまり、統合的アプローチの思考形です。「ホーリズム：Holism」とも訳されます。

　両論の立場を比較してどちらが優か劣かの問題ではなく、2つのアプローチをうまく使いこなしていくことが大事です。例えば医療の世界では、要素論の立場が西洋医学であり、全体論が東洋の医術といえます。人間の心身は機械のようでもあり、それを超えたものでもあり、2つの取り組みが必要です。

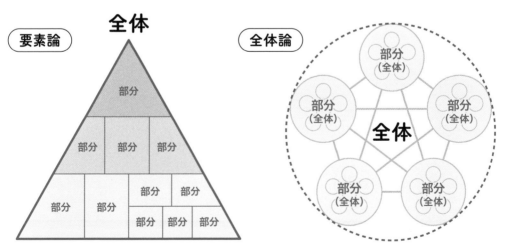

全体は部分の総和であるととらえる立場。
部分の性質をくまなく観察し、
部分と全体の因果関係・構造をとらえることで、
全体を理解し統御できる。

全体は部分の総和以上のものであるとする立場。
全体を部分や要素に還元することはできないとみる。

C09　学ぶ力

学びの始まりは真似ることから
真の学びは奥に潜む本質をつかむこと

学の旧字体「學」は、「手＋家（場所）＋子（子弟）」の構造です。もともとは「儀礼などの手ぶりを子弟が習う所」を指す文字だったようです。

また、「学ぶ（まなぶ）」は「真似ぶ（まねぶ）」と同じ語源から来ているともいわれています。そのように「学ぶ」とは、子弟が何かお手本を真似ながら、技術なり知識なりを身につけていく活動をいいます。

ちなみに、学ぶに近い言葉の「習う・倣う（ならう）」も真似をする、の意味です。習うはひな鳥が親鳥と同じように羽を何度もはばたかせて飛ぶ訓練をすることです。

日本の伝統的な芸能や武術の世界では「守・破・離（しゅ・は・り）」という言葉が使われます。いわば入門した弟子がその道を究めていくための学びの3段階です。

〈守〉
師からの教えを忠実に学び、基本の作法や型を身につける第1段階。

〈破〉
師の教えを土台としながらも、それを打ち破るように自分なりの技を求める第2段階。

〈離〉
それまでの学習や経験を統合し超越して、独自の世界を打ち立てる第3段階。

學
├─ 手
├─ 家（場所）
└─ 子（子弟）

＝
儀礼などの手ぶりを
子弟が習う所

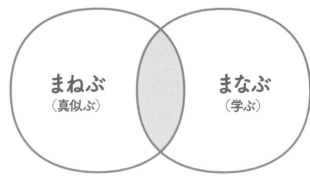

まねぶ（真似ぶ）　　まなぶ（学ぶ）

守・破・離 ～模倣を超えたところから始まる学びの3段階

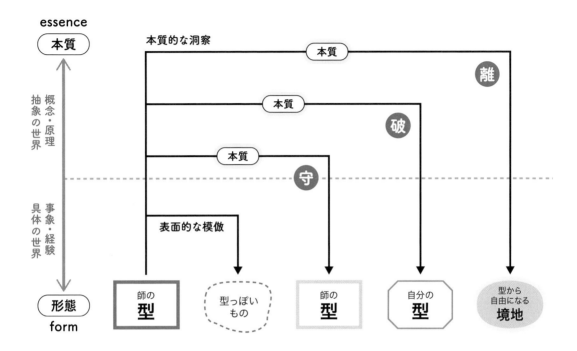

「守」というのは徹底的に基本の型を繰り返すわけですが、単に真似る次元に留まるなら、それは「守」の修業ではありません。型の動作から、何かしらコツをつかまねばなりません。そのコツというのは、ひとつの原理であり本質です。

学びの入り口は模倣であるにせよ、その模倣を超えていくところにほんとうの深い学びの世界があります。その深い学びに入っていくために大事なものが「問う力」と「試す力」です。それを次にみていきましょう。

! Essential Points

☐ 「真似る」ことはおおいにけっこう。ただ、あなたはそこから何を本質として抜き取るか。

☐ さらにはその抜き取ったものをどう自分流に表現しなおすか。

「問う力」と「試す力」

学ぶべき岩壁に「問い」の杭を打ち「試し」ながら足場を固める

　他者から知識・技術を習い、それで何かができるふうになって満足するなら、それは受動的な学びです。それをいくつ連ねても、学びに厚みは出てきません（下図左）。今日の学校教育も、企業における社員教育も、多分にこの受動的な学び、すなわち、具体次元の処し方（ハウツー）の伝授を、手を変え品を変えて連ねるだけで、真に学ぶ人を育ててはいません。

　他者から習うことは学びの一部です。そこから学ぶべき対象に、一打一打、杭を打ち込んで真理体得に向かって登攀していく作業こそ、ほんものの学びです。そのために大事なことは「問う」こと、そして「試す」こと。

　「なぜ、そうなるのか？　仕組みは何なのか？」といった原理への問い。「なぜ、自分はこれをやるのか？」といった目的・意味への問い。そうした抽象次元・在り方に自分を引き上げていく問いと同時に、具体次元に下りていろいろと行動で仕掛けていくことができたなら、その学びは厚みを獲得し、強い自信に変わるでしょう。

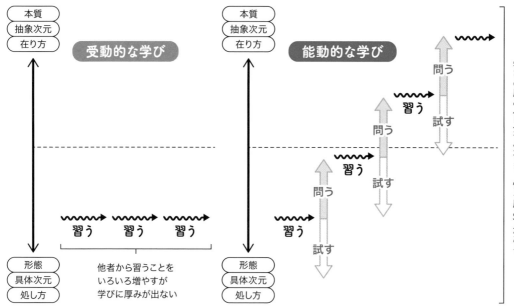

教える人が一番「学ぶ人」

陶芸について能力があるといった場合、次のような段階があります。

1) やきものの種類や歴史を「知る」
2) 製法について化学的・実践的な原理が「わかる」
3) 実際、自分でロクロを回して、窯で焼くことが「できる」
4) それらすべてを他人に「教える」ことができる

「知る」「わかる」は自分の頭の中だけに閉じた状態です。それを外側に目に見える形で表出させるのが「できる」です。

「教える」はその「できる」を、他者へと開き、他者が「できる」よう導く作業になります。

「教える」ことには、物事の総合的な理解、人にはたらきかける技術、想像力、忍耐が必要です。人に何かを教えるとき、一番学ぶのは教える本人です。そして、いわずもがな、学んだ人がぐんぐん伸びていく姿を見ることは格別の喜びです。

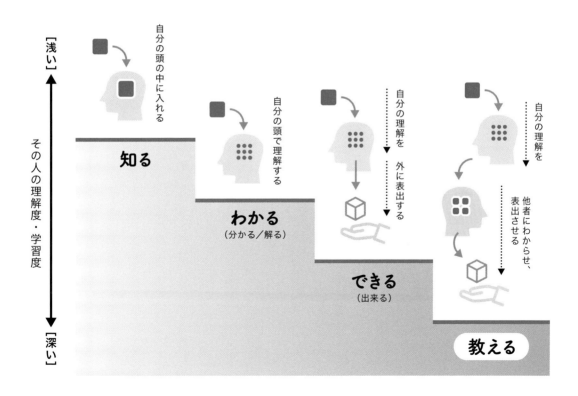

C10 ためる力

　私たちは学校に入って、ひらがな・カタカナを覚え、掛け算の九九を暗記します。そうやって知識や技術といったものを自分に「ためて」いきます。

　「ためる」とは、自分に取り込んで、保持し、増やしていくこと。「ためる」といえば、金品を貯めることを思い浮かべますが、そうした目に見えやすく外側にためるものだけでなく、目に見えにくく内側にためるものもたくさんあります。

　私たちのまわりには「あの人は引き出しが多いね」といわれる人がいます。直面する状況に合わせて過去の成功方法をいろいろ持ち出してきたり、突破の手がかりとなる人脈を紹介してくれたり。相談を持ちかけても、あの手この手の助言を経験から教えてくれたり。そうした引き出しの多い人は、実は背後に持っている「資産ストック（蓄積）」が豊かだといえます。

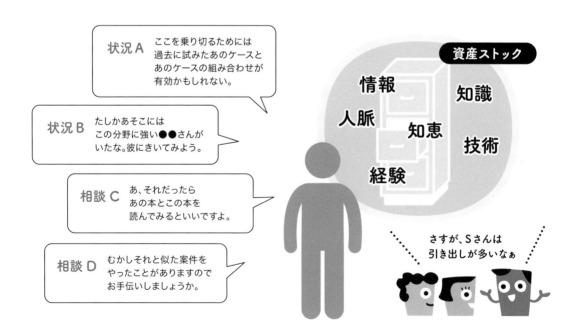

俗に言う"引き出しの多い人"は
背後に持っている「資産ストック」が豊かな人

状況A　ここを乗り切るためには
過去に試みたあのケースと
あのケースの組み合わせが
有効かもしれない。

状況B　たしかあそこには
この分野に強い●●さんが
いたな。彼にきいてみよう。

相談C　あ、それだったら
あの本とこの本を
読んでみるといいですよ。

相談D　むかしそれと似た案件を
やったことがありますので
お手伝いしましょうか。

資産ストック

情報　人脈　経験　知恵　知識　技術

さすが、Sさんは
引き出しが多いなぁ

自分の資産ストックを豊かにするために

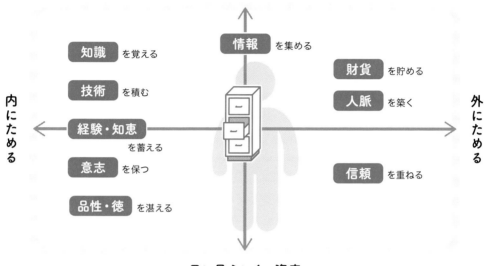

目に見えやすい資産

知識 を覚える

情報 を集める

財貨 を貯める

技術 を積む

人脈 を築く

内にためる

経験・知恵 を蓄える

外にためる

意志 を保つ

信頼 を重ねる

品性・徳 を湛える

目に見えにくい資産

自分という器に
どんな資産を「ためて」いくか

　では「資産ストック」を豊かにするとは具体的にどういうことでしょう。能力的資産の観点からは、「情報を集める」「知識を覚える」「技術を積む」「経験・知恵を蓄える」といったことです。また、物的資産として「財貨を貯める」。人的資産としては「人脈を築く」「信頼を重ねる」があげられます。さらに心的資産としては「意志を保つ」「品性・徳を湛える」です。

　私たち一個一個は生物的に生きる動物です。その動物が、かけがえのない1人の人間になるために、自分という器に何を「ためて」いくか。これはけっこう大きな挑戦です。

! Essential Points

☐ 能力的資産をためる・人的資産をためる・物的資産をためる・心的資産をためる。

☐ ある状況に接したとき、自分という器から何を引き出せるか？

C11 合わせる力

異なるものを合わせることで
想定外の創造が生まれる

「合わせる」とは、2つ以上のものを1つにすること。私たちは日々、「合わせる」ことを頻繁にやっています。複数の素材を合わせて料理を作る。複数の意見を合わせて施策を練る。複数の情報を合わせて資料を作る。

たくみに合わせることで、元の素材がばらばらに持っていた価値がその総和以上にふくらんだり、「合わせの妙」ともいうべき創造が起こったり、それが「合わせる」ことの醍醐味です。

ここでは、「合わせる」ことによって何かを生み出すパターンを4つあげてみます――①足し合わせる、②掛け合わせる、③組み合わせる、④編集する（右ページ）。

足し合わせの代表例は百貨店やスマートフォン。多くの機能を複合させることで全体の価値を上げることに成功しています。足し算的な手法にはそのほか、接合や統合、調合などがあります。

次に、掛け合わせは素材どうしが複雑に影響しあい、全体を変質・変容させていくものです。化合によって便利な物質をつくり出す、交配によって新種の動植物をつくり出す。異文化の融合から進化した第三のものが生まれてくる。掛け合わせには、弁証法的な綜合（→70ページ参照）の作用がみてとれます。

合わせることは「組む」「編む」と通じています。組むことで構造をつくり、編むことで流れをつくる。それら構造や流れが価値を生み出します。

「合わせの妙」

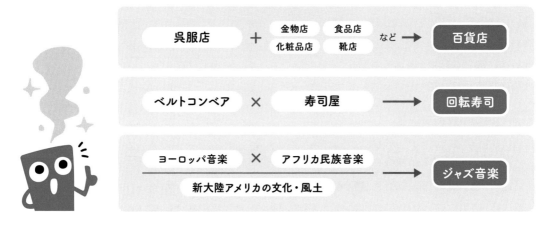

| 呉服店 | + | 金物店　食品店
化粧品店　靴店 | など → | 百貨店 |

| ベルトコンベア | × | 寿司屋 | → | 回転寿司 |

| ヨーロッパ音楽 | × | アフリカ民族音楽 | → | ジャズ音楽 |
新大陸アメリカの文化・風土

いろいろな「合わせる」

① 足し合わせる	複数の素材を合わせることにより全体を進化させ、全体の価値を高める		・【複合】百貨店、スマートフォン ・【接合】鉄道路線の相互乗り入れ ・【統合】事業の水平統合・垂直統合 ・【調合】ブレンドコーヒー、薬、香水
② 掛け合わせる	複数の素材を合わせることにより元のものとは異なった何かをつくり出す		・【化合】プラスチック（合成樹脂）の製造 ・【交配】植物の品種交配 ・【合成】回転寿司、イチゴ大福 ・【融合】ジャズ音楽
③ 組み合わせる	複数の素材を合わせることにより機械的な構造をつくり価値を生み出す	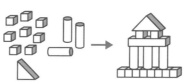	・部品組み立て式の製品 ・ブロック玩具（積木や『レゴ』など） ・組織構成 ・スポーツなどトーナメント試合の対戦ツリー
④ 編集する	複数の素材を合わせたり、削ったりして整理し情報的な構造と流れをつくり、価値を生み出す	［ヨコ糸］ ・情報 ・知識 ・知恵 ［タテ糸］・内容の構成／流れ　・コンセプト	・書物や放送番組、映画の製作

! Essential Points

☐ 「合わせる」ことで、新しい何かが生まれる。

☐ そして元の素材が持っていた価値の総和を超える価値創造ができる。

☐ 「組む」ことで構造ができ、「編む」ことで流れができる。

C12 想う力

「想」という字は
木を目でみて心に像を浮かべること

「おもう」とは、心の中であれこれ考えたり、感じたりすることをいいます。通常は「思う」と書きます。「想う」はさらに進んだ活動になります。

想うという字には「目」が入っているとおり、何か対象に目を向けてその像を心の中に浮かべることです。「想う」は「思う」に比べ、より希求的であり、映像的であるといえます。

「内と外」に想う
自己概念からビジョン・夢・志まで

「何を想うか」には内と外があります。すなわち「自己を想う」と「物事を想う」です。

私たちが自分自身のことを想うとき、そこでは「自己概念（セルフ・コンセプト）」や「自己像（セルフ・イメージ）」がつくり出されます。これらは、自分が何者であるか、何者でありたいかについて、自分自身でとらえている枠組みです。こうした自分自身のイメージは現実の自分に小さからぬ影響を与えます。

私たちは、自分以外のこともいろいろ想います。部屋の飾りつけをどうしよう。仕事の完成形をどうしよう。自分の今後の人生をどうしようか、など。それら物事を想うときに心の中に浮かべるのが、「心象」「理念」「ビジョン」「夢・志」です。

[思う]

「故郷は
なつかしい
ものである」
と思う

故郷
について

対象についてあれこれ考えたり、
感じたりする。

（必ずしも心の目は開いていない。
映像的なものが伴うともかぎらない）

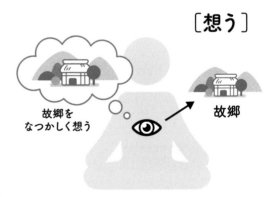

[想う]

故郷を
なつかしく想う

故郷

「心の目」が開いていて、対象に向いている。
頭や心の中にその像を浮かべ、
それを求める気持ちがわいている。

(希求的)　(映像的)

〈外的対象〉
物事を想う

〈内的対象〉
自己
を想う

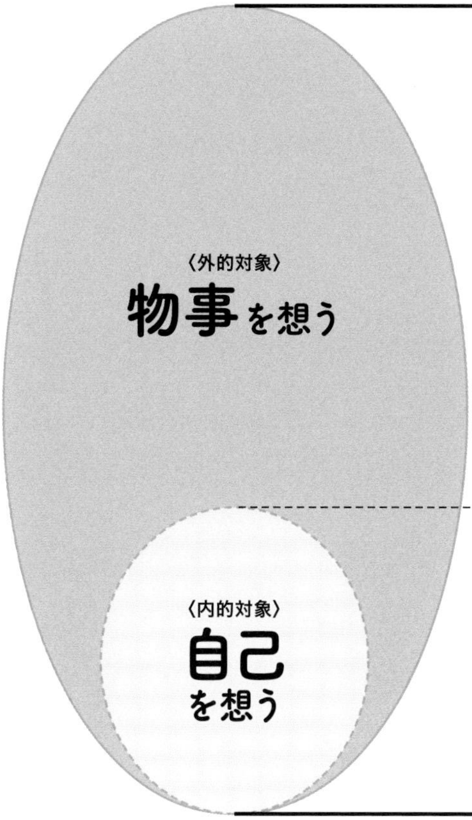

夢・志 Dream | Aspiration | Ambition

空想的な願望。熱意をもって成就したい目標。使命的な目的。

ビジョン Vision

意志・価値観・感性を統合させて描く未来の絵。
目指すべき構想。洞察的展望。胸中に抱く世界像。

理念 Idea

物事を真理的な姿まで突き詰めてつかんだ心的内容

心象 Image | Mental picture

外的対象について、意識に表れる姿や像

自己像 Self-image

自分がどういう人間かについて、自分自身が抱いている
包括的な姿。「自己概念」よりも広い意味合い。

自己概念 Self-concept

自分が何者であるか、何者でありたいかについて、自分自身で
とらえている枠組み。特にその枠組みの核になる価値観が重要。

! Essential Points

☐ 豊かに想うことは、現実の自分を豊かに進ませてくれる。

☐ だから、いたずらに過度に分析を始めるのではなく、
　おおらかにビジョンを描くところから始めよう。

想うことのポジティブ効果・ネガティブ効果

トップアスリートは
最高のプレーをする自分を想像する

スポーツ選手が積極的に取り入れている「イメージトレーニング」。最高のプレーをしている自分の一挙手一投足を頭の中で再現し、現実のパフォーマンスをそれに近づけていくというものです。

人間は漫然とはがんばれないもので、何かしら具体的な姿をイメージすることで具体的に力を発揮し、成果を出すことができます。前ページの「思う」と「想う」の違いでいうなら、「私は勝つと思います」だけでは不十分で、「こういうプレーイメージを持って勝つのだ」という準備ができてこそ勝ちに近づくことができます。それほど「想い」というのは強力に人を動かす力を持っています。

想像が現実の自分を引き上げたり
狭く閉じ込めたりする

スポーツ選手のみならず、一般の私たちも「想い」が現実の自分を動かしています。私たちは理想やビジョンを描き、そこに進もうとします。「いまの自分は能力が足りないかもしれない」「現状は厳しいかもしれない」……現実だけをみていたら気が滅入ってしまう状況にあって、理想やビジョンといった想いは、現実の自分を打ち破り、力を引き出してくれるものになります。

ただ、「想い」にはそういったポジティブな効果もあれば、ネガティブな効果もあります。自己イメージや状況イメージが、極端に歪んだり、あるいは過小になってしまうと、自分をあらぬ方向にさまよわせたり、閉じ込めたりします。

健全な想いは
「真・善・美」に根づいたところから

そのように、いかに自己を想うか、いかに物事を想うか、はその人の人生にとても大きな影響を与えます。

では、健全な想いをどう生じさせるか？　それは人間が永らく問い続けてきた哲学的テーマでもあります。その答えの一つとして古人たちは、正しい知識を基とし、善い意志を燃やし、美しい感性で描けと教えてくれています。

さらには、夢にせよビジョンにせよ、成就すべき想いは現実という土台とつながっていなくてはなりません。

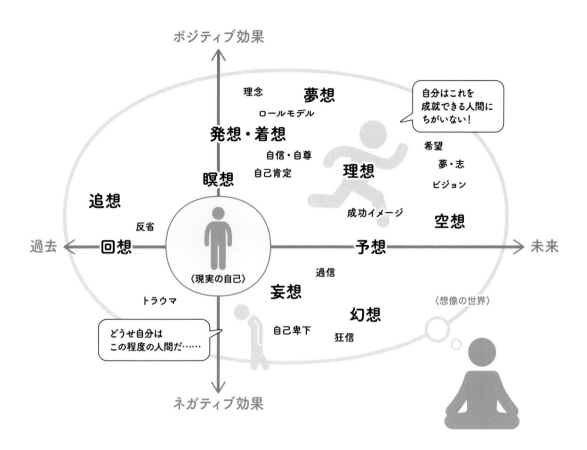

「夢見ることができれば、成し遂げることもできる」。

——ウォルト・ディズニー

「理想は自身の中にある。その理想を達成するための障害も自身の中にある」。

——トーマス・カーライル（英国の歴史家）

「想像力は知識よりも重要である」。

——アルバート・アインシュタイン

「今、証明されているものも、かつては想像の中にあった」。

——ウィリアム・ブレイク（英国の詩人）

「現実は夢を壊すことがある。だったら、夢が現実をぶち壊したっていいではないか」。

——ジョージ・ムーア（アイルランドの作家）

豊かに想う力

「見えぬけれどもあるんだよ、見えぬものでもあるんだよ」。

—— 金子みすず『星とたんぽぽ』

「かんじんなことは、目に見えないんだよ」。

—— サン・テグジュペリ『星の王子さま』

心の目を対象に向けて
心のスクリーンに像をつくり出す

「想う」とは言ってみれば、心の目を対象に向けて、心のスクリーンにその像を映し出すこと。映し出すといっても、この世界のほんとうに大事なことは必ずしも形を持っていないので、それはすなわち、像を自分の内につくり出すことです。

その意味で、想像力がない人というのは、総じて物事への関心が弱く、心の目を日常のいろいろなものに向けようとしません。そして自分の内に像をつくり出すことを苦手にします。

他方、豊かに想像ができる人は、日常起こるさまざまな出来事や目に触れるものをきっかけにして、さまざまに自分の内に像をつくり出すことができます。

想う力の源泉は「想う心」
心が旺盛なら想わずにはいられない

例えば、冬の夜、帰宅道でふと夜空を見上げると、澄んだ輝きの星々が広がっている。そこから、どうやって星は誕生するのか、宇宙はどういう姿なのか、誰がそれを仕組んだのか、などについてどんどん心の中に絵が立ち現れてくる。あるいは、一片の詩を読んだとたん、その情景がふつふつと湧いてきて心の中を満たす。また、友の表情がさえないことを見てとり、何か悩みがあるのではないか、どんな状況に彼はいるのだろうかと想いを巡らせる。そのようなことを難なくやれるのが、豊かに想う力のある人です。

豊かに想う力の源泉は、「想う心」です。この場合の心とは、知的好奇心、思いやる気持ち、創造意欲、責任感、使命感、探求心など。逆に言えば、これらの心が旺盛なら、想わずにはいられません。

今日、豊かに想うことの最大の敵は、多忙さかもしれません。忙は「心を亡くす」と書きます。心があまりにも、明日までに処理すべきこと、功利的であらねばならないことに埋められているために、想いを広げる余裕がなくなっているともいえます。

豊かに想う力とは
さまざまな縁に触れて、豊かに像をつくり出し、意志を起こす力

夜空の星々を見上げて	➡️ 宇宙誕生の壮大な物語を想い、畏怖の念を抱く
一片の詩を読んで	➡️ その情景を想い浮かべ、味わうことができる
友の表情を見て	➡️ 何か悩みがあるのではないかと慮り、彼の置かれている状況に想いを巡らせる
一枚の報道写真を見て	➡️ これからの社会を予想し、自分はどういう態度で行動するかを決意できる
市場に並んだ色とりどりの食材を見て	➡️ どんな料理を作って、どんな盛りつけをしようかとアイデアがふつふつと湧く。そして食べてもらう人の喜ぶ顔を思い浮かべる
「成長するってどういうことだろう？」と自問し	➡️ 「成長」という概念を自分なりの言葉で説明できたり、絵図的につかんで、肚に落としている
苦境のまっただ中にあっても	➡️ 一筋の光に向かって進み、状況を乗り越えた自分をイメージして希望を抱くことができる

「日常の生活は多くの用事でみちているし、その用事を次々と着実に片付けていくために
は、『常識』とか『実際的思考力』などという名の、多分に反射的、機械的な知能の
処理能力さえあればすむ。あまりに豊かな想像力やあくことなき探究心やきびしい内省
の類は、むしろ邪魔になるくらいであろう」。

───神谷美恵子『生きがいについて』

「読書は豊かな人間をつくる。瞑想は奥深い人間をつくる。そして討論は明晰な人間をつくる」。

───ベンジャミン・フランクリン（アメリカ合衆国の政治家）

「夢想は思考の日曜日」。

───フレデリック・アミエル『アミエルの日記』

「分析」と「ビジョン」の両輪

作品的な街パリ
機能的な都市トウキョー

　今日私たちが見るフランス・パリの街の姿は、19世紀にジョルジュ・オスマン（当時のセーヌ県知事）によって行われた都市改造計画の成果によるものといわれています。1つの強力なビジョンのもとにつくられた作品といっていいでしょう。

　ひるがえって、日本のトウキョーはどうでしょう。確かに、いろいろなものが便利で機能的で清潔で、「さすが几帳面な国ニッポンの首都」と、国内外からの評判は悪くないようです。しかし、街全体として「特別の個性がないね」「面白みに欠けるね」のような評価も出てきます。

　このことは日本の工業製品にも重なるところがあります。家電製品や電子機器の小型化・高性能化において、いつしか日本は世界のトップランナーになっていました。それは欧米の先行製品を徹底的に分解・分析し、改良・改善を重ね、先行者に追いつく形のやり方でした。

　しかし、「製品性能で勝っても、事業に負ける」という現象が起こったのも事実です。

　行政の街づくりにせよ、企業の製品・サービスづくりにせよ、事業の取り組みには「分析」と「ビジョン」が必要です。分析なきビジョンは自己満足の絵空事になりますし、ビジョンなき分析はタコ壺の中の理屈遊びになります。この2つが相まってこそ、事業は現実の中で形を表わします。

ビジョンが描けない分析屋・技術屋
分析・技術がわかるビジョナリー

　ただそのとき、分析が主導か、ビジョンが主導かによって結果的にできあがってくるものが大きく違ってきます。

　「分析主導」型は、現実の課題解決に目を向けます。そして調査や分析、論理、技術応用によって改良・改善を目指していくものです。まず分析ありき。末端の問題処理ありき。そしてそこから現実的なビジョン・アイデアを起こす。その結果、細部に工夫を凝らし機能的ではあるものの、全体としてこぢんまりとしたものができあがります。

　他方、「ビジョン主導」型は空想から始まり、世の中にないものをつくり出そうという意志が駆動源になります。そのおおいなるアイデアのもとに分析や技術がくる。

　分析主導型とビジョン主導型はどちらも有効なプロセスです。ただ、昨今の学生・職業人の教育をながめるに、論理や分析、課題解決のための技術

「分析のもとのビジョン」か「ビジョンのもとの分析」か

新規創造
の世界

［ビジョン主導 × 新規創造］型

☐ まず壮大なビジョンの膨らましがあり、
　そこから分析で現実性を探っていく
☐ 独自の世界観を具現化したい
☐ 空想的ドライブによる新規創造
☐ 直感を信じ、イマジネーションで人を引きつける
　（そのアイデアには賛否両論が起こる）
☐ 革命的発明に向く
☐ アートやフィロソフィーの素養

② 分析

① ビジョン

--- 現実 --

① 分析

② ビジョン

［分析主導 × 課題解決］型

☐ まず現状分析があり、
　そのもとで現実的ビジョン・アイデアを描いていく
☐ 合理的な正解を見つけたい
☐ 科学的・論理的アプローチによる課題解決
☐ 調査データを集め、ロジックで人を説得する
　（反対意見が出ないよう根拠を提示する）
☐ 改良・改善に向く
☐ エンジニアリング・マーケティングの力量

課題解決
の世界

に向けた能力育成に偏っている感があります。そちらのほうが取り組みがわかりやすいですし、お金にもなりやすいからでしょう。

　空想する力を育むことは、現代の功利主義の流れの中では容易に軽視されやすくなっています。し

かしそういう時代だからこそ、ビジョンを描けない分析屋や技術屋を増やすのではなく、ビジョナリーであり、かつ、分析もできる、技術にも詳しいという人材が待ち望まれます。

C13 決める力

「決」とは堤を切って水を流すこと
決断の前にはおおいなる想像がいる

「決」の字は、「さんずいへん」に「えぐる」という組み合わせです。これは大雨で川の水が増し、大規模な洪水が起きそうな切迫した状況の中で、堤防の一部を切って水を流し、被害を最小に留めるかどうかを判断することを示しています。

堤防の一部を切れば、切った地域の被害は確実に出る。より大きな被害を食い止めるにはやむをえないかもしれない。しかし、このまま増水がおさまって堤防を切らなくてすむ可能性もある……。「決める」とは、そういった緊張が膨れあがったところで意を固めることです。

人が何かを「決める」とき、そこには3つのステップがあるように思われます。まずは「分析」。情報を集め、状況を明らかにします。次に「想像」。取り得る選択肢を考え、それぞれについて利点や欠点、それが及ぼす結果を思い描きます。そして最後に「覚悟」。

この3ステップにおいて、2番目のいわばシミュレーション的想像力が重要な鍵です。1番目の情報をうまく生かすのも、3番目の覚悟の深さ・強さを生み出すのも、想像力です。「これを選んだらどういう影響が出るだろう。このやり方だと受けた人の気持ちはどうだろう」など、どれだけ冷静で、しかし血の通った、そして哲学のある想像ができるか。その質が、決断の質を決めるでしょう。

私たちは何かを決めようとするとき、価値というものを必ず考えています。自分の内には、経済的

「決」
= =
水　えぐる
↓
川の堤防を切って
水を流す

「決める」ときの3ステップ

① 分析　　情報をできるかぎり多く集め状況を明らかにする。

② 想像　　取りうる選択肢を考え、それぞれの利点・欠点や及ぼす結果を思い描く。

③ 覚悟　　選択する1つのものを信じ、それ以外を潔く捨て去る。結果がどうあれ自分が責任を負うという肚構え。

決断

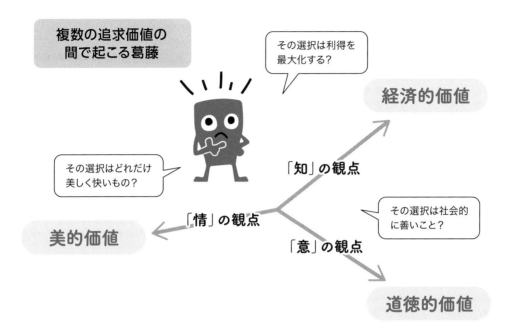

価値や美的価値、道徳的価値などいろいろな価値軸があり、それらが複雑にからまって価値観をつくりあげています。

　決めることが困難になるのは、その物事が複数の価値軸にまたがり、評価が相反するときです。いわゆる「ジレンマ（葛藤）」「トレードオフ（こちらを立てれば、あちらが立たず）」の問題です。

　例えば、担当製品で天然素材を使うよりプラスチック素材を使うことが安価になるとき、後者に切り替えるのは経済的価値から見れば正しい選択です。しかし、外見のナチュラル感が失われ安っぽくなるのは美的価値のうえでマイナスです。また、地球環境を守るという道徳的価値の観点で、正しくありません。

　そうした複数の追求価値の間で葛藤が生じた場合、最善の答えをどこに求めればよいでしょうか。それは結局、自分がどの価値軸に肚をくくれるかにかかっています。

❗ Essential Points

- ☐ 「決める」とは、極まった状況で意を固めること。
- ☐ 決断の3ステップ：①分析→②想像→③覚悟。想像の質が決断の質を決める。
- ☐ 複数の価値の間で葛藤が生じるとき、決めることは苦渋なものになる。

C14 かく力

　私たちの価値創造回路の上流には、「しる」や「みる」「読む」といったインプット的能力がまずありました。そして中流過程での「考える」や「想う」を受け、いよいよアウトプットすることになります。その下流過程の代表が「かく」です。

　「かく」の語源は、「引っ掻（か）く」にあるといわれています。人類がまだ言葉をもたなかったころ、硬いもので土や木などに引っ掻きキズをつけ、それを何かの記号として他者に意思を伝えたのが「かく」の起こりです。

　「かく」は、やがて文字の発明によって「書く」ことへと進化し、また、絵や図を「描く」ことに発展していきます。

意思表示のための「掻く」から思考を凝らせるための「書く」へ

　人間は「かく」ことによって、頭の中にあることを外側に定着させることに成功しました。さらに、「かいたもの（書物）」は印刷技術を通じて広く共有できることとなり、知の伝播・伝承に多大な貢献をしました。

　宇宙の法則を明らかにしたアインシュタインの論文、人間世界の不条理や神を壮大に紡いだドストエフスキーの小説、信ずべき根幹を教える聖典、文字に生命を吹き込んだ王羲之の書、物の在り様を独自の見方で平面に描き出したゴッホの油絵

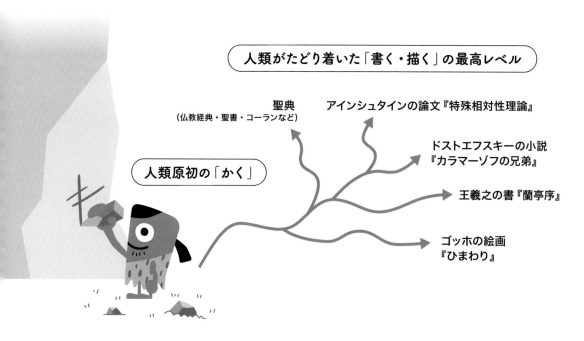

人類がたどり着いた「書く・描く」の最高レベル

聖典
（仏教経典・聖書・コーランなど）

アインシュタインの論文『特殊相対性理論』

ドストエフスキーの小説
『カラマーゾフの兄弟』

人類原初の「かく」

王羲之の書『蘭亭序』

ゴッホの絵画
『ひまわり』

「かく」形の発展

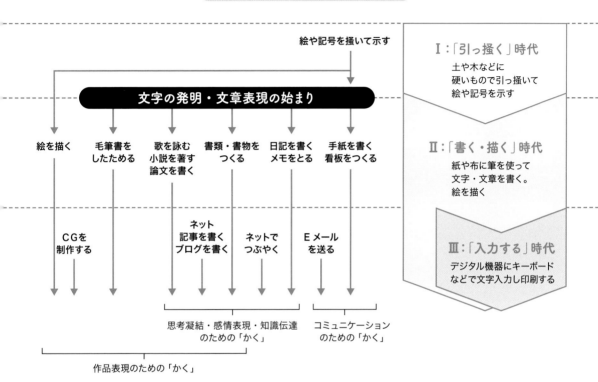

……これらは人類がたどり着いた偉大な「書く・描く」です。

「かく」ことは当初、絵や記号を掻いて残し、意思を示すというコミュニケーションのためのものでした。しかし文字の発明以降、「書く・描く」ことは思考を凝結させるため、感情を表現するため、知識を伝達するため、作品を表現するための作業となりました。

手で書くにせよ、デジタルで入力するにせよ、人間は「かく」ことをやめないでしょう。

! Essential Points

☐ 「書く・描く」の起こりは「掻く」。

☐ 人は「書く・描く」ことで思考や感情を外側に表現し、定着させる。

☐ 「よく書く」ための3つの観点 ── 「中身・つくり・力」。

「よく書く」ための要件

よく書けたことは
よく考えられたことの証し

　頭の中だけで考えているというのは、まだほんとうの「考える」ではありません。「書く」ことによって思考は明瞭になり、確かなものとしてつかむことができます。そして書き出したものを再び取り込むことで、より深い思考へと入っていけます。

　「自分の考えていることがうまく書き出せない」という人は、いまだうまく考えられていないということでもあります。あるいは思考の刀である言葉が足りないために、考える対象をうまく切り出せない状態かもしれません。うまく考え、うまく書き出すためには、豊かな語彙が必要です。ですから考え

方の手本に数多く触れるためにも、語彙を増やすためにも読書が大事です。そのように書く力は、それよりも上流の「読む」「しる」「考える」「感じる」などと密接につながっています。

　世の中にはさまざまな良書があります。それらはまさに書き手によって「よく書かれた」ものです。そこに共通する「よく書く」ための要件とは何でしょう。

　まずは何よりも「中身」がよいこと。内容の充実、本質をつかんでいること、独自の切り取りです。そして「つくり」のよさ。構造、流れ、言葉づかいがよく練られていることです。最後に「力」。よく書かれたものはいやおうなしに力を放ちます。その力はもちろん書き手の内にあったものです。

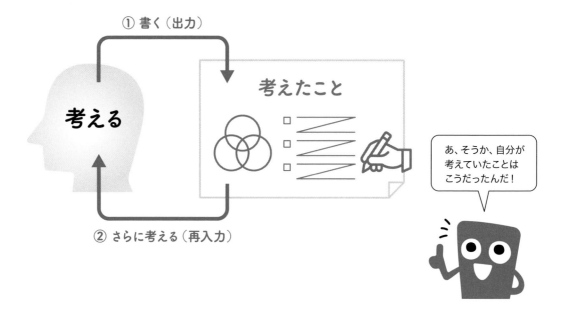

① 書く（出力）

考える

考えたこと

② さらに考える（再入力）

あ、そうか、自分が考えていたことはこうだったんだ！

書くことは、自分との対話。

書けば書くほど、
その能力はしなやかに強くなる。

書くことは、
思考を凝らせ、彫る作業である。

書くことは、
出力であり、入力である。

書いたものは、
人の目に触れ、心に触れ、
波を起こす。

書いてみてはじめて、
自分の考えていたことがわかる。

よく書けたということは、
よく考えることができたことの
証しである。

「よく書く」ための要件

❶ 中身
- □ 内容が充実している
- □ 書こうとする対象の本質をとらえている
- □ テーマ設定・切り取り角度・コンセプトがよい

❷ つくり
- □ 全体の構造がシンプルかつ効果的
- □ 流れがよい
- □ 文法に則り、語彙が豊か（ときに独創的な逸脱を楽しむ）

❸ 力
- □ 書き手の熱量がこもっている（それを「なぜ書くか」という動機が深く、強い）
- □ メッセージの軸が通っている
- □ 全体として、その人でなくては書けないという独自性を醸し出している

C15 言う力

思考を筆を取ってしるす＝書く
思考を声に乗せて言葉で発する＝言う

「言う」とは、考えたり思ったりしたことを言葉で発することをいいます。広い意味では「書く」ことも含みますが、ここではもっと狭い意味での「声にして発する」、すなわち「話す」「語る」といった限定的な範囲で述べていきます。

「言う」をもとにした行為がどれくらいあるか、それは漢字辞典を開けばわかるでしょう。「ごんべん」の付いた字がじつにたくさん載っています。それほど「言う」ことは、人間の活動の中で大きな部分を占めています。

自分の内にある思考を言葉で外に表現する。そのとき、筆を取って紙にしるすなら「書く」、声に乗せて発するなら「言う」です。両者の違いは出力形式にあります。この形式の違いがそれぞれの性質を生み出します。

「書く」は、頭や心の中で揺れ動く思考をしっかりと外側に定着させるためのものです。紙などにしるされるので内容がしっかりと残り、時空を超えていきます。

他方「言う」は、声にして発するものでその場で消えてしまいます。もちろん現在は録音技術などで言ったことを残せますが、それは後で何度も聴けるというだけのことで、揮発性にはかわりがありません。

その他、「書く」と「言う」の性質の違いは右ページの図表のとおりです。

また、両者は連続的に相互で溶け合っていきます。例えば、ネットでつぶやくことは、一応は「書く」ことの部類ですが、かなり「言う」に近い性質の行為です。同様に、朗読することは「言う」部類ですが、読み上げる原稿はしっかりと推敲されており、「書く」性質を多分に含んだ行為です。

「書く」と「言う」の比較と連続性

ネットでつぶやく
手紙を書く
毛筆書を書く
論文を書く
事務書類を書く
演説をする
朗読する
討論する
会話する

書く

言う
（話す・語る）

定着性	思考を言葉に変換して紙などにしるすのが「書く」。しっかりと内容が残る。書くの由来は「掻いて残す」。	思考を言葉で発するのが「言う」。声に乗せた言葉はその場で消えてしまう。言うは「放つ」行為。	**揮発性**
空間的	書かれたものは空間的広がりをもち、全体をながめられる。ぱっと見て一括的に理解できる部分がある。	発言されることは、順次に耳で聞き取ってはじめて理解される。一括的に把握ができない。いったん発したことは直せない。	**経時的**
構築的	書くことは思考の往来にあわせ、何度も書き直しができる。そのため内容を構造的に組むことができる。	思ったこと、考えたことをすっと言葉にする。受け手や場の状況に反応してしゃべる。	**即応的**
静的	「書く」は「言う」に比べ生々しさは弱くなるが、書かれた言葉は静かにたたずみ内容を押し出してくる。	「言う」は声とともになされる。声の響きや抑揚は、その人の生身のエネルギーや人間性を含んでいる。	**生気的**

！ Essential Points

☐ 「言う」とは、考えたり思ったりしたことを言葉で発すること。

☐ 「話す・語る」としての「言う」は、生々しく、その場で消えてしまうもの。

☐ 深いところから太く「言う」ためには、普段の「書く」が大事。

「書く｜水の力」と「言う｜火の力」

「よく書く」ためには時間がかかります。何度も書き直したり、構造を組み替えたり。大きな思考ほど、書きものとして表現するのは難しいものです。しかし、時間と労力をかけて完成された「優れた書きもの」というのは、長く広く影響力をもつことになります。それはあたかも「水の力」のように、静かに流れていき、時空を超えて、確かな作用をはたらかせます。

図書館に行けば、古今東西のさまざまな名著、名論文、古典書があります。まさにそれらは「水の力」で私たちに影響を与えているといえます。

一方、「優れた肉声の言葉」というものもあります。人と人とが対面し、思いや考えをやりとりするとき、人を熱くさせ、動かす「言う」があります。単に声がよいとか、話し方がうまいではなく、その人の奥深くから発せられる言葉です。

「優れた肉声の言葉」には、いわば「火の力」があります。声に乗せて言うことはその場で消えてしまうものですが、そこでこそ強い刺激となり聞き手を熱くすることが起こります。

この両者を併せ持つのが名演説と呼ばれるものです。例えば1963年の米国、黒人の公民権運動指導者キング牧師によって行われた歴史的な演説です。およそ17分にわたるこの演説の文章は書きものとして格調高く精錬されているのと同時に、演説者の魂から湧き出でる肉声の響きは聴衆の心を強く振るわせました。「書く」と「言う」が見事に合体した一例です。

優れた「書きもの」

水の力

静かに確かに
時空を超えて影響を及ぼす

・・・

優れた「肉声の言葉」

火の力

直接的な強い刺激となって
その場・その時の聞き手を熱くする

100 年前、一人の偉大な米国民が、
——いま、私たちはその人を象徴する像のもとに立っていますが——
『奴隷解放宣言』に署名したのであります。この重大な布告は、
容赦のない不正義の炎に焼かれていた何百万もの黒人奴隷たちに
大きな希望の光として訪れたのでした。

しかし 100 年を経た今日、黒人はいまだ自由ではありません。
100 年を経た今日、
黒人の生活は悲しくもいまだ人種隔離の手錠と人種差別の鎖に縛られています。
100 年を経た今日、
黒人は物質的繁栄という広大な海の中に浮かぶ貧困という孤島に住んでいます。

私には夢がある。
それは、いつの日か、この国が立ち上がり、みずからの理念である
「すべての人間は平等につくられていることを自明の真実であると考える」を
真の意味で実現させるという夢です。

私には夢がある。
それは、いつの日か、……という夢です。

私には夢がある。
それは、いつの日か、……という夢です。

私には夢がある。
それは、いつの日か、……という夢です。

1963 年 8 月 28 日のマーティン・ルーサー・キング・ジュニアによる演説
（ところどころを抜粋して翻訳）

I have
a dream.

言葉に重みを与えるもの

同じ表現の言葉でも
「軽い／重い」の差が出る

　「I have a dream.（私には夢がある）」というフレーズは、多くの人が口にするものです。しかし、キング牧師が放ったこの言葉にはことさら重みがあります。そうした言葉の重みはどこからくるのでしょう。

　まず「誰が言ったか」。その言葉を発した人物がその内容に十分ふさわしいとき、そこに重みが出ます。

　次に「どう言ったか」。どんな調子のどんな声で言ったのか。優しくささやいたのか、じっくり諭すように投げかけたのか、烈火のごとく叫んだのか。言葉にいっそう重みを与える言い方というものがあります。

　3番目に「どんな状況・どんな動機で言ったか」。内容はそれに合致した文脈に置かれてこそ生きてきます。また、どれだけ深く強い動機から出ている言葉なのか。内容がいくら正論でも、それが浅く軽いところから出ているものであれば人の心には入っていかないでしょう。

　このように人が発する言葉の奥には大事な要素が隠れています。この隠れた要素こそ、その言葉に重みを与えるものです。

　とはいえ、こうした言葉の奥に隠れた要素をきちんと感じられるかどうかは聞き手に委ねられています。ほんとうに深い対話は、言葉を放つ側と、それを受ける側双方の力量と心の状態が必要になります。

I have a dream.
私には夢がある。

❶ 誰が
言ったか

❷ どう
言ったか

❸ どんな状況で
どんな動機で
言ったか

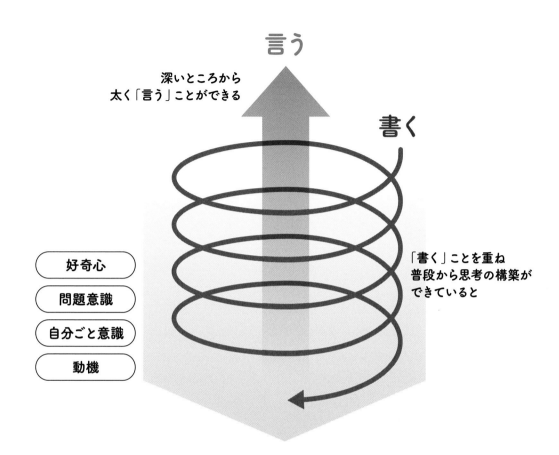

言う

深いところから
太く「言う」ことができる

書く

好奇心

問題意識

自分ごと意識

動機

「書く」ことを重ね
普段から思考の構築が
できていると

深いところから太く「言う」ために「書く」ことを重ねる

　これまでみてきたように「言う」ことは即応的な行為であり、「自分のような凡人はとっさに実のあることなんて言えないよ。ましてや重みのある言葉など発せない」と思うかもしれません。では、どうすればよいでしょう。

　世の中には話し方教室や発声法トレーニングがあります。が、それは技術的な訓練にとどまり、ここで問うていることへの根本解決にはなりません。根本解決───それは「書く」ことです。

　「書く」ことを重ねることによって、自分の中に思考が構築されていきます。その過程で自然と深くへもぐっていきます。書くことが習慣になっている人は、普段から自分の思考が構造化され、言語化されているので、何かの流れで意見を求められたときに、すっと「言う」ことができるわけです。

　「書く」習慣は労力を要するので、誰しも長続きしません。そこで必要なのが、好奇心や問題意識、自分ごと意識、動機です。そうした心の駆動エンジンがあってこそ、書き続けられます。結局、能力を磨くことは、意識や態度をつくることとセットなのです。

人類の「つくる」行為は石器を用いたときに始まる

人類の原初的な「つくる」は、鋭利な石を道具として用いたときにあります。その石で木を切ったり、肉を切ったり。人類は刃物という道具をつくって以降、住居や食事、衣服を自在につくることができるようになりました。

人類が他の動物と本質的に違う点がどこにあるか——フランスの哲学者ベルクソンはそれを「工作すること」にあるとみました。彼は人類を「ホモ・ファーベル（工作人）」と呼んだのです。

漢字表記では「作る」が最も広い意味で使われます。「作る」のニュアンスは、手でこぢんまりとこしらえる感じです。他方「造る」は、機械や設備を用いて大掛かりに生産・建築する意味合いが出てきます。また「創る」は、無から有を起こす感じです。

例えば、組み立て式のイスを買ってきて自分で組むのは「イスを作る」。メーカー企業が工場で量産するのは「イスを製造する」。家具職人が一脚を丹念に形にしていくのは「イスを創る」。

いずれにしても「つくる」とは、モノやコトを自分の意志のもとに新たに生み出すこと。単純な石器を使い生活まわりのモノをつくり出してから、人類の「つくる」能力は大きく広がってきました（次ページ図）。

私たちは単に同じようなやり方でつくることに満足しません。規模の拡大化や効率化を求めて「手作り→機械による製造・建造」へと進化させます。

ヒトは工作をする生物種である
ホ モ ・ ファー ベ ル

人類を定義するばあいその歴史時代および先史時代が人間や知性のつねにかわらぬ特徴として提示しているものだけに厳密にたよることにするならば、たぶん私たちはホモ・サピエンス（知性人）とは呼ばないでホモ・ファーベル（工作人）と呼んだであろう。

つまり、知性とはその本来の振舞いらしいものからみるならば人工物なかんずく道具をつくる道具を製作し、そしてその製作にはてしなく変化をこらす能力なのである。

——『創造的進化』ベルクソン（フランスの哲学者）

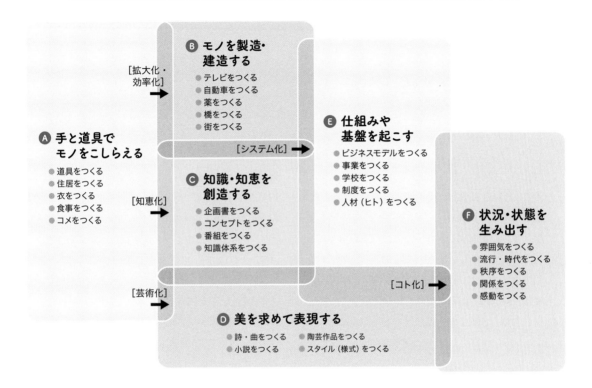

「つくる」ことの発展　〜「モノをこしらえる」から「コトを生み出す」まで

A 手と道具で モノをこしらえる
- 道具をつくる
- 住居をつくる
- 衣をつくる
- 食事をつくる
- コメをつくる

[拡大化・効率化]

B モノを製造・建造する
- テレビをつくる
- 自動車をつくる
- 薬をつくる
- 橋をつくる
- 街をつくる

[システム化]

[知恵化]

C 知識・知恵を 創造する
- 企画書をつくる
- コンセプトをつくる
- 番組をつくる
- 知識体系をつくる

E 仕組みや 基盤を起こす
- ビジネスモデルをつくる
- 事業をつくる
- 学校をつくる
- 制度をつくる
- 人材 (ヒト) をつくる

F 状況・状態を 生み出す
- 雰囲気をつくる
- 流行・時代をつくる
- 秩序をつくる
- 関係をつくる
- 感動をつくる

[芸術化]

[コト化]

D 美を求めて表現する
- 詩・曲をつくる
- 陶芸作品をつくる
- 小説をつくる
- スタイル (様式) をつくる

また、つくるものに対して美的価値を追求し、「ありふれた外形→魅力的な表現」へと創造意識を研ぎ澄ませます。

さらには、よりよく何かをつくるには、それを支える「仕組みづくり」や「基盤づくり」が不可欠であることに気づいたり、「モノづくり＋コトづくり」を合わせることが重要であると気づいたりします。人間の「つくる」力は進化することをやめません。

！ Essential Points

- ☐ 「つくる」とは、モノやコトを自分の意志のもとに新たに生み出すこと。
- ☐ 手作りから機械製造へ。仕組みづくりへ。コトづくりへ。そして魅力的な表現へ。
- ☐ あなたの「つくる」は、何をつくることだろう？

C17 起こす力

ヨコに寝たものをぐいっと立たせる その意志的努力が「起こす」

「起こす」の基本イメージは、ヨコに寝ているものをぐいっとタテに立たせること。それはいわば、休止・不活発の状態を再生・活発の状態へと変えることといえます。そうした意志的な努力作業は、仕事生活においても、人生においてもたびたび必要です。長いものに巻かれたり、予定調和の中で保守的にやりすごしたりすることは、容易でラクなことです。しかし、そんな状況を変えねばならないとき、私たちは「起こす」ことに挑戦します。

例えば、組織全体の志気が落ちているとき、メンバーのやる気を「起こす」。あるいは、ごくふつう

の素材から何か新たな用途を「掘り起こす」。または、時代を変えるような事業を「起こす」など。

そのような「起こす」は、次の3点に整理できそうです。

1番目として、倒れている状態（休止している、減退しているなど）のものを立たせること。組織の志気が落ちている状態にあって、メンバー1人1人のやる気を起こす場合がこれにあたります。ネガティブな状態からポジティブな状態への立ち上げです。

2番目に、潜在的なものを顕在化させ、活性化させること。手元にあるごくふつうの素材から、いままでに誰も気づかなかった用途を掘り起こすのがこのタイプです。見逃されている可能性、隠れた

組織全体が
シラけているときに…
メンバーの
やる気を起こす

ごくふつうの
素材から
新たな用途を
掘り起こす

時代を変える
事業を起こす

画期的
ビジネス
モデル！

「起こす」ことのさまざま

① 立たせる

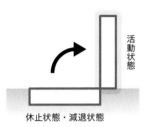

活動状態

休止状態・減退状態

倒れている状態
（休止している、減退しているなど）
のものを立たせる

七転び八**起**き
奮**起**
起死回生

② 盛んにする・生じさせる

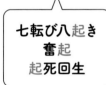

潜在状態

顕在化・活性化状態

潜在的なものを顕在化させ、
活性化させる

掘り**起**こす
喚**起**
縁**起**

③ 始める

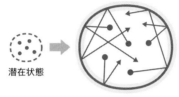

創始する
開始する

1
0

何かをつくり出し、始める

発**起**
提**起**
起業

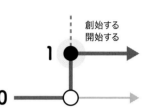

才能を探し当て、それを盛んにすることです。

3番目は、何かをつくり出し、始めること。いわゆる「0（ゼロ）→1（イチ）」による創始です。何か

アイデアや仕掛けを発起したり、提起したり。あるいは時代を変えるような画期的な商品を開発し、起業する場合がこれにあたります。

!　Essential Points

☐ 「起こす」とは「休止・不活発・潜在の状態→再生・活発・顕在の状態」の努力。

☐ 「起こす」とは「0→1」で創始すること。

☐ あなたは日常の保守・惰性を破るため、何を起こしているだろう？

C18 伝える力

メッセージは相手の中に「つくり出され」なければならない

いまあなたの手にはおまんじゅうが1個あります。これをほかの人にあげたいなら、「はい、どうぞ」とそれを手渡しするだけで完了です。ところが、いまあなたの考えていることをほかの人に伝えたいと思うなら、そう簡単にはいきません。「伝える」とは、自分の中にある考えや思い、それに帯びるエネルギーを他者に届けることです。

コミュニケーションの難しさを体感する遊びとして「伝言ゲーム」があります。オリジナルのメッセージをいかに正確に隣人に届けていくか。メッセージ伝達は物の受け渡しと違い、その都度その都度に、メッセージを受け手の頭の中に生成させなければなりません。そこが難しいところです。

「伝える」ことを概括する図を次ページに示しました。「伝える」ことの成功は、「①送る内容」と「⑧つかむ内容」がほぼ一致することにあります。そのために、送り手はどう表現しようか、どんな情報にまとめようか、どんなメディアを使おうか、文脈はどうか、相手の反応はどうか、などを考慮します。

送り手が「伝える」ことに専念しても、伝えたかったことがきちんと「伝わる」かどうか……それはわかりません。なぜなら、最終的にメッセージの把握、すなわちつかむ内容の生成は受け手に委ねられるからです。

コミュニケーションにおいて、メッセージが伝わっていくためには2つの創造を超えねばなりません。第1に送り手の「発信・表現」という創造。第2に受け手の「受信・読解」という創造です。

［伝言ゲーム］次の人の頭の中に同一のメッセージを生成していく遊び

「伝える」ことの概括モデル（全体図）

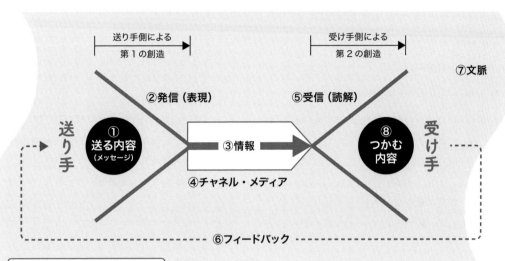

「伝える」ことの主要素と流れ

- ①「送る内容」が送り手の中に生じる。
- 送り手はそれを②「発信する」。発信はさまざまな表現形態をとる。言葉で言ったり、書いたり。絵を描いたり。無言でにらめつけたり。これが「第1の創造」。
- 発信（表現）されたものは③「情報」となって送り出される。
- 情報を送り届けるために、さまざまな④「チャネル・メディア」を用いる。チャネル（経路）は「直接対話」「テレビ放送」「著書出版」「ネット告知」など何を通じて伝達するか。メディア（媒体）は「本」「CD/DVD」「新聞」など何に内容を収めて伝達するか。
- 受け手はチャネル・メディアに乗った情報を⑤「受信する」。受信は送り手からの情報を読み解く作業であり、理解、把握、解釈、推測、察知など。これが「第2の創造」。
- 受け手は受信するさなかに、さまざまな反応をみせる。その⑥「フィードバック」は送り手に影響を与える。
- 送り手と受け手のやりとりの背景には⑦文脈がある。
- こうした過程を経て、受け手の中に⑧「つかむ内容」が生じる。

❗ Essential Points

- ☐ 「伝える」とは、自分の考えや思い、それに帯びるエネルギーをメッセージとして他者に届けること。
- ☐ メッセージを届けるとは、相手の中に同じメッセージを生成させること。
- ☐ コミュニケーション過程には2つの創造がある。

「伝わる」ということ

やりとりする内容には
硬い部分とあいまいな部分がある

　送り手と受け手の間でやりとりされる内容には、硬く確かな部分と、あいまいな部分があります。前者は言葉や絵図にして明示できる内容で、ここではそれを「ソリッド部分」と呼ぶことにします。また後者は、言葉や絵図などで表しきれないあいまいな内容をいい、「ファジー部分」と呼びます。

　例えば職場で、上司がある部下に「明日までに資料作成しっかりと頼むよ」と言ったとします。この場合、資料の締め切りが明日ということが確かな内容であり、ソリッド部分です。他方、「しっかりと」に込められた上司のニュアンスはファジー部分です。どれだけ綿密に資料を仕上げればよいかについてはあいまいです。

　送り手は、送る内容のすべてを明確に言語化して発信することはできません。それは表現する力の巧拙もありますし、そもそも自分が持つ内容自体があいまいな場合もあるからです。

　同時に受け手も、受け取った内容を送り手の意思どおり完全に把握することはできません。読解する力の巧拙もあるでしょうし、独自の解釈が割り込むことが自然だからです。

　こうしたところに、「伝えた」ことが、きちんと「伝わる／伝わらない」の現象が起こります（次ページ、次々ページ）。

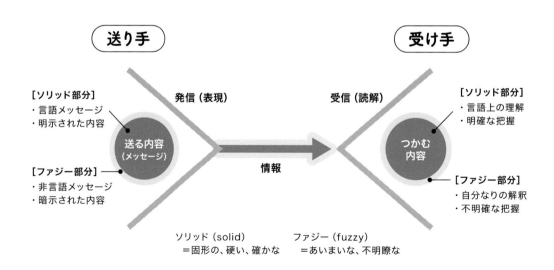

「伝わる／伝わらない」のさまざま

①「うまく伝わった」

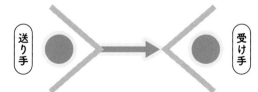

送り手のメッセージが、ソリッド部分・ファジー部分ともに、受け手に十分に伝わっている。

②-a「一部しか伝わらなかった」

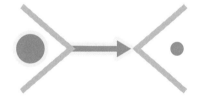

送り手のメッセージのうち、ソリッド部分がある程度伝わるにとどまった。ファジー部分は伝わらなかった。受け手には十分な情報が届けられており、受け手側の受信（読解）に問題がありそう。

②-b「一部しか伝わらなかった」

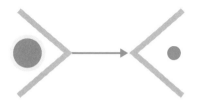

送り手のメッセージのうち、ソリッド部分がある程度伝わるにとどまった。ファジー部分は伝わらなかった。送り手から出される情報が貧弱になっており、送り手側の発信（表現）に問題がありそう。

③-a「誤って伝わった」

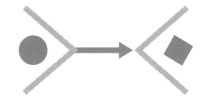

送り手のメッセージは異なった内容でとらえられた。十分な情報が届いているとすれば、受け手側の受信（読解）に問題があったかもしれない。

③-b「誤って伝わった」

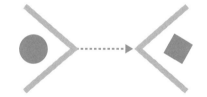

送り手のメッセージは異なった内容でとらえられた。断片的な情報しか届いておらず、送り手側の発信（表現）に問題があったかもしれない。

④「無言で伝わった＝以心伝心」

送り手の中にあるファジーなメッセージを明確な形で伝えたわけではないが、受け手に伝わった。

ファジーなメッセージに対し
受け手がどう第2の創造を発揮するか

「伝わる／伝わらない」について、いくつかの事例で補足しておきます。事例Aのように、送る内容がソリッド（明確で具体的）で比較的わかりやすいレベルであれば、受け手は内容をつかみやすく、伝達がうまくいく確率は高まります。

ところが事例B〜Dのように、送る内容がファジー（不明瞭で抽象度が高い）で咀嚼難度が上がると、どれだけ伝わるかは、受け手側の「第2の創造」力次第になります。

製品X 取り扱い説明書

メーカー → 購入客

【事例A】
製品の取り扱い説明書は、ファジーな情報を極力排する。明確な内容を、明確に文書化・イラスト化し、明確に購入客に伝える。購入客も明確に内容を理解し、製品を使用する。

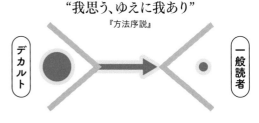

"我思う、ゆえに我あり"
『方法序説』

デカルト → 一般読者

【事例C】
デカルトは広大な哲学的真理をつかんでいる。それを明示的・暗示的に著作物にして開示してくれた。が、難解であるために、一般読者にはそのごく一部が読解できるだけである。

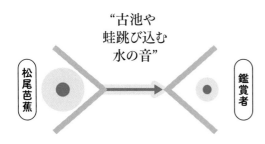

"古池や 蛙跳び込む 水の音"

松尾芭蕉 → 鑑賞者

【事例B】
松尾芭蕉は眼前の景色から明示的・暗示的に多くのものを感じている。それを俳句という限定形式に閉じ込めて表現する。上の俳句は比較的わかりやすいために、鑑賞者もソリッド部分・ファジー部分を合わせて味わうことができる。

"目にうつる全てのことはメッセージ"
—荒井由美『やさしさに包まれたなら』

自然 → 人間

【事例D】
自然は人間に何かを伝えようと「第1の創造」をしてはくれない。ただ人間の側の「第2の創造」があるだけで、人間はあらゆる自然を前にして、そこからメッセージを引き出すことができる。

オノ・ヨーコの「インストラクション・アート」

送り手が「第1の創造」を通してメッセージを発する。そして受け手が「第2の創造」を行って、自分の中に何かしらを生成する。それを「インストラクション・アート（指示する芸術）」としてユニークに押し出したのが、芸術家オノ・ヨーコです。

彼女は1964年に『グレープフルーツ・ジュース』を出版します。ページをめくるたび次のような文が並んでいます———。

「地球が回る音を聴きなさい。」

「空っぽのバッグを持ちなさい。／丘の頂上に行きなさい。／できるかぎりたくさんの光を／バッグにつめこみなさい。／暗くなったら家に帰りなさい。／あなたの部屋の電球のある場所に／バッグをつるしなさい。」

「月に匂いを送りなさい。」

「ある金額のドルを選びなさい。／そして想像しなさい。／a　その金額で買える／すべての物のことを。」「想像しなさい。／b　その金額で買えない／すべての物のことを。／一枚の紙にそれを書き出しなさい。」

ジョン・レノンの名曲「イマジン」はこの作品から多大な啓発を受けたとされています。ちなみに、この本の最後に示されたインストラクションは、

「この本を燃やしなさい。／読み終えたら。」

……それを受けて、こんな言葉が付記されています。「This is the greatest book I've ever burned. —— John」（これはぼくが燃やした本の中で一番偉大な本だ——ジョン）。

オノ・ヨーコ『グレープフルーツ・ジュース』
（南風椎訳・講談社文庫）より

つながる力

人はいくつもの「人間関係の網」の中で生きている

「人間は社会的動物である」といわれるとおり、私たちの生活・人生は人間関係抜きでは語ることができません。今日、1人の人間はいったいどれくらいの他者とつながり合って生きているのでしょう。

例えば自分は毎年末、年賀状を何人に書いているか。あるいは、手元のスマートフォンに何人の連絡先が登録されているか。それだけをみても、自分は少なからずの人たちとつながっていることがわかります。

私たちはいくつもの「関係網（かんけいあみ）」の中で生きています。そうした関係網は、「共有するものが何か」をみていくことによって分類ができそうです。

まずは、「外的要素でつながる網」。出身地や出身学校を同じくする県人会や同窓会ネットワークがこれです。

次に「興味でつながる網」。同じ趣味を楽しむ同好会や、同じ音楽アーティストを愛するファンクラブなど、知的な関心事を共有するつながりがあります。

また「利でつながる網」もあるでしょう。勤務先や取引先など仕事がらみで付き合う人たちは、おおむね利を共有する関係です。そこから損得勘定抜きに一人間どうしとして信頼を共有できる関係になれば、それは「信でつながる網」といえます。

さらには、精神的な方向性が強く同調して、高邁な目標を同じくする関係になったとき、「志でつながる網」というものが形成されます。何かを究めようとするプロジェクトチームやボランティア活動の集まり、師

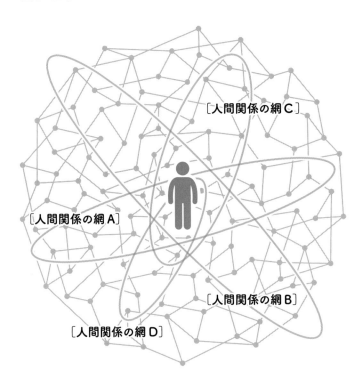

［人間関係の網C］

［人間関係の網A］

［人間関係の網B］

［人間関係の網D］

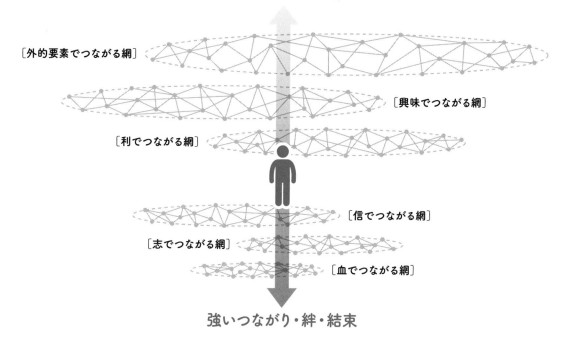

それは何を共有することでつながる網だろう?

弱いつながり・連繋

〔外的要素でつながる網〕

〔興味でつながる網〕

〔利でつながる網〕

〔信でつながる網〕

〔志でつながる網〕

〔血でつながる網〕

強いつながり・絆・結束

と弟子たちにおけるつながりがそうです。

そして最後に「血でつながる網」。親や兄弟、親族など生物的に同じ血を共有するつながりです。

これらさまざまな人間関係の網は、自分にとっての大事な環境です。これらについてもう少し詳しくみていきましょう。

! Essential Points

☐ 人間関係の網は「何を共有するつながりか」によってさまざまある。

☐ 外的要素や知的関心事を共有する網はゆるやかな連繋となり、志や血を共有する網は強い絆となる。

☐ 最終的には、自分の意識と行動に応じた人間関係の網ができあがる。

環境としての人間関係

関係網との付き合い方
「強く生かす」か「ゆるく保つ」か

現代社会に生きる私たちは、物理的移動や情報交換の自由度が増したことで、人間関係の網を多種多様に持てるようになりました。しかしそれは同時に、その関係網とどう付き合っていくかという悩みも引き起こします。

もちろん1つには、出会えた人たちと積極的に関係づくりを進め、網を効果的に生かすという態度があります。網の中心で能動的にはたらきかけをし、影響力を増していく。関係網に多くを投じて、多くを得ていくというものです。

他方、関係網とゆるく受動的につながっておくという態度もあります。消極的な理由であっても、人間関係を血縁、地縁、社縁だけに閉じず、間口を開けておこうという意識は大切です。そこから何かのきっかけが生まれ、人生の分岐になることはあります。社会学的にもこうした「ウィーク・タイズ（弱いつながり）」の重要性が指摘されています。

関係網と能動的に付き合う

- 関係網の中心部にいて活動的に振る舞い、網の保持・強化に役立っている
- 独自の発信をして人を呼び寄せ、新しい関係網をつくり出す
- その関係網を活性化・創出する理由
  - ・網の効力を実感している
  - ・網の中での自分の影響力が実感できる
  - ・自分の思いを多くの人に共有してもらい、連帯して何かを変えたい
  - ・人と人との間で動くことが楽しい
- 関係網に対する基本的な態度は
  ── 発信・行動・世話
- Give [多] and Take [多]

関係網と受動的に付き合う

- とりあえず関係網に乗っておく
- 網の活動や中心者の発信に関心を寄せ、支持・追従する。ときに行動を起こす。
- その関係網にいる理由
  - ・何かいいことが起こるかもしれない
  - ・多少自分の存在を認めてもらえるかもしれない
  - ・流れる情報に追いついておきたい
  - ・つながっていないと不安である
- 関係網に対する基本的な態度は
  ── 受信・期待・待機
- Give [少] and Take [少]

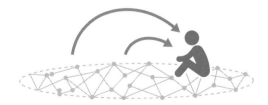

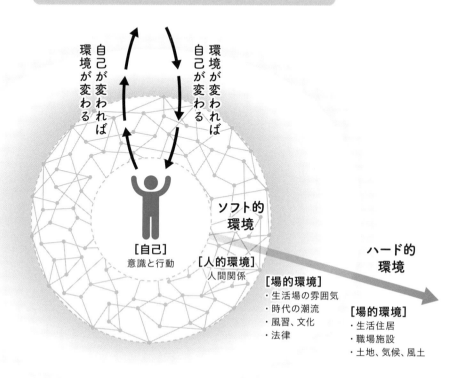

人間関係という環境は最終的に
自分の意識と行動を反映したものになる

自己が変われば
環境が変わる

環境が変われば
自己が変わる

ソフト的
環境

[自己]
意識と行動

[人的環境]
人間関係

[場的環境]
・生活場の雰囲気
・時代の潮流
・風習、文化
・法律

ハード的
環境

[場的環境]
・生活住居
・職場施設
・土地、気候、風土

自己と環境は相互に影響しあい
結局「類は友を呼ぶ」

自己と環境は相互に影響しあっています。すなわち、自己が変われば環境が変わるし、環境が変われば自己も変わります。

人間関係は自分にとって環境です。どんな家で暮らすか、どんな土地で暮らすか、といった場的・ハード的な環境に比べ、人間関係というのはソフト的であり、実は流動的に変わりやすい・変えやすいものなのです。

ですから、自分が強い意識をもって行動を重ねれば、人間関係のありようは確実に変わっていきます。人間関係が硬直化しているというのは、実際のところ、自己が硬直化し、その状態を容認している姿だといえます。

「類は友を呼ぶ」「烏合の衆」「朱に交われば赤くなる」「青は藍より出でて藍より青し」———このような古典的な言葉が示すとおり、人は人の中で生き、人に生かされます。

会社につく人脈・個人につく人脈

その人脈は
その会社を辞めても継続する？

　会社員が持つ人脈には2種類あります。「会社につく人脈」と「個人につく人脈」です。その会社を辞めた後、断ち切れる人脈は、会社についていた人脈です。その人は、あなた個人と付き合っていたわけではなく、その会社の担当者Aさん、あるいは役職者Aさん（たまたま、あなただった）と付き合っていたわけです。

　他方、個人につく人脈とは、仕事人としてのあなたを信頼し、あるいはまた、一人間として慕い、どこの会社に移ろうとも関係が保持される人脈です。

　結局のところ、「会社につく人脈」は利のつながりであり、両者の間にあるのは損得感情です。それに対し、「個人につく人脈」は信のつながりです。

　あなたが会社を定年退職し、利で人を引き寄せる看板や権威をなくしたとき、あなたのまわりにはどんな人脈が残っているでしょうか。あるいは、すでにライフワークテーマを見つけ、そのもとに信や志でつながる人脈を築いているでしょうか。

「一仕事人／一人間」
としてのあなたに
つく人脈

「○○会社の人」
としてのあなたに
つく人脈

「信」の関係に基づいており、
勤める会社や立場に関係なく継続していく人脈

「利」の関係に基づいているので
その会社・役職を辞めてしまうと途絶える人脈かも

孤独は孤立を意味しない

孤独という悟りを共有するつながりは時空を超える

Only is not lonely. ─── オンリー（独自・唯一）であることは、必ずしもロンリー（孤独）ではない。これは、糸井重里さんが主宰するウェブサイト『ほぼ日刊イトイ新聞』の表紙ページに掲げられているコピーです。

個性のない人びとが群れ合い、尖がった個性や出るクイを批評し、つぶす。そんなことが組織や社会では往々にして起こっています。

しかし同時に、「オンリーな人」たちが、深いところでつながって互いを理解し合い、協力し合うことも起こっています。

逆説的ですが、オンリーな存在として1人光を放てば放つほど、真の友人や同志ネットワークを得ることができます。個として強く立ち、独自性を追求する人の孤独は、決して孤立を意味しません。

「ああ、この人も自分と同じように孤独を味わい、1人戦ったのだ」という深い感情的共振は時空を超えます。その人と直接会わずとも、話さずとも、それで十分に勇気をもらえるつながりです。

孤独をおおらかに受け入れ、個として強く立とうとするとき、その次元にいる人や芸術とつながる

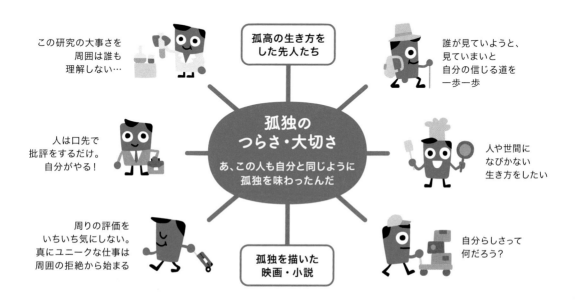

この研究の大事さを
周囲は誰も
理解しない…

孤高の生き方を
した先人たち

誰が見ていようと、
見ていまいと
自分の信じる道を
一歩一歩

人は口先で
批評をするだけ。
自分がやる！

孤独の
つらさ・大切さ
あ、この人も自分と同じように
孤独を味わったんだ

人や世間に
なびかない
生き方をしたい

周りの評価を
いちいち気にしない。
真にユニークな仕事は
周囲の拒絶から始まる

孤独を描いた
映画・小説

自分らしさって
何だろう？

C20 導く力

導くとは「道に手引きをする」「自分に手引きする」ではない

導くとは「みちびく」と読むとおり、手を引いて道に連れていくことです。道とは、真理や理想へと続く物事の在り方、あるいはその実践です。

したがって、導くとは、人びとを道にいざなうということであり、「自分についてこい」ではありません。そのため人を導くときに、指導者は必ずしも先頭にいるとは限らず、人びとの後ろから支えることもあるのです。「サーバント・リーダーシップ（メンバーに奉仕する形の指導力）」といった概念もその1つです。

自分自身を導けなければ他者を導くことはできない

導くためには、まず、自分自身が「道なるもの」を覚知・実践していなければなりません。そうした道に献身している人の姿、あるいはその人が目指す理想に人が感化を受け、そこに人が集まりだす。これが「指導者（リーダー）と従支者（フォロワー）」の関係性が生まれる本来的な姿といえます。

「導くこと・導く力（リーダーシップ）」には2つの段階があります。第1に自己を導く。そして第2に他者を導く。いずれも導く先は道であり、その彼方にある理想・ビジョンです。

導 ＝手 } 手を引いて
道にいざなうこと

［内と外］2つの段階のリーダーシップ

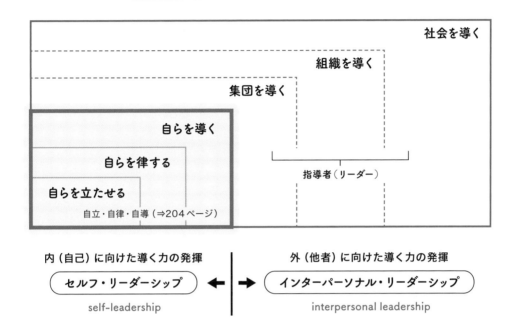

内（自己）に向けた導く力の発揮

セルフ・リーダーシップ

self-leadership

外（他者）に向けた導く力の発揮

インターパーソナル・リーダーシップ

interpersonal leadership

権力や能力がなくても
人を導くことはできる

　今日、企業組織や社会的集団において人を率いるリーダーがさまざまいます。人を率いるための要素として次の4つがあげられます──①権力・地位、②対人的能力、③人間的魅力、④目的・理念・ビジョン。

　たとえあなたに権力・地位がなくても、能力がなくても、魅力がなくても、ただ強い目的・理念・ビジョンを掲げ、そこに向かって自己を進めるとしましょう。そして誰か1人でもともに進む人が出てくれば、あなたは立派に指導者になるのです。

!　Essential Points

☐　「導く」とは、人を道にいざなうことであり、「自分についてこい」ではない。

☐　自己を導く段階があり、次に他者を導く段階がある。

☐　目的や理念を強く抱き、実践する人すべてが指導者になる可能性を秘めている。

強い仕事を
生み出すための
「発展能力」

私たちは能力を目的に合わせてさまざまに発展させます。
複数の「～する力」を組み合わせて統合的な技能にしたり、
1つの「～する力」を研ぎ澄ませて専門的な技能にしたり。
ただ、技能化の世界ではAIや作業機械との競争が起こります。
そこで人間が持つべきは「能力をひらく能力」です。

Part 2
Advanced Skills 14

A01　課題設定力

A02　プロジェクト構想力

A03　アイデア発想力

A04　マネジメント

A05　リーダーシップ

A06　クリティカル・シンキング

A07　デザイン・シンキング

A08　コンセプチュアル・シンキング

A09　編集力

A10　言葉力

A11　図解力／図観力

A12　ファシリテーション

A13　機会創出力

A14　メタ能力

強い仕事を生み出す発展能力

「地の能力(アビリティ)」を「技能(スキル)」に変える

第1部では、「〜する力」を20種類みてきました。これらは「地の能力」といってもよく、英語で表せば「abilities」です。私たちはここから能力をさまざまに発展させていきます。

すなわち、「〜する力:abilities」を「〜のしかた=技:skills」に変えるのです。なぜなら日々の仕事現場、生活現場には具体的に処理せねばならないことが雑多にあり、目的に応じた技が必要だからです。

例えば、税理士Wさんの場合の能力発揮を考えてみましょう。Wさんはいま、顧客企業向けに月次レポートを作成しています。そのとき中核になる能力は「みる力」「数える力」「伝える力」などです。

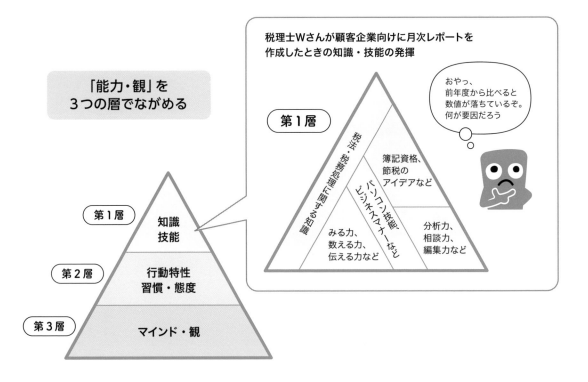

「能力・観」を
3つの層でながめる

税理士Wさんが顧客企業向けに月次レポートを
作成したときの知識・技能の発揮

おやっ、前年度から比べると数値が落ちているぞ。何が要因だろう

第1層

税法・税務処理に関連する知識

簿記資格、節税のアイデアなど

パソコン技能、ビジネスマナーなど

みる力、数える力、伝える力など

分析力、相談力、編集力など

第1層 知識 技能

第2層 行動特性 習慣・態度

第3層 マインド・観

第1層［知識・技能層］の構造

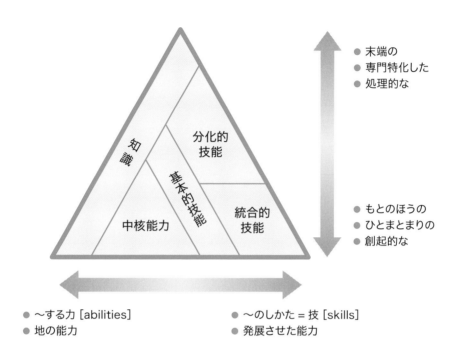

- 末端の
- 専門特化した
- 処理的な

- もとのほうの
- ひとまとまりの
- 創起的な

知識

分化的
技能

基本的技能

中核能力

統合的
技能

- ～する力［abilities］
- 地の能力

- ～のしかた＝技［skills］
- 発展させた能力

しかし、月次レポートという成果物を顧客に届けるためには、実務的な技が必要です。まずはパソコンを使いこなす基礎的技能。そして簿記の資格や節税の提案など専門特化した技能。さらには、コンサルティング技能、効果的なレポート作成技能など（左図）です。

そのように、仕事を成そうとするとき、人はさまざまに能力的要素を組み合わせて発揮します。中核能力を技能へと発展させていく構造を示したのが上図です。

中核能力は基礎的技能を生み、さらには統合的技能、分化的技能へと発展していきます。統合的技能とは、この後第2部でみていくような「課題設定力」や「編集力」「マネジメント」といったものです。これらはいくつもの能力をひとまとまりにして、はたらかせる技能です。

また、分化的技能はその逆で、処理する目的に合わせて専門特化していくものです。今日の事業現場ではますます業務が細分化されつつあり、こうした分化的な技能を習得した人材が即戦力として必要になっています。

しかし、決められた末端の業務処理はできても、大本の中核能力がぜい弱な人間が増えているという問題指摘もそこかしこでなされています。

知識・技能は行動特性や観などと
つながりながら作用を起こす

　知識や技能はそれ単独でははたらかず、複雑に他の要素とつながりながら作用を起こします。1つ1つ仕事を成し、その連鎖・蓄積によってキャリアをつくる。そのための要素を本書では、右図のように「3層＋1軸」でとらえます。

　第1層の中身については前ページでみたとおりです。第2層の行動特性や習慣、態度も広い意味で能力です。第1層を生かすも殺すも第2層次第といってもいいでしょう。さらには第3層が最も根底で能力発揮を司っています。そして志向軸が能力を何に向けるかを決めています。そうして「3層＋1軸」からじわっとにじみ出てくるもの———それが人格や人間性です。

　これからの第2部では、第1層の中核能力を発展させた能力、すなわち右図でいえば統合的技能や行動特性に位置づけられるものを取り上げていきます。独自で強い仕事を生み出そうと思えば、このあたりの能力の涵養は必須です。

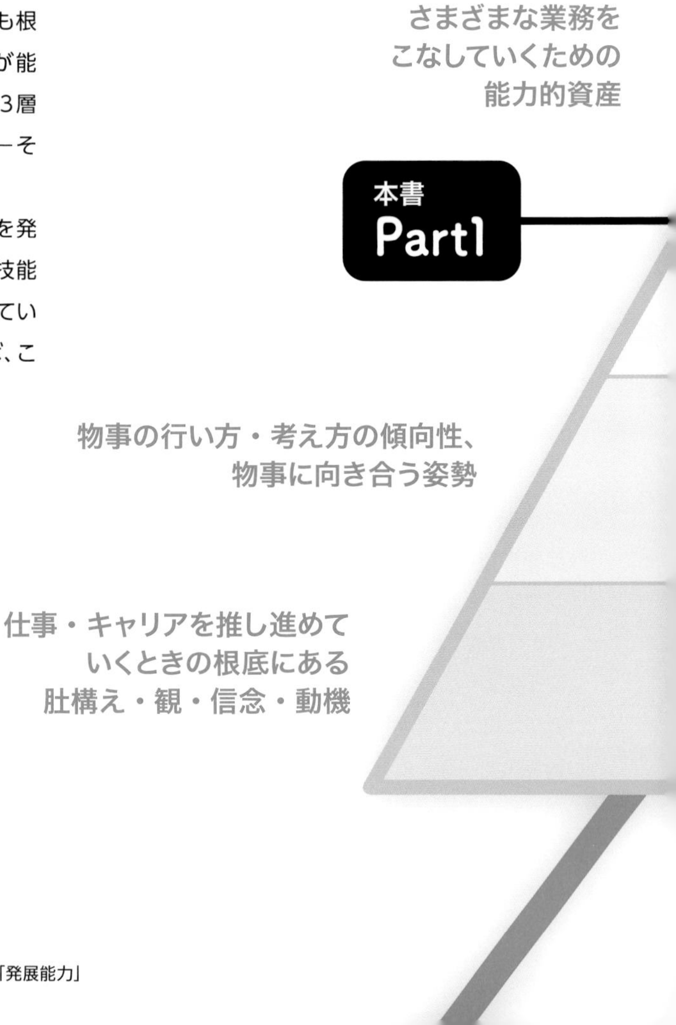

さまざまな業務を
こなしていくための
能力的資産

本書
Part1

物事の行い方・考え方の傾向性、
物事に向き合う姿勢

仕事・キャリアを推し進めて
いくときの根底にある
肚構え・観・信念・動機

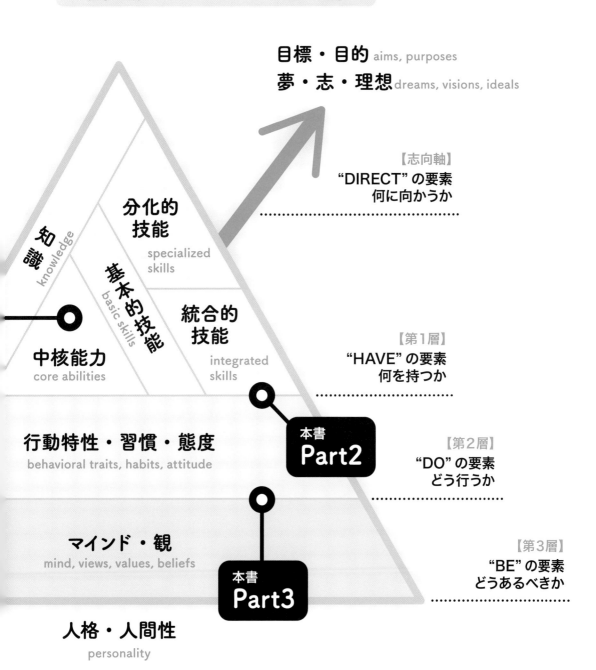

仕事を成す・キャリアをつくる「3層+1軸」

目標・目的 aims, purposes
夢・志・理想 dreams, visions, ideals

【志向軸】
"DIRECT" の要素
何に向かうか

知識 knowledge

分化的技能 specialized skills

基本的技能 basic skills

統合的技能 integrated skills

中核能力 core abilities

【第1層】
"HAVE" の要素
何を持つか

行動特性・習慣・態度
behavioral traits, habits, attitude

本書 Part2

【第2層】
"DO" の要素
どう行うか

マインド・観
mind, views, values, beliefs

本書 Part3

【第3層】
"BE" の要素
どうあるべきか

人格・人間性
personality

A01 課題発見力

問題は具体次元の認識
課題は抽象次元の認識

　私たちが関わろうとする物事は常に変化していきます。その物事を意図的な秩序に保つ、あるいは物事の価値を押し上げていく、それが仕事の1つの定義であるともいえます。

　いずれにせよ、物事の状況や状態が刻々動く中で、何か異常や不具合、悪化が起こる。またはあるべき状態との間に乖離が起こる。そこに気づいて「これは放置できない。問うべき題材である」というのが「問題」です。

　その問題に対し、何がそれを引き起こす原因になっているのか、そしてそれを解決するためにはどんな方向性が考えられるかを洞察し、「これが課すべき題材ではないか」とするのが「課題」です。

　問題に気づくためには、物事に対し、視野を広げ、関心をもってながめる目が必要です。これは具体次元の観察なので比較的易しいといえます。他方、課題を見出すためには、物事に対し、独自の角度を入れてながめ、取り組むべき方向が浮き立つように切り取る目が必要になります。これは一種の抽象化であり難しいことです。しかしこの問題を課題に押し上げることこそ大事な力です。

「問題→課題→施策」が本筋
「問題→施策」は付け焼き刃的になる

　問題を解決に向かわせる正しいステップは「問

「問題→課題→施策」の3ステップ

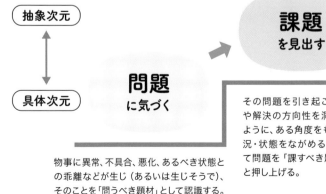

抽象次元 ⇕ 具体次元

問題
に気づく

物事に異常、不具合、悪化、あるべき状態との乖離などが生じ（あるいは生じそうで）、そのことを「問うべき題材」として認識する。

課題
を見出す

その問題を引き起こす原因や解決の方向性を洞察するように、ある角度をもって状況・状態をながめる。そうして問題を「課すべき題材」へと押し上げる。

施策
を打つ

その洞察の角度のもとに、詳細を分析し、具体策を練り、実行する。

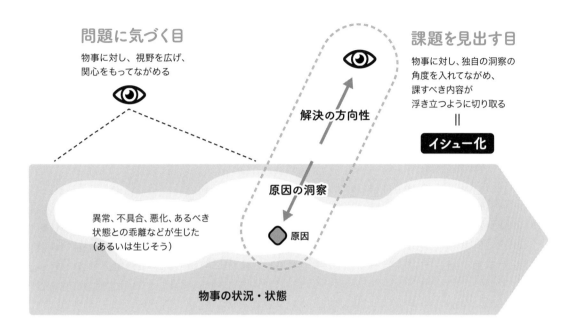

課題を見出すには角度を入れた洞察がいる

問題に気づく目
物事に対し、視野を広げ、
関心をもってながめる

課題を見出す目
物事に対し、独自の洞察の
角度を入れてながめ、
課すべき内容が
浮き立つように切り取る
＝
イシュー化

解決の方向性

原因の洞察

異常、不具合、悪化、あるべき
状態との乖離などが生じた
（あるいは生じそう）

原因

物事の状況・状態

題→課題→施策」です。ところが実際は、「問題→施策」というステップでも一応の解決は得られます。しかしそれは、もろもろ生じるネガティブな症状に対し、付け焼き刃的な処置を施すだけで根本的な解決を試みるものではありません。

根本的な解決のためには、課題発見という自分なりの洞察角度を入れた物事の切り取りが不可欠です。

課題発見力とは、問題の本質を見抜く角度のよさ、原因をとらえる深さ、解決の方向性の勘のよさです。よき課題発見がよき施策につながることは言うまでもありません。

！ Essential Points

☐ 問題に気づくには観察眼、課題を見出すには洞察眼がいる。

☐ いま、あなたが抱える問題の根本解決のために、あなたはどう抽象次元に上がり、課題を設定するだろうか？

A02　プロジェクト構想力

ずるずると流れていく業務体制の中に
プロジェクトという分節がいる

　前項で触れた「問題→課題→施策」の3ステップにつき、さらに補強的にみていきます。課題から施策に移るプロセスにおいて、抽象次元と具体次元をつなぎ、取り組むべき仕事を1つの固まりにするのが「プロジェクト化」です。

プロジェクトとは――
● 特定の目的・ミッションを設定し
● （物的・人的）資源をさまざまに組み合わせながら
● 期間限定で成就を目指す仕事単位

　今日のビジネス現場において、私たちは仕事をどんどんプロジェクト化していく必要があります。日々起こってくる問題に対し、対症療法的に症状を抑えるだけの処置にずるずると流されるのでは、業務が雑然とふくらむ一方になるからです。問題を課題化し、プロジェクト化することで、根本解決のための期間限定の仕事単位が立ち上がり、労力と時間の効果的な集中が生まれます。

　ただ昨今、組織内ではいろいろなプロジェクトが組まれるものの、単に人員と期間と目標を決め、さあやれというだけのものが少なくありません。そうした外枠だけ決めてやるプロジェクトは、実質的には課題化プロセスがなく、拙速に「問題→施策」に走る形です。悪くするとノルマ達成競走に陥る危険性があります。

具体次元の段取りはできても
抽象次元の言語化ができる人は少ない

　プロジェクト化の真に重要な点は、テーマ、ミッション、ビジョン、バリュー、コンセプトといった意志の顕在化にあります。この抽象次元でのグラン

課題→施策をつなぐ「プロジェクト化」のプロセス

プロジェクトのグランドデザイン（全体構想）を描く

抽象的作業
着眼大局

- □ **テーマ** ………… 何を題材にしたプロジェクトか
- □ **ミッション** ……… 目的・使命は何か（プロジェクトをやる意義）
- □ **ビジョン** ………… 成就したい世界はどんなものか（目標の先にある全体景色）
- □ **バリュー** ………… どんな価値を大切にしているプロジェクトなのか
- □ **コンセプト** ……… どんな切り口・軸・意図的アプローチをもって取り組むのか

具体的作業
着手小局

［プロセス］
観察 → 分析 → 計画 → 実行 → 評価

［リソース］
どんな人的資源・物的資源を集め、組み合わせるのか

├──────────── 期間設定 ────────────┤

［ゴール］

目標
（目指すべき成果）

・定量的
・定性的

ドデザイン（全体構想）がメンバー間で共有され、チームの求心力の源となり、判断・行動の基点となります。

組織体の事業にせよ、個人のキャリアにせよ、日々噴出する問題に対し漫然と仕事をしないために、あるいは、数値目標に向かって走らされるだけにならないために、私たちは仕事を意味的・時間的に分節化し、粒立ちのある取り組み単位にすることが大事です。それがプロジェクトを構想し、立ち上げるということです。

! Essential Points

- □ 日々、漫然と業務を流していくのではなく、意味的・時間的に分節化した仕事単位として立ち上げていくこと（=プロジェクト化）が必要。

- □ そのプロジェクトで共有される「目標」は何だろう？
  では、共有される「ビジョン・意味」は何だろう？

A03 アイデア発想力

発想技術はあくまで手段
蓄えるものが貧弱では発想も貧弱に

　すばらしいアイデアが次々とひらめく。それは誰もが望むことです。そのために世の中には発想技術を磨く指南本がたくさんあります。確かに、アイデアを発想する力を強める上で、発想法の習得は1つの有効な手立てではあります。が、それだけで十分というわけではありません。特にブレークスルー（革新的な突破）を生み出すようなときほど、技術以外のものがからんできます。

　その技術以外のものとは、1つには「経験蓄積」。そしてもう1つには「心の準備状態」です（次ページ図）。

　発想はある意味、組み合わせ（A＋B）や掛け合わせ（A×B）から起こります。大胆な発想というのは、特に後者の掛け合わせによって全く新しい

ものが創発される場合が多い。すなわち「既知の物事×既知の物事→未知の創発」あるいは「既知の物事×未知の物事→未知の創発」といった具合です。

　ここで重要なことは、発想は常に自分が内に持っている「既知の物事」をベースにするということです。場合により、未知の物事が触発になるにせよ、あくまで発想の基盤は既知の物事です。したがって、「既知の物事」を素材としてどれだけ豊かに蓄えているかが、発想する力の差になってきます。経験知がやせているところに、決して豊かな発想は生まれません。

　さらに、ブレークスルーを生み出す人の共通点は執念です。四六時中、そのことを考えて考えて、眠っている間にもその課題を無意識のレベルに染みこませて、考え抜きます。また、その執念は義務感からではなく、答えをつかみたいという好奇心か

発想は「既知の物事」がベースになる

ベルトコンベア × 寿司屋 → 回転寿司

[既知の物事]　[既知の物事]

ヨーロッパ音楽 × アフリカ民族音楽 → ジャズ音楽

[既知の物事]　[未知の物事]

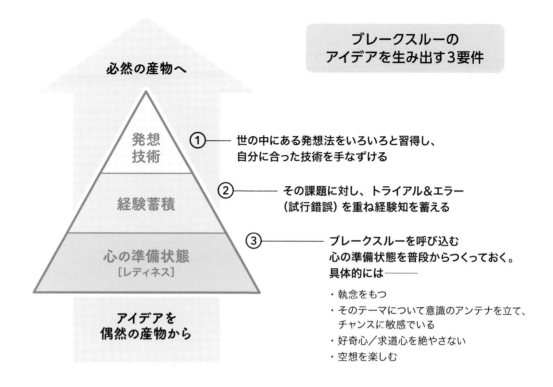

ブレークスルーの
アイデアを生み出す3要件

必然の産物へ

発想技術

① 世の中にある発想法をいろいろと習得し、
自分に合った技術を手なずける

経験蓄積

② その課題に対し、トライアル＆エラー
（試行錯誤）を重ね経験知を蓄える

心の準備状態
［レディネス］

③ ブレークスルーを呼び込む
心の準備状態を普段からつくっておく。
具体的には──

・執念をもつ
・そのテーマについて意識のアンテナを立て、
チャンスに敏感でいる
・好奇心／求道心を絶やさない
・空想を楽しむ

アイデアを
偶然の産物から

らきます。そうした状態の頭と心に、ひらめきが呼び寄せられるように生じる。科学界であれ、芸術界、ビジネス界であれ、偉大な発想をつかんだ人の多くは、こうした「セレンディピティ」（→次ページ）ともいうべき呼び寄せの現象を口にします。

発想技術・経験蓄積・心の準備状態の3要件を

満たし、自分をある臨界点まで追い込むとき、すばらしいアイデアと出合う確率が高まる。そのようにアイデアを偶然の産物として待つのではなく、必然の産物として出現させるための普段の努力こそが大事だといえます。

> ! **Essential Points**
>
> □ 画期的な発想を生む3要件は ── 発想技術・経験蓄積・心の準備状態。
>
> □ 「処し方を洗練させる改良的アイデア」と「在り方を変える革命的アイデア」。
>
> □ マス（大きな数量）への誘惑が独創性を殺ぐことになりかねない。

セレンディピティ

コラム6

「待っているだけの偶然」と
「呼び寄せる偶然」がある

　科学者の間では「セレンディピティ」という言葉がよく飛び交います。セレンディピティ［英語：serendipity］とは「偶然にうれしいものを見つけ出したり、幸運に出合ったりすること。またはその能力」をいいます。

　科学の世界において、こうしたセレンディピティ的な発見が時折起こります。A液とB液を混ぜるところ、こともあろうにA液の試験管を落としてしまい、全く別のものと混ざり合った結果、何か新しい発見があったとか、そういった類いの出来事です。

　しかし、それは偶然の産物なのでしょうか。「い

や、違う。その出来事は自分が呼び込んだものなのだ」と主張するのが、ルイ・パスツールです。彼自身も偉大な発見をいろいろ行った細菌学者ですが、彼は「チャンスは心構えをした者の下に微笑む」という名言を残しました。

　俗に言う「棚からボタ餅」は、「待っているだけの偶然」です。しかし、「呼び寄せる偶然」というものがあります。執念を燃やし、意識のアンテナを鋭く立て、四六時中そのことに専念する。すると起こるべくして何かが起こる。

　このことの真偽を確認するのは簡単です。あなた自身がそういう状況に身を置いてみて、いざ、セレンディピティが起こるかどうかを試してみることです。

その画期的なアイデアは

偶然 のたまもの？
それとも 必然 で生じた？

アルキメデスは、いつもと変わりなく浴室に行き、浴槽に身を浸した。そして浴槽の水位が上がるのを、これまたいつもと変わりなくながめた。そのとき、彼は眼（まなこ）を大きく開き、叫んだ。「ユーレカ！ ユーレカ！」。

……彼は王様から出された難問解決にずっと頭を悩ませていたのだが、この浴室で発見した原理、すなわち「水位が上昇した分の体積と、自分の体が浸かっている分の体積が等しい」ことを適用することで、見事解決することができた。

Eureka!

Eureka!
（わかったぞ）

アイデアを形にするための3人格

夢想家は伸び伸びと発想を膨らませ
実務家・批評家がそれを引き締める

アイデアはそれ自体まだ「絵に描いた餅」であり、実体はありません。個人の仕事や会社の事業において、アイデアは具体的な形となり、現実的な成果にならなければ意味がありません。

奇想天外の発想力で数々のアニメーション作品、テーマパーク事業を世に生み出したウォルト・ディズニーは、自身の内に3つの人格を備えていたといいます。1つは「夢想家」、もう1つは「実務家」、さらに「批評家」です。

彼はこれら3つの人格を内面で激しく戦わせていくことで、アイデアを現実の世界に具現化することができました。ただディズニーのように、1人の人間の内でこの3人格を高いレベルで共存できるのは稀です。たいていは組織の中で分業的にこれらの3人格を役割分担することになります。

競合品との差別化が難しく、コモディティ化がますます進む昨今の製品・サービス開発において、夢想家の役割はいやまして大きくなっています。自分の内に、あるいは組織の内に、どれだけ伸び伸びと夢想家を養えるか、とても大事な点です。

ウォルト・ディズニーの「内なる3つの人格」

[本日の議題]
世間を
あっと驚かせる
遊園地を造ろう！

Dreamer
夢想家

この広大な敷地を、まるで
魔法の王国に迷い込んだような
そんなファンタジーな世界にするんだ！
仕掛けはこうさ……！

それは現実的には
こういう設計でないと
うまくいきません。
また、こういう工夫を
取り込んだほうが
よいでしょう

Realist
実務家

そもそもそういうものを
欲しがる人って
どれほどいるんだい？
子どもだましですぐに
飽きられるんじゃないの。
このプランには
理論づけもないし

Critic
批評家

改良的アイデア／革命的アイデア

枠組みの中の発想か
枠組みを破る発想か

　私たちは日々、仕事・事業の進化に努め、アイデアを出します。それを2種類に分けるとすれば、1つに「改良的アイデア」、もう1つに「革命的アイデア」が考えられます。

　改良的アイデアとは、現行システムの上での生産性や効率性を高めるための改善案、製品・サービスの性能や魅力を増すための変更案や補強案をいいます。端的には、既存の枠組みの中で漸次

的変化をもたらす発想です。

　こうした改良的アイデアは、先行事例をていねいに見習ったり、細かな工夫に長けたりする日本人が得意とするところです。「カイゼン（改善）」を国際語にしてしまったほどです。ただ、昨今はリバースエンジニアリングの発達もあって、あるところで導入された改良策は、すぐに他の所でも真似をされ、効果がすぐに失われるようになりました。

　改良的アイデアを練るのは、もはや当然の取り組みです。しかしその次元だけに終始・安住してはいけません。他の誰かが革命的アイデアを放ってく

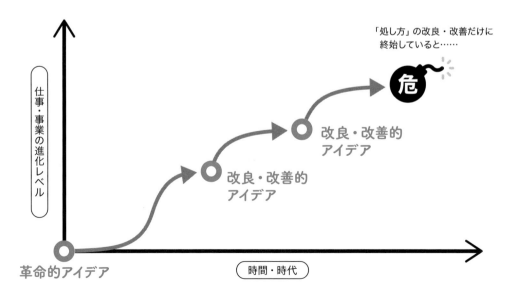

「処し方」を洗練させていく発想が生む改良・改善のイノベーション

「処し方」の改良・改善だけに
終始していると……

危

仕事・事業の進化レベル

改良・改善的
アイデア

改良・改善的
アイデア

革命的アイデア

時間・時代

「在り方」を変える発想が生む革命のイノベーション

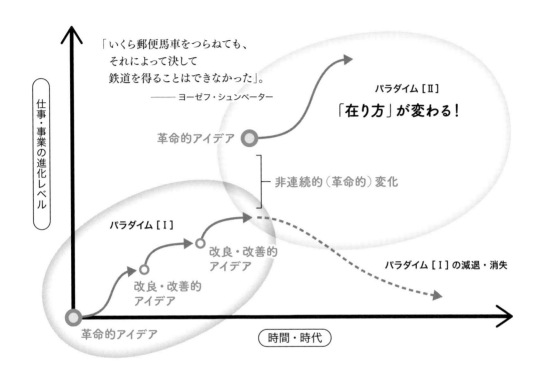

「いくら郵便馬車をつらねても、
それによって決して
鉄道を得ることはできなかった」。
—— ヨーゼフ・シュンペーター

仕事・事業の進化レベル

パラダイム［Ⅱ］
「在り方」が変わる！

革命的アイデア

非連続的（革命的）変化

パラダイム［Ⅰ］

改良・改善的
アイデア

改良・改善的
アイデア

パラダイム［Ⅰ］の減退・消失

革命的アイデア

時間・時代

るからです。

　革命的アイデアとは、現行システムを破壊するような新規システムの創出案、既成概念を打ち破る製品・サービスの考案をいいます。端的には、新しい枠組みをつくり出し、非連続的変化をもたらすアイデアです。

　真に革命的なアイデアが実現されると、それによって新しいパラダイム（枠組み）が起こります。すると現行パラダイムは一気に旧パラダイムとなり、減退・消失か、新パラダイムに吸収されてしまいます。それまで覇権や優位を保っていた勢力の存在

は急速に縮んでいきます。

　既存の枠組みの中で、いわば「処し方」を洗練させていく発想（＝改良的アイデア）は、実直に取り組めばいろいろと出てくるものです。ところが、物事の「在り方」を変え、枠組みを変えてしまうような発想（＝革命的アイデア）は、そう簡単には出てきません。難度がはるかに高いからです。

　ですから私たちは、ついついこの革命的アイデアに取り組むことを敬遠しがちです。しかし、日々の多忙な仕事の合間にも、常に「在り方」を問い、根本的に何かを変えていくという挑戦が大事です。

マスへの誘惑と独創性

仕事や事業におけるアイデア発想は「より多く売れるか」に縛られる

　芸術家や学童が行う創造活動は純粋にそれ自体を目的にできるので何の制約もありません。ですから独創性が出やすいものです。ところが、仕事や事業におけるアイデア発想は、その先に必ず顧客を置かねばなりません。顧客の需要にかない、より多く売れることが宿命づけられます。したがって、いたずらに尖ったユニークアイデアよりも、無難に販売が期待できるグッドアイデアのほうが優先されます。

　例えば、ある試作品4点を消費者調査にかけたとします。10人に10点満点（0点：全く買わない〜10点：絶対買う）で採点してもらった結果が下表です。あなたが担当者なら、どの案がよいと思う

でしょう？

　おそらく私たちの多くは、平均スコアの高さからA案を最良のものとして選び、開発を進めるでしょう。あるいは、2番目に高いC案の要素をA案に加えて補強するかもしれません。そうやって多数から受け入れられ、失敗リスクが小さそうなアイデアに引っ張られていきます。

　そんな中、B案に着目するという選択もあります。独創性・差異化という観点で、B案は力強い何かを持っていそうだからです。9点が2つも付いたということはよほどの魅力です。多くはB案を敬遠して採用しないでしょうが、それはなぜでしょう。「残りの8人の評価が低い」「極端な趣味の2人にたまたまウケただけ」「ユニークすぎてそれが傑作なのか、駄作なのかが評価できない」などの理由だと思います。

ある試作品の消費者調査結果

	評価者（10名）										平均スコア
	イ	ロ	ハ	ニ	ホ	ヘ	ト	チ	リ	ヌ	
A案	5	6	7	7	8	7	5	6	4	8	**6.3**
B案	2	1	3	9	1	2	1	2	9	2	**3.2**
C案	7	7	6	6	5	8	6	7	4	5	**6.1**
D案	3	2	2	4	4	3	3	2	5	4	**3.2**

強い独創性が生まれない背景① 〜大多数を当てにいく発想が奨励される

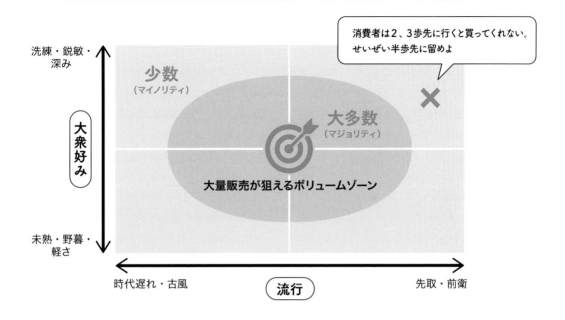

消費者は2、3歩先に行くと買ってくれない。せいぜい半歩先に留めよ

洗練・鋭敏・深み

大衆好み

少数（マイノリティ）

大多数（マジョリティ）

大量販売が狙えるボリュームゾーン

未熟・野暮・軽さ

時代遅れ・古風　　　流行　　　先取・前衛

強い独創性が生まれない背景② 〜ボコ発想のほうが大勢にわかりやすい

ボコ発想

この不備、不足、不満、不具合な部分を埋めようという発想

顕在化している
欲求・需要に対し、

● 改良 / 改善を加える
● 低コストでやる
● 効率 / 効果を狙う

デコ発想

●●というのは、本来こうあるべきだ！という強い提案を押し出す発想

潜在化している
欲求・需要を洞察し、

● 革新的な表現で提示する
● 発明 / 発見をする
● インパクトのある手法を提案する

「多数にわかりやすい」への傾倒が独創性を衰えさせる

業界を問わず、市場に出回る製品・サービスがどこも似通ってしまうのは、結局のところ、マス（大きな数量）への誘惑によって、現状最も売れ筋の商品を真似て出したほうが無難という考え方が蔓延するところにあります。リスクの大きい独創的なアイデアは排除されてしまいます。

そのため現場では、自由闊達に発想せよというのではなく、大多数を当てにいく発想が奨励されます。先取的過ぎてもだめ、洗練され過ぎてもだめ。よくいわれるのは「消費者は2、3歩先に行くと買ってくれない。せいぜい半歩先に留めよ」と（前ページ上図）。

また、消費者は自分の中ですでに顕在化している欲求、すなわち不備や不満を埋めてくれること

にお金を払いやすくなります。ですから、商品のつくり手は「ボコ的発想」に集中します（前ページ下図）。

前掲の消費者調査において、B案は「デコ発想」によって潜在的な欲求をくみ取り、強い提案をしているのかもしれません。あなたはそれを拾い上げ、最終商品へと育む勇気があるでしょうか。B案は革命的商品に化けるかもしれませんし、先取を気取っただけの駄作になるかもしれません。しかし、そうした異端の中から種を取り出し大きく育てることこそ、真のアイデア発想力です。

マスへの誘惑に縛られると、「多数にわかりやすいこと」が優先され、無難に売れそうなアイデアが支配的になります。社内の企画書もそのほうが通すのにラクなのでしょう。すると、独創的な発想を出そうとすることも、それを評価する目も衰えていきます。

独創性という矢を放つために

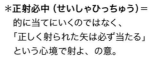

一、多数にウケたいという下心を捨てる
一、アイデアに夢を乗せる
一、自分の表現を信じる

＊正射必中（せいしゃひっちゅう）＝
的に当てにいくのではなく、
「正しく射られた矢は必ず当たる」
という心境で射よ、の意。

コラム7

量販の圧力に追いやられた写楽の浮世絵

　江戸時代の文人、大田南畝（おおた・なんぼ）は『浮世絵類考』の中で、浮世絵師、東洲斎写楽についてこんな記述をしています———

　「あまりに真を画かんとて、あらぬさまにかきなせしかば、長く世に行われず一両年にして止む」。

　……あまりに本質を描こうと、あってはならないように描いたので、長く活動できずに、1、2年でやめてしまった、と。

　東洲斎写楽。寛政6年（1794）、豪華な雲母摺りの『役者大首絵28枚』を出版して、浮世絵界に衝撃デビューした彼は、翌年までに140点を超える浮世絵版画を制作したものの、その後、こつ然と姿を消した。

　写楽のあの大胆な構図の『役者大首絵』は、現代でこそ高い美術的価値が付いていますが、当時は不評でした。

　写楽の絵は描き方がいびつで、あまりに歌舞伎役者の特徴をとらえ過ぎていました。このことは歌舞伎興行者、役者、観客である庶民からすれば好ましくないことでした。彼らは「大スターのブロマイドなんだから、もっと忠実でわかりやすく、カッコイイもの」を望みました。

　版元の蔦屋重三郎は才能の目利きでしたが、版元も商売でやっている以上、当然、多く売れるように仕向けます。写楽に「もっと写実的に描けないか」と圧力をかけたことは容易に推測できます。事実、以降の絵はごく普通のものとなり、明らかに生気を失くし、陳腐なものに堕していきます。

　写楽は非凡なる絵の才能を持ち、非凡なる絵を描いた。無念なるかな、同時代の大衆はそれを評価できなかった。写楽ほどの才能をもってすれば、大衆好みのわかりやすい絵をちょこちょこと描いて、食っていくこともできたかもしれません。しかし、彼は自分をだましたくなかったのでしょう。写楽のその後の人生は詳しくわかっていません。

A04 マネジメント

「マネージ」の由来の１つは
荒れ馬を手なずける

---

manage［英語］＝

　① 困難を乗り越えてやり遂げる。何とか
　　 やっていく。手なずける。
　② 会社や事業を経営管理する。

management ＝

　① 巧みな取り扱い。管理。統御。
　② 会社や事業の経営管理。あるいは、そ
　　 の能力、機能、執行者。

「マネージ」という言葉の由来の１つは、「馬を手なずける」。荒くれた野生馬を手なずけるためには、さまざまな要素を感知し、分析し、全体を把握しながら巧みな技術で馬を制御しなければならない。

そして自分の意図のもとに役立たせるものにしていく。それが「マネージ」です。

馬よりはるかに手なずけが難しい事業の経営にこの言葉を当てたのが、ピーター・ドラッカーです。彼は「マネジメント」を重要な経営概念に昇華させました。

マネジメントは一般的に「管理」と訳語がついていますが、実際のニュアンスは「管理」よりもずっと幅広いものです。感知、収集、洞察、分析、予測、回避、改善、開発、統合、調整、指示、最適化、概念化、組織化など、これらを総合した概念としてとらえたほうがいいでしょう。

経営以外にも適用が広がっている
マネジメントの概念

昨今では、こうしたマネジメントの概念の適用範囲が広がり、「●●マネジメント」という言葉が増えてきました。マネジメントとは要するに「その物事

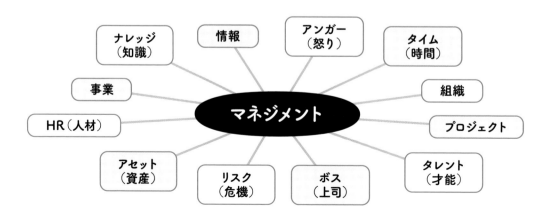

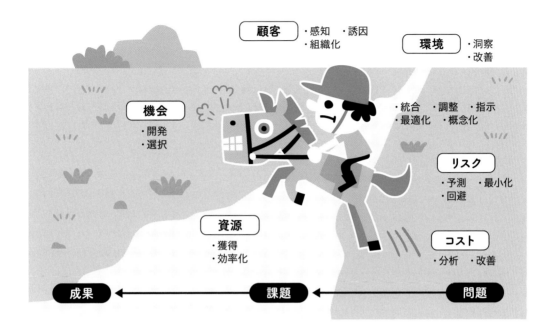

マネジメントとは諸要素を統御して成果を上げる技

顧客 ・感知 ・誘因 ・組織化

環境 ・洞察 ・改善

機会 ・開発 ・選択

・統合 ・調整 ・指示 ・最適化 ・概念化

リスク ・予測 ・最小化 ・回避

資源 ・獲得 ・効率化

コスト ・分析 ・改善

成果 ← 課題 ← 問題

を自分の意図のもとに手なずけること」。物事に振り回されず、流されず、物事の主人になるための能力です。

物事のマネジメントが完全にうまくいくとき、それは自分の意志と物事とが「一（ひと）つ」になる状態といえるでしょう。数学者の岡潔の表現を借りれば次のようになるでしょうか———「私がいま立ち上がりますね。そうすると全身四百幾らかの筋肉がとっさに統一的に働くのです。そういうのが一というものです」（『人間の建設』より）。

> **！ Essential Points**
>
> □ 「マネジメント」は、管理のみならず、感知、洞察、分析、予測、回避、改善、統合などを総合した概念。
>
> □ 「■■マネジメント」とは「■■を手なずける能力」。
>
> □ マネジメントが完全にうまくいくとき、自分の意志と物事とが「一つ」になる。

A05 リーダーシップ

「人を率いること」と
「人を導くこと」の違いは

---
lead［英語］＝ 人を率いる、導く

leader ＝ 統率者、指導者

leadership ＝ 人を統率・指導する能力や
　　　　　　　　行動、作用、立場

リーダーシップはとても広く奥行きのある概念です。第1部では「導く力」の観点からそれを見つめ、内（自己）と外（他者）に向けた2つのリーダーシップがあることを取り扱いました。

ここではまた別の観点、すなわち、「率いる」と「導く」の2つの形からリーダーシップをとらえてみたいと思います。

「人を率いる」と「人を導く」とではどういう違いがあるのでしょう。それをまとめたのが次ページの図表です。

「率いる」とは人を引き連れて行くことで、フォロワー（従う人）は統率者につきます。他方、「導く」とは人を道にいざなうことで、フォロワーはその道が内包している目的につきます。フォロワーがヒトにつくのか、コトにつくのか、これが大きな点です。

したがって、人を率いる場合、統率者の権力や地位、対人的能力、人間的魅力はとても重要です。人を率いるのに、目的や理念は必ずしも必要ではありません。場合によっては、統率者の隠れた野心がきれいな言葉で飾られ、集団の目的にすり替えられるときもあります。

ヒトにつくフォロワーは、往々にしてこうしたことを見破れません。悪いカリスマ的リーダーに率いられた集団が悲惨な末路をたどる例はよくあります。

その点、人を導くためには、何より目的・理念・ビジョンがいります。権力や能力、人間的魅力は、あればなおよい程度です。フォロワーは1人1人が

① 「内→外」へのリーダーシップ発展

集団を導く
外（他者）に向けた導く力の発揮
インターパーソナル・リーダーシップ

自らを導く
内（自己）に向けた導く力の発揮
セルフ・リーダーシップ

② 「率いる→導く」へのリーダーシップ発展

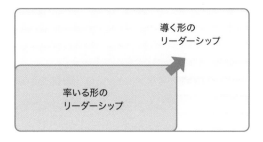

導く形の
リーダーシップ

率いる形の
リーダーシップ

［率いる／導く］2つの段階のリーダーシップ

率いる

人を引き連れて行くこと

□ **人びとを自分についてこさせる**
- ・フォロワーは統率者（ヒト）につく
- ・フォロワーは統率者の指示を待つ

□ **人を率いるための要素**
- ・権力／地位 ┐
- ・対人的能力 ├ 率いる力は
- ・人間的魅力 ┘ これらの力に比例する
- ・目的／理念／ビジョン
  - … 必ずしも必要ではない。また統率者個人の野心が目的にすり替えられるときがある

導く

人を道にいざなうこと

□ **人びとを目的に向かわせる**
- ・フォロワーは目的（コト）につく
- ・フォロワーは目的のもとに自律行動する

□ **人を導くための要素**
- ・目的／理念／ビジョン … 必須
- ・権力／地位 ┐
- ・対人的能力 ├ … あればなおよい
- ・人間的魅力 ┘

目的のもとに自律的に振る舞おうとします。たとえ指導者が途中でいなくなっても、その志を受け継いだ誰かが新しい指導者として現れます。何か大きなことを成し遂げる集団は、「導く」形のリーダーシップによって力強く持続的に歩みを進めるものです。

！ Essential Points

□ 「あなたのリーダーシップは ─── 人びとを自分につかせるのか、
　それとも目的につかせるのか、どちらだろう？

□ 人びとがヒト（統率者）につく場合、個々は統率者の指示をあてにしがちになる。

□ 人びとがコト（目的）につく場合、個々は目的のもとに自律的に振る舞おうとする。

A06 クリティカル・シンキング

批判的とは必ずしも
否定やあら探しではない

　高度情報社会に生きる私たちは、日々、さまざまな考え（理論・概念・情報など）に接します。そうしたとき、どんな態度でそれに接するか。主な態度を3つあげてみましょう。

　まずは「無批判的なもの知りの態度」。その考えが権威づけされた人のものであればなおさらですが、それを簡単に信じ込み、知識の所有を自慢する態度。

　2番目は「冷笑的な批判屋の態度」。どんな考えであれ、ともかく否定ありき。あら探しをするだけの態度です。

　そして3番目が「批判的思考者の態度」。批判的とは、必ずしも否定やあら探しといった攻撃ではありません。その考えに対し、いろいろな方向から検討して、正しい判断・評価を得ようとする態度です。ですからその場合、対象にオープンマインドであり、知的意欲が高まっている状態になります。

　この批判的思考が「クリティカル・シンキング」と呼ばれるものです。この思考に確たる定義はありませんが、ここでは「ある考えについて、それをみずからの考えとして受け入れる前に、真偽・合理性・妥当性の観点から深く問うこと」とします。

　クリティカル・シンキングの起源は古代ギリシャ、ソクラテスの問答法にさかのぼるともいわれています。深く問いを立て、深く答えを見つけることが、

① 無批判的なもの知りの態度
知識を受け売りして自慢することが目的

おおー、さすが、この分野の
大御所の言うことだな、
スバラシイ！ SNSで広めちゃおう

ねぇねぇ、これが
「●●理論」って
いうんだよ。
知ってる？知ってる？

ある考え
提示された
理論・概念・情報など

それって本当か？
どうせ頭でっかちの権威が
勝手に言ってることだろ

② 冷笑的な批判屋の態度
批判したり、あら探しすることが目的

それって本当かな？
着眼点は面白そう。どうしてそういう
ことになるのか調べてみよう

③ 批判的思考者の態度
遭遇した考えを十分に吟味し、
正しい判断をしたり、理解を深めた形で
自分に取り込むことが目的

クリティカル・シンキングの定義や目的など

クリティカル・シンキングの目的

下図のような思考プロセスを通じて、

● 正しい判断を得ること
● 自分なりに理解を深めた形でその考えを取り込むこと
● 考える力自体を強めること

なぜそういう
結論になるの？

本当にそう？

ある考え
提示された
理論・概念・情報など

バイアスがかかって
いるのでは？

どういう根拠が
あるんだろう？

クリティカル・シンキングとは

ある考えについて、それを自らの考えとして受け入れる前に、真偽・合理性・妥当性の観点から深く問うこと。

クリティカルに考えるための態度

その考えについて

□ 証拠・根拠を探る　□ 論理構造・論理展開を詳しくみる
□ 前提条件を調べる　□ 感情論や偏見を排し、客観的に見つめる
□ 網羅的に目配りをする
□ 巧みなレトリックや問題のすり替えに注意する
□ 考案者・提唱者の動機に目を向ける
□ 権威になびかない　□ 批評のための批評に陥らない
□ 批判的思考プロセスを通し、自己の知見を広げたい・
　深めたいという気持ちを基盤に置く

クリティカルに考える方法論・ツールとして

○ 要素を階層的に分けてながめる
　「ピラミッド・ストラクチャー」「ロジックツリー」
○ 物事を重複なく・漏れなく網羅的にながめる
　「MECE」アプローチ
○ 論理的に物事を展開する「帰納法／演繹法」
○ 仮説的に推論を行う「アブダクション」
○「ハロー効果」や「アンカリング効果」など認知バイアスの理解
　　……などがある。

 これらはクリティカルに考えるための手段。
ここが目的化している人がいます。

結局、批判的に考えることにほかなりません。

　近ごろは、クリティカル・シンキングの方法論・ツールもさまざま教えられていますが、それらの習得はあくまで手段であって目的ではありません。もしそこに終始しているとすれば、それこそクリティカルではありません。

!　Essential Points

□ **クリティカル（批判的）とは、いろいろな面から吟味・検討する態度。**

□ **クリティカルとは、オープンマインドな姿勢。**

□ **クリティカルに考えることは、深く問うことでもある。**

A07 デザイン・シンキング

一部の者だけが持つデザイン能力から
万人が実践するデザインプロセスへ

　デザインとは狭くは「意匠・装飾的考案」「設計」の意味ですが、今日ではその意味が広がっています。本書なりに定義すると、デザインとは「生活や仕事・事業に関わるモノやコトに対し、美的価値に基づいて創造的に発明・改良を目指していく活動」です。

　「生産主導」および「マーケティング主導」の時代において、デザインは製品の差別化、コミュニケーション表現の洗練化として効果をあげました。しかし、「人間中心」の時代を迎えていま起こっているのは、デザインという活動をデザイナー以外の誰もがやろう、さらには協働的にやろうという一大変化です。デザイナーたちが長年、感覚的・属人的にやってきたデザイン的プロセスを一般スキル化したのがデザイン・シンキングといえます。

　デザイン・シンキングの研究は、デザイナーや建築家など創造的な仕事に関わる人びとが、課題解決に向かってどのような思考プロセス・方法をとっているのかを調べるところから始まりました。そうして1980年代から米国西海岸のデザインファームや大学において方法論が確立されていきます。

　デザイン思考は、人間（想定ユーザー、困っている人など）に共感を寄せて着想していくことや、美的価値に根ざした賢さを求めること、表現された現物をもとに手で考えること、協働的に創発を起

生産主導の時代
Production-Driven Era

機能的で品質の良いモノを大量生産してコストを下げ、リーズナブルな価格で製造すれば売れた時代。

マーケティング主導の時代
Marketing-Driven Era

競合品を徹底的に分析したり、市場への参入障壁をつくったりして、他社との比較優位を築くことが重要な時代。

人間中心の時代
Human-Centered Era

「モノからコトへ」「単なるモノからコト化したモノへ」の潮流にあって、もはや「生産」や「市場」といった外側に視線を入れても答えが出ない。1人1人の生活者の内側に入っていくことで答えが見つかる時代。

自社内に閉じたイノベーション

社内外に開いたイノベーション

著名なデザイナーにデザインを依頼して差別化をもたらす

デザイン的発想を生み出すプロセスを誰もが身につけ、協働的にデザインを起こす

デザイン・シンキングの主たるステップ

まずはユーザーと同じ立場で物事をみる。何に困っているのか、現状をどうしたいのかなどを聞き取り、気持ちを理解する。
ユーザーの観察手法として「エスノグラフィー」などがある。

課題解決のためのアイデアを練る。ブレーンストーミング法をはじめ、全く異なる分野からの発想転用を駆使する。
また、自分たちだけで閉じず、外部の人たちと共創する。

試作品をユーザーたちに使ってもらう。場合によって、前のステップ（試作やアイデア創出など）に戻り、こまめに往復する。

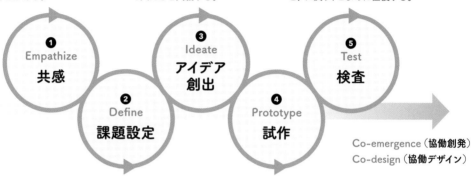

Co-emergence（協働創発）
Co-design（協働デザイン）

「共感」ステップから得られた材料を意味づけ、洞察し、課題を設定する。手法として「How might we」形式の問いがある。

＊How might we 〜？：
　私たちはどうしたら〜できるだろう？

アイデアを絞り込み、試作品をこしらえる。

こすことなどを特徴としているので、学術的・科学的思考とかなり異なったアプローチをします（上図）。

正解値のないところに独自の表現・カタチを生み出して課題解決を図っていく力、それはクリエイティブ層と呼ばれる人たちだけが養えばいいものではなく、私たちの多くが身につけ、発揮すべきものです。

! Essential Points

□ デザインとは、美的価値に基づいて創造的に発明・改良を目指していく活動。

□ 1980年代から、創造的プロフェッショナルたちが感覚的・属人的に行っていたデザイン的プロセスを一般スキル化する試みが始まった。

□ 共感、共創、「How might we」の問い、試作品をもとに手で考えるなどが特徴。

知の思考・情の思考・意の思考

- 審美的合理性を求める思考
- クリエイティブマインド
  （創造の知性）
- 共感（エンパシー）に基づいた発想
- 美しく機能的で快い表現を生み出す
- 独自性のある商品開発、人の生活を起点にしたモノづくり、体験価値をカタチにする作業、現物（試作品・デモンストレーション）による説得などに向く
- 「アーティスト」の目
- 「美・快」の価値を目指す
- 五感（視・聴・嗅・味・触）とともに考える
- 最終目的は「理想の美を具現化すること」

　例えば、米国アップル社がつくりあげた一連の製品群 —— iMacからiPod、iPhone、iTunes、iPadに至るまで —— は、いかなる種類の思考によって生み出されたのでしょう。

　確かにクリティカル思考は重要だったでしょう。市場からデータを集め、消費者心理を読み、仮説を立てて戦略を練る。そして日進月歩で変化する製品技術をマネジメントし、大規模な生産システムを動かしていく。そこには理詰めの計画・運営が不可欠です。

　さらには美・快の体験価値を具現化する思考力

もなくてはならないものでした。あれらの道具に最初に触れたときの操作感覚の驚き、ウキウキ感。それらの実現には卓越したデザイン思考を要したのです。

　しかし何よりも決定的だったのは、コンセプトを起こす力であり、製品の世界観を抱く力でした。さらには「Think different」という同社が文化として持っている強力な意志の力でした。これらはコンセプチュアルな能力に属する思考です。こうした3つの思考を"唯我独尊的に"リードしたのが、スティーブ・ジョブズCEOでした。

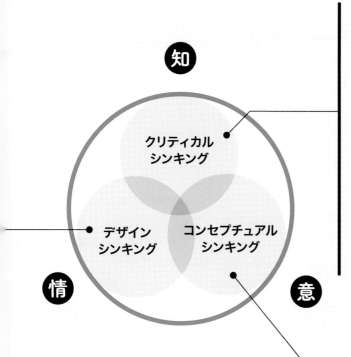

知

- 分析し真理を探究する思考
- アナリティカルマインド
  （分析・批判の知性）
- 論理的手続きによって
  真を重ね広げていくやり方
- 論理体系を構築する
- 戦略・戦術立案、目標計画策定、データ分析、仮説検証作業、複雑化した問題の解決、システム構築、明瞭な資料作成などに向く
- 「科学者」の目
- 「真・利」の価値を目指す
- 頭で考える
- 最終目的は「論理をもって客観的事実を解明すること」

クリティカル
シンキング

デザイン
シンキング

コンセプチュアル
シンキング

情

意

- 総合的に物事を把握する思考
- インサイトフルマインド
  （洞察によって本質・枠組みをつかむ知性）
- 根源・存在を問う思索
- 概念や観をつくる、意味を与える
- 理念・ビジョンの構築と共有、事業・商品のコンセプト立案や再構築、全体俯瞰、本質探究、仕事の意味化によるアイデンティティーの再考やモチベーション喚起などに向く
- 「哲学者」の目
- 「善・正」の価値を目指す
- 肚（はら）で考える
- 最終目的は「自分にとって最善の解釈を生み出すこと」

A08 コンセプチュアル・シンキング

物事から概念を起こし
物事に意図・意味を加える思考

　ロバート・L・カッツは 1955 年に著した本の中で、ビジネス管理者に求められるスキルとして、テクニカル・スキル、ヒューマン・スキル、コンセプチュアル・スキルの 3 つをあげました。そして同時に、上級の管理者になるほど、コンセプチュアル・スキルの重要性が高まると指摘しました（下図）。

　時代は下って 2005 年、ダニエル・ピンクは『ハイ・コンセプト』を著し、これからは総括的展望を描く能力、パターンやチャンスを見出す能力、ばらばらな概念を組み合わせて新しい構想を生み出す能力によって社会や経済が築かれる時代になると主張しました。

　このようにコンセプチュアルに物事を考えることの重要性がそこかしこで指摘されるものの、クリティカル思考やデザイン思考のように、コンセプチュアル思考についての体系づくりや方法論議はあまり進んでいません。

　本項では筆者が主宰している『コンセプチュアル思考の教室』での議論をもとに、これがどんな

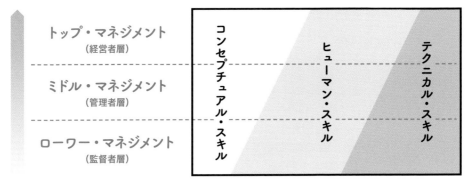

ロバート・カッツが提唱した 3 つのスキル

トップ・マネジメント（経営者層）
ミドル・マネジメント（管理者層）
ローワー・マネジメント（監督者層）

コンセプチュアル・スキル　ヒューマン・スキル　テクニカル・スキル

● テクニカル・スキル：方法やプロセスを知り、道具を使いこなす技能
● ヒューマン・スキル：人間を扱う技能
● コンセプチュアル・スキル：事業を全体的に把握する技能

コンセプチュアル・シンキング概要

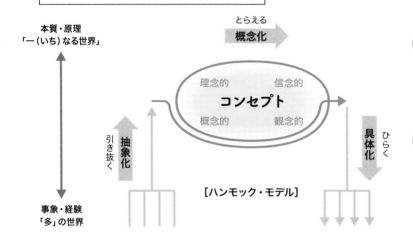

コンセプチュアル・シンキングとは───
・概念的(その物事が何であるかをとらえる)思考
・概念・観念・理念・信念を形成し、意をつくる思考

本質・原理
「一(いち)なる世界」

とらえる
概念化

理念的　　　信念的
コンセプト
概念的　　　観念的

引き抜く
抽象化

具体化
ひらく

[ハンモック・モデル]

事象・経験
「多」の世界

思考スタンス
● 根源を見つめる
● 全体を観る
● 抽象と具体を往復する
● 客観を超えて主観を持つ

思考フロー
「πの字」思考プロセス
① 抽象化＝引き抜く
② 概念化＝とらえる
③ 具体化＝ひらく

基本スキル
■ 定義化
■ モデル化(構造化 × 図化)
■ 類推
■ 精錬
■ 意味化

思考なのかを紹介していきます。

　この思考の一般的な定義はまだありませんが、あえて表現するなら「概念・観念・理念・信念を形成し、意をつくる思考」となるでしょうか。まさに概念を起こす思考ですから、物事の本質をとらえ、枠組みをとらえることが核になります。さらには物事に対し、意図や意味を加え、概念を超えて理念・信念にまで進展させていく思考でもあります。

！ Essential Points

□ コンセプチュアル・シンキングとは、端的には「意をつくる思考」。

□ 「コンセプト」の一応の訳語は「概念」だが、その原義に照らせば、広くは「観念・理念・信念」も含む。

□ 客観を踏まえて独自で強い主観に至ることがこの思考の醍醐味。

コンセプトとは

「コンセプト」には「概念」という訳語が与えられています。この語の原義は、「しっかりつかみ、内に取り込む（その取り込んだ内容）」です。

例えば、パスタというものが最初どんなものかわからないときを考えます。麺の仲間だろうけど、そば、うどんとどう違うのか、スパゲッティやマカロニとの関係性はどうなのか。まさに自分の中にパスタという概念を形成しようとする思考が始まるわけです。

抽象化によってパスタというものの本質をつかみ、「●●とは□□□である」といった形式で定義づけを行い、他の概念との区分けができるように

なる。これが物事を分節して、しっかりつかむという概念化の作業です。この作業の中核を担っているのがコンセプチュアル思考にほかなりません。

コンセプトをどう持つか
「概念」寄りか「信念」寄りか

その物事が何であるかをつかんだ結果として、自分の内に「コンセプト」が形成されます。しかし、そのコンセプトには広がりがあります。

第1部「C08 考える力」の主観／客観のところでみたとおり、「事業とは何か」を定義するにしてもさまざまな違いが出ました。辞書の定義である「事

> ## 「しっかりつかんで内に取り込む（取り込んだ内容）」
> ## それがコンセプトの原義

（動詞形）	**conceive**
	強調の意＋「つかむ・取り込む」

意味
・（アイデアや計画などを）思いつく、着想する、抱く
・妊娠する

（名詞形）	concept
	「つかんだ内容」

意味
・概念や観念
・（物事の基本的な）理解や把握
・（製品などの）構想や意図

（形容詞形）	conceptual

意味
・概念の、とらえ方の
・概念形成にかかわる

そば　パスタ　ラーメン
麺　スパゲッティ
マカロニ　うどん

あ、パスタってそういうものか
（区分けの基準をつかんだ）

［パスタ］
という概念が取り込まれた

「コンセプト」の意味的広がり

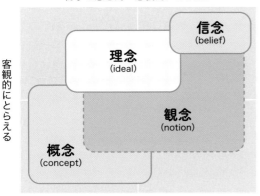

物事を意志的・意義的にとらえる

客観的にとらえる
（皆で共通了解しようとする）

信念
(belief)

理念
(ideal)

観念
(notion)

概念
(concept)

（独自の観点でよいとする）
主観的にとらえる

物事を説明的・分節的にとらえる

コンセプチュアルに考えることで、
私たちは自分の内に
概念・観念・理念・信念を形成している。
その行為は理に向かいながら、
同時に理を形成している。

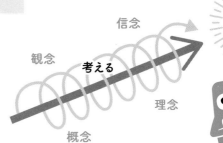

信念

り・ことわり
理

観念

考える

理念

概念

業とは一定の目的と計画とに基づいて経営する経済的活動」は概念寄りのものですし、松下幸之助の「事業とは人づくりである」は信念寄りです。

広義の「コンセプト」は上図に示したように、概念に留まらず、観念や理念、信念と陸続きです。

コンセプチュアル・シンキングにおいて、物事のとらえ方は客観的かつ説明的であらねばならないとは考えません。

仕事・事業にせよ、人生にせよ、この世界はサイエンスとアート、そしてフィロソフィーの複雑な混合です。もちろんサイエンスは物事を冷徹に概念的にと

らえよと要求してきます。しかし、アートやフィロソフィーはむしろ、概念を超えて、観念を研ぎ澄まし、理念や信念にまで昇華させよと訴えてきます。卓越した仕事・人生というのは、いつの時代も理念や信念によって成就されてきた事実も見逃せない点です。

次ページの表に記したとおり、日ごろコンセプチュアルに考える場面が実はたくさんあります。漫然と物事に接するのではなく、強いコンセプトを起こしながら、意を固めていく、それが概念化の思考です。

仕事・キャリアのさまざまな場面で "コンセプチュアルに考える" ことが求められる

20代 → 30代 → 40代 → 50代 →

業務担当者として

- 「新サービス開発のコンセプトをどうしようか」
- 「商品のスペック改良とコストダウンではもはやジリ貧競争になる。本質的なところを変えないと。でも、その本質的なところって何だ?」
- 「直面する状況の問題構造をどう1枚の図に描いて説明しようか」
- 「ああいうコロンブスの卵的な発想はうちにはなかった。固定観念を外して再度施策を練り直さなければ」
- 「このコモデティ化した製品市場を魅力的に蘇生させる鍵はどこになるのか?」
- 「こんなモグラたたき状態の業務をいつまで続ければいいの。一度、問題の根っこを真剣に考えましょう」
- 「このサービスの考え方を一般に普及させるために、何か新しい言葉をつくるべきだ」
- 「組織全体の流れにのみ込まれるのではなく、まず"担当者としての私の意志"は何かを固めよう」
- 「さまざまな成功事例から鍵となる要因を抽出し、行動できるパターンに落とし込もう」
- 「数量を増加させることがこの事業の本質か?この事業の社会的意義は何だ?」

管理職者として

- 「このプロジェクトのビジョンを掲げなければ。メンバーと共有すべき絵はどんなだ?」
- 「自分には、人間力や人格でメンバーを率いる自信はない。だから目的や意義で求心力を出すしかない」
- 「リーダーとして"ぶれない軸"を持たなければ。で、その軸とは何か?」
- 「この事業のコンセプトを打ち立てよう。それは利用者のまだ気づいていない価値に着目し、利用者を導くものにしよう」
- 「個人の信念を組織の信念と重ね合わせるにはどうすればいいのだろう?」

専門職者として

- 「自分のこの組織での存在意義は何なのか?」
- 「自分が他の技術者と違う点は何だろう?」
- 「職人が抱くべき矜恃とはどんなものか?それをわかりやすい形で若い世代に伝承したい」
- 「時代の変化とともに、自分を変えていくべきか、それとも変えるべきではないか?」

一個人・一職業人として

- 「私の働く目的は何か? 動機は何か?」
- 「私のロールモデルは誰々です。彼(彼女)の生き方から引き出したこんな点を自分の生き方に応用しています」
- 「現実の自分を冷静に見つめる"もう一人の自分"がこうせよと言っている」
- 「他人は合理的な選択とは思われないかもしれないが、私はこの道を信じ、選ぶ」

- 「リタイヤ後の自分のアイデンティティーは?生きるモチベーションは?」
- 技術や会社にしがみつくのではなく、技術を生かしてどう選択肢を広げられるか、会社を舞台にしてどう自分を開くことができるか
- 「人生・キャリアという航海の最終目的地はどこだろう?そもそもこの航海の意味は何なのだろう?」

思考スタンス

独自で強いコンセプト・意志は
どんな態度から生まれるか

　コンセプチュアル・シンキングは「意の思考」です。直面する物事から概念を起こし、さらにはそれを理念や信念といった意志軸が通ったものに押し出していくためには、どんな態度で思考に臨めばいいのでしょうか。主な点を4つあげます（下表）。

　1つには、根源に目を向けることです。例えば本書の第1章でも、「かく」や「決める」「導く」などの箇所で、字の成り立ちについて考察してきました。

　「導」という字は、「道＋手」から成り、「手を引いて道に連れていくこと」の意味が根っこにありました。根源は本質をはらんでいます。

　2つめに、全体を観ること。総合していく、または包括していくところで、大きなコンセプトや意志を得る。

　3つめに、抽象次元と具体次元の往復。その運動の過程から確かなコンセプトがみえてきます。

　4つめに、客観を超えて主観を持つこと。客観は前提として大事です。しかし、そこに留まっていては、独自で強いコンセプト・意志は生まれません。

4つの思考スタンス

根源を見つめる	考察の向け先は根源に。根源は本質をはらむ。
全体を観る	分析よりも総合。物事の構造や要素間の関係性を包括的につかむ。
抽象と具体を往復する	具体なき抽象はやせてリアル感がない。抽象なき具体は散漫となる。
客観を超えて主観を持つ	コンセプチュアル・シンキングの目的は、概念を起こすこと、意をつくること、物事に意味を与えること、自分にとって最善の解釈を生み出すこと。 その思考による答えは人それぞれのものになってよいし、ならざるをえない。持つべきは客観を超えたところで研ぎ澄ませる主観。

「多」から「一」をつかみ
「一」を「多」にひらく

「π（パイ）の字」思考プロセスについては、すでに第1部「C08 考える力」の抽象／具体のところで触れました（→52ページ）。まさにこの「①抽象化→②概念化→③具体化」がコンセプチュアル・シンキングの基本的な流れです。

ちなみにこの図を「ハンモック・モデル」と呼んでいます。大地から木が2本立っており、その間に

寝網を張った状態です。

大地はもろもろの事象・経験がある「多」の世界。そこから太陽という「一（いち）なるもの」に向かって木を上がっていき、コンセプトをつかまえる網の部分があり、再び木を通じて大地に下りていく。そんなメタファーになっています。

おおまかにはこうしたπの字の流れですが、実際にはすんなりと一方通行で流れていくわけではなく、細かく行ったり来たりを繰り返しながら、抽象化が行われ、概念化が進み、具体化に至ります。

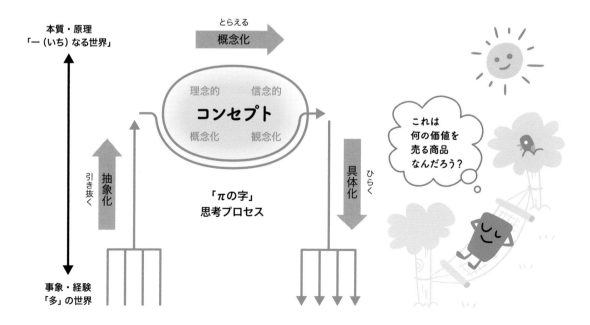

3つの思考フロー

基本スキル

概念を起こし
意を起こすための技術

概念を自分の内に形成するための最も基本的な技術は「定義化」です。「●●とは□□□である」といった形式で言葉で表すことです。どれだけ本質を言い当てた表現ができるかが問われます。

また、目の前にある物事の状況を1枚の絵図に表現するという「モデル化」の技術も重要です。物事の構造、要素間の関係性を包括的にとらえねばなりません。

「類推」は物事の核心にある原理をとらえ、他に展開する技術です（→72ページ）。

「既成の概念をくつがえす新製品が出た！」といったことがよく起こりますが、そんなアイデアを研ぎ澄ませるために概念の「精錬」が必要です。概念の結合や分離、視点の移動、ものさし（評価尺度）の変更などの技術が考えられます。

やり遂げようとする物事に意志・意義の軸を突き刺すために「意味化」という技術が必要になります。意味といった曖昧模糊としたものを扱うことはコンセプチュアル・シンキングの醍醐味です。

5つの基本スキルとベースになる力

定義化
物事の本質をつかみ言葉で表す
- 根っこを見つめる力
- 本質を凝縮して表す力
- 概念を起こす力

モデル化（構造化 × 図化）
物事の仕組みを単純化して図に表す
- 構造／関係性／仕組みをつかむ力
- 考えを図化する力
- 類型（パターン）化する力

類推
物事の核心をとらえ他に適用する
- 他の物事から学ぶ力
- 本質を応用展開する力
- 比喩を用いる力

精錬
物事のとらえ方をしなやかに鋭く
- 新しい概念をつくる力
- 概念を研ぎ澄ませる力
- 発想を変える力

意味化
物事から意味を見出す
意味を共有できる形として描く
- 意味を掘り起こす力
- ビジョンを描く力
- 価値の葛藤を乗り越える力
- 自己を再編する力

A09 編集力

編集負荷の異なる書きものを
私たちは日ごろいろいろやっている

　私たちの日ごろの仕事現場では、書きものをすることが頻繁です。メールに始まり、報告書や企画書などの資料書類から、情報発信用のウェブサイトのコンテンツ、そして研究論文などまで。

　そんな書きもののうち、単に文章を書くだけの作業では済まないものがあります。ある目的のもとに情報素材を集め、それらを効果的に組み合わせて、新しい情報価値をもった1つの創造物にまとめあげる、すなわち、編集を要するものです。

　例えば、自部署の製品・サービスをPRするウェブサイトの記事を書く、あるいは印刷カタログを作るといった場合の編集の流れと各ステップで留意する点をまとめたのが次ページです。

　編集力とは、こうした全工程を押し進めることができる能力です。編集・制作というと、編集者とかライターとかその分野の専門職者に任せればいいという考え方になりがちですが、それをいつも丸投げするだけでは、その対象とする物事に深く迫ってはいけません。

　その物事に対し、関連する材料を集める、吟味する、補強する、捨てる。そして完成形の全体をイメージしながら、詳細を書き出していく、見せ方を考える、伝え方・届け方を工夫する。こうした編集作業をやり抜くことで、みえてくることもたくさんあります。

　大きな目で見れば、人生そのものが編む、織る、紡ぐといった一大作業でもあります。

「書きもの」のいろいろ

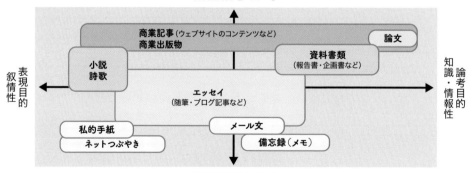

編集物制作の流れと各ステップでの留意点

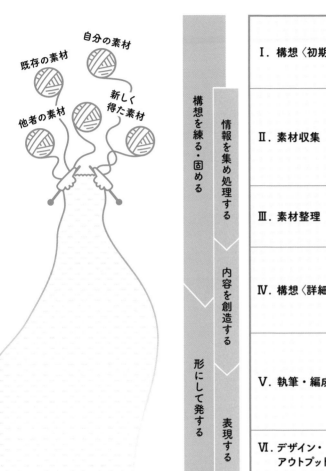

ステップ	留意点
I. 構想〈初期〉	□ その編集物はどのように情勢の要請に応えるものか □ 設定したテーマ・コンセプトはどう目的にかなったものか □ その編集物はどれだけ独自で有効な情報・知識・知恵を生み出せそうか
II. 素材収集	□ どれほどの素材（一次情報・二次情報）を新たに集められるか ＊「一次情報」＝自分で体験し得た情報 　「二次情報」＝他者を経て得た情報 □ どれほどの素材を普段から蓄積しているか □ どれほどの素材入手方法・入手ルートを持っているか
III. 素材整理	□ 素材のよしあしを吟味・評価できる目を普段から養っているか □ どんな素材が不足しているか □ どれほど素材を捨てられるか
IV. 構想〈詳細〉	□ 全体の構成・流れをどうするか □ テーマやコンセプトをさらにどう研ぎ澄ませるか □ どんな形式・様式の見せ方（デザイン）にしていくか □ どんな形態のアウトプット（制作物）にするか（印刷物かウェブサイトかなど）
V. 執筆・編成	□ 内容（コンテンツ）をどう独自的・効果的に書き進めていくか □ 文章だけでなく、図表や写真・映像・イラストなどをどう用いるか □ 最終的に構成・流れは適当か □ 誤字・脱字や文法の誤り、不適切表現などないか（誤りが多いと信頼性や品位を損なう）
VI. デザイン・アウトプット	□ どう独自的・効果的な見せ方を施すか □ コスト・時間との兼ね合いでアウトプットの完成度をどこまで上げていけるか
VII. 発行・発表	□ その編集物を発行したり発表したり、あるいは受け手に届けたりするための最適の形式・チャネルは何か

既存の素材　自分の素材　他者の素材　新しく得た素材

構想を練る・固める　情報を集め処理する　内容を創造する　表現する　形にして発する

! Essential Points

□ 編集とは、ある目的のもとに素材を集め、組み合わせて、新しい価値をもった創造物にまとめあげる作業。

□ 編集プロセスに1人で貫通して取り組むことで、より深くがみえてくる。

A10 言葉力

認知語彙を広げよう
使用語彙を活性化させよう

　母国語について、おおよそ中学や高校卒業までに習う単語数の範囲内で、私たちは日常会話が十分にできます。言葉がコミュニケーションの道具であると割り切れば、努めて言葉を増やす必要はないでしょう。しかし、言葉はそれ以上のものを人に与えます。言葉づかいは人格の一部といってもよく、生涯にわたって磨き続けたい能力です。

　言葉を扱う力の1つとして「語彙力」があります。語彙は2つに区分され、1つは「認知語彙」。どれだけ多くの単語を知っているか。もう1つは「使用語彙」で、どれだけ多くの単語を実際に使っているか。語彙は「単語の集まり」という意味で、その総体を指す言葉です。基本的には「語彙が多い／少ない」のように全体的な量を問題にします。

　そこで語彙力を向上させるための2点は、まず認知語彙を広げること。加えて、普段からさまざまに単語を使っていき、使用語彙を活性化させること。言葉というものは、やはり量的に増やすだけでは不十分で、積極的に使ってこそ力になるものです（下図）。

語彙力を向上させるために

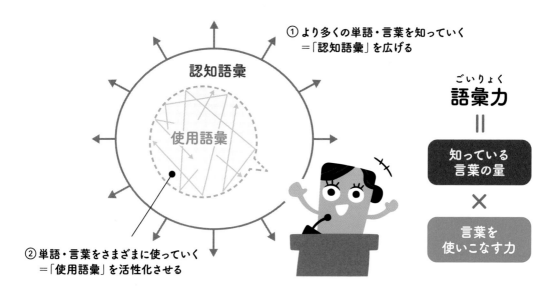

認知語彙

使用語彙

① より多くの単語・言葉を知っていく
　＝「認知語彙」を広げる

② 単語・言葉をさまざまに使っていく
　＝「使用語彙」を活性化させる

ごいりょく
語彙力
＝

知っている
言葉の量

×

言葉を
使いこなす力

あなたが言葉を欲する動機は何だろう？

え、コトバって、通じれば
それでいいんじゃないの。
そんなに数量が必要？

言葉の海へ

言葉を
知識として持つ

よーし、
教養ある大人になるために
語彙を増やすぞー

言葉を
生き生きと持つ

想い・考えが
言葉を欲する

言葉を持つから
想い・考えを
より確かに、より豊かに
凝らせることができる

表現したい想いや考えがある

書店や図書館に行くと、語彙力アップのための本がいくつもあります。多読しなさい、辞書を引く習慣をつけなさいなど、いろいろと助言が並んでいます。が、それはやはり知識としての言葉増やしです。最も大事なことは表現したい想いや考えを持つことです。思考が言葉を欲する、それが最良で最強の動機になります。

! Essential Points

☐ 言葉を扱う力の1つとして「語彙力」がある。
　語彙力＝「知っている言葉の量」×「言葉を使いこなす力」。

☐ 表現したい想い・考えがある人は、自然と言葉を欲する。

☐ 誰もが言葉の偉人になれる。

言葉を感じる・言葉で感じる

単なる記号ではない
「やまとことば」のふくよかさ

「春」という言葉を私たちは当然知っています。そう、「寒い冬の後にやってくるあの暖かな季節のこと」です。そのような言葉の認知は小学生でもしています。ところが「はる」という言葉をどこまで感じとって使っているでしょうか。

日本人が独自に育んできた「やまとことば」としての「はる（春）」は、いろいろなものとつながりをもっています。すなわち、寒くどんよりした冬が終わり、天空がきらきらと明るく「晴れて」くる。そして田畑を耕し開いて「墾る」。木々の芽たちが生命力をふくらませて形を「張る」。それに伴って、人間の心身もぴんと「張る」。そうした明るく開けてくる、躍動してくるという状態が「はる」の言葉の根幹であり、季節の呼び名としての春になっていったわけです。

ちなみに、夏は「あつ（熱つ）」が変化したという説があります。秋は収穫を終えてじゅうぶんに食べることができるので、その充足の意味から「あき（飽き）」。冬は、寒くて冷えることから「ひゆ（冷ゆ）」、さらに震えるほど寒いことから「ふゆ（振ゆ）」になったといわれています。

「は・る」というわずか2音の言葉はその奥に、古人たちが込めたさまざまなものを宿しています。その言葉を感受できる力、あるいは、その言葉を通して自然を感受できる力は、この世界を色濃く豊かにするものです。

言葉は感性の「メッシュ：網の目」である

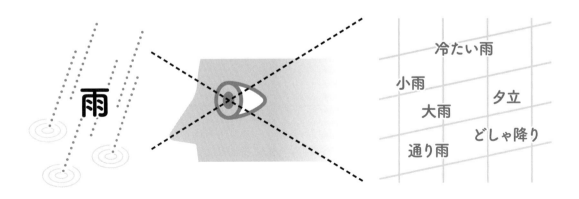

冷たい雨
小雨
大雨
夕立
どしゃ降り
通り雨

雨

細かに物事を受け取りたいから
細かに言葉を持ちたい

　私たちは同じ景色を見ていても、感じ方はそれぞれに異なります。その差は、持っている言葉の差でもあります。

　雨を見るとき、「大雨」「小雨」「通り雨」「どしゃ降り」程度の言葉しか持ち合わせていない人は、景色を受け取る感性のメッシュ（網の目）もその程度に粗くなりがちです。

　他方、自分の中に、「小糠雨（こぬかあめ）」「氷雨（ひさめ）」「翠雨（すいう）」「卯の花腐し（うのはなくたし）」「篠突く雨（しのつくあめ）」などの言葉を持っている人は、感性のメッシュが細かで、その分、豊かに景色を受け取ることができる。

　ただし、これらの言葉を受験勉強のように覚えれば感性が鋭敏になるということでもない。実際、言葉を持たなかった古代人の感性が鈍いかといえば、まったくその逆です。

　結局のところ、見えているものをもっと感じ入りたい、もっとシャープに像を結んで外に押し出したい、そうした詩心が溢れてくると、人はいやがうえにも言葉を探したくなる。

　古代人の中には、言葉がなく、自分の詩心を表現できずに苦悶した人もたくさんいたにちがいありません。そういった意味で、現代の私たちは幸せです。言葉は大量に開発され、それらを探せる書物や道具を幅広く手軽に持っているのですから。

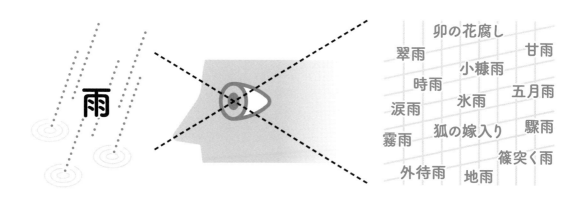

雨　翠雨　卯の花腐し　甘雨　時雨　小糠雨　五月雨　涙雨　氷雨　狐の嫁入り　驟雨　霧雨　篠突く雨　外待雨　地雨

自分の言葉力

誰もが
言葉の偉人になれる

技能の中には、確かに生まれもっての才能や境遇が決定的な影響力を与えるものがあります。例えばピアノやゴルフは、第一級のプロになろうと思えば、やはり英才教育の必要があるでしょう。

しかし、カズンズの言葉（右ページ）にあるとおり、言葉に関しては、どんな生まれ育ちであろうとも、誰もが優れた文章を書く可能性を持ちます。大人になって知識がつくようにならなければ、よい文章が書けないということでもありません。

「先生」と題された下の学童の作文をみてください。言葉は物事を切り出す刀でもあります。この学童の刀はいまだ荒い切れ味ですが、それがかえってこのときの本人の感情をよく切り出しています。

その人の言葉の力は、「想いというエネルギーの強さ×借り物でない自分の言葉」によって決定づけられます。技巧的な処理はあくまで補強です。是非、自分の想いやメッセージを持ってください。そして、自分の言葉で押し出してみてください。それが小さからず人に響いていくものです。

「先生」

おれ
もう先生きらいじゃ
おれ
きょう　めだまがとびでるぐらい
はらがたったぞ
おれ
となりのこに
しんせつにおしえてやっていたんやぞ
おれ
よそみなんかしていなかったぞ
先生でも　手ついてあやまれ
「しんじちゃんかんにんしてください」
といってあやまれ

—— 灰谷健次郎
『せんせいけらいになれ』より

「すべての人が金持ちになる幸運に恵まれるとは限らない。
　しかし言葉については、誰しも貧乏人になる要はないし、
　誰しも力のこもった、美しい言葉を使うという
　名声を奪われる要はない」。
　　　　　　　── ノーマン・カズンズ（米国のジャーナリスト）『人間の選択』

「人間は、言語によってのみ人間である」。
　　　　　　　── ハイマン・シュタインタール（ドイツの言語学者）

「生命は力なり。力は声なり。声は言葉なり。
　新しき言葉はすなはち新しき生涯なり」。
　　　　　　　── 島崎藤村『藤村詩集』

「言葉をつくり出す才能。それは思考が言葉の海に飛び込んで、
　滴をしたたらせながら海から出てくるようなものだ」。
　　　　　　　── ヴァージニア・ウルフ（英国の作家）

A11 図解力／図観力

文章のみでは把握しにくいことが図では容易になる

私たちは物事について思考します。そして事実を認識したり、概念を理解したり、さらにはその内容を他者に伝えたりします。そのとき、たいてい言語（文字や音声による言葉）を用います。言語は物事を多様に表現できる優れた道具だからです。

しかし、理解や伝達の道具として、ほかにも有用なものがあります。それが図です。ここでいう図とは、「情報や概念を、図形や線、矢印、絵などを用いて視覚化した表現物」です。

例えば、私たちは文章情報のみでどれくらい確かに、容易に、あるいは豊かに物事の内容がつかめるでしょうか。下に例題を5つ出しました。やってみてください……。

次に、これらを図化したものを右ページにあげました。さて、どうでしょう。もちろん文章だけで、ある程度の把握はできます。しかし、いったん図を見てしまえば、こちらの表現による把握のほうがはるかに確かで、容易で、豊かであることに気がつきます。当然、他者への伝達も図のほうが効果的でしょう。

図的表現が万能というわけではありませんが、利点はいろいろあります。

Q 文章情報のみでどれくらい確かに、容易に、豊かに内容をつかめるでしょう？
あるいは、それを他者に伝えられるでしょう？
例題①〜⑤について考えてみてください。

例題 ①

「△△軒」は、ここをまっすぐ行き、3本目の大通りを右に曲がります。2叉の分かれ道を直進し、右側にコンビニが見えたらその角を左に曲がってください。郵便局を右側に見て、その向かいにあります。

例題 ②

人間の身体はほとんど水からできている。成人では約60〜65%、新生児では約75%が水分である。

例題 ③

20kgの荷物がある。1つの動滑車と1つの定滑車を使って、半分の重さ（10kg）で荷物を持ち上げることができる。

例題 ④

成長とは、3方向（広がる・高まる・深まる）に伸びること。そしてその結果、自分という器が大きくなること。

例題 ⑤

「正義」と「独善」を分離することはできない。両者はひとつながりであり、一体のものである。

図的表現を用いることの利点

○ 位置の把握 ┐
○ 量の把握 ┤ が比較的容易になる
○ 変化の把握 ┤
○ 構造の把握 ┘
○ 言語の壁を超えてコミュニケーションできる
○ イメージ的な思考を促進する
○ 複数の人の間で共通の理解イメージを持てる
○ 記憶に残りやすい
○ 一括してながめられる（文章や音声情報は
　順次的に受け取らねばならない）　……など

例題③

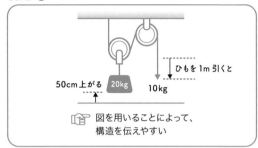

☞ 図を用いることによって、
　構造を伝えやすい

例題①

☞ 図で示すことによって、ひと目で位置がわかる。
　子どもや外国人にも伝えやすい

例題④

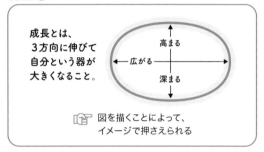

☞ 図を描くことによって、
　イメージで押さえられる

例題②

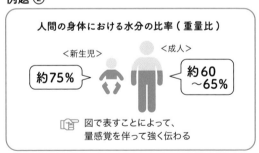

☞ 図で表すことによって、
　量感覚を伴って強く伝わる

例題⑤

☞ 図を起こすことによって、理解・解釈が深まる。
　そして他者と議論や共有がしやすい

! Essential Points

□ 視覚的な把握が容易であるなど、図的表現には文章表現にはない利点がある。

□ 図でやさしく事実を解くのが「図解」。図で物事のとらえ方〈=観〉を示すのが「図観」。

図解と図観

図的な情報表現
データの視覚化から概念の視覚化まで

図的表現にはいろいろなものがあります。それをまとめたのが右ページの図です。左側に置かれるのは、データを忠実に客観性をもって図に変換するものです。地図をはじめ、統計図表に用いるチャートやグラフ、楽譜がこれにあたります。機械的モデル図（例えば、家電製品の取扱説明書の図など）もどちらかといえば左寄りです。

そこから右側にいくにしたがい、概念の視覚化へと移っていき、図として表現するものが物事の意味や本質の姿というものになります。この典型は概念的モデル図（例えば、前ページで触れた例題④、例題⑤の図）です。そこにはどうしても図を起こす人の独自の解釈や観が入りはじめます。

概念の視覚化が行き着くところには、宗教画の極みであるマンダラや禅画、抽象アートといった表現形式があります。時空を超えて残ってきたマンダラや抽象アートは、万人が理解しえないという意味では客観的ではありません。が、観ることのできる人が観れば、それはおおいなる真理を表現していて、人を引きつけてやまないものになります。

概念図は人が内面にあらかじめ持っている何かを呼び覚ますところがあり、その点で情報伝達以上のはたらきをするものです。

図でやさしく事実を解く
図で物事のとらえ方〈＝観〉を示す

昨今では情報を図化したものに「図解」や「インフォグラフィックス（infographics）」といった言葉が当てられるようになりました。しかし、本書ではそこをもう一段細かくみたいと思います。すなわち、概念図やマンダラなどは、図解的というよりも「図観」的といったほうが近いものです。図解と図観の違いを右ページ下のように考えるからです。

図解は、言ってみれば「図でやさしく事実を解く／図を通して実態が解る」こと。他方、図観は「図で物事のとらえ方（＝観）を示す／図を通して本質を観る」こと。

両者は図化する材料（データ的なものか、概念的なものか）も異なりますし、目的性（プレゼンテーション寄りか、思考の深化寄りか）も異なります。客観を求めるか、主観でよいとするかという点も異なります。

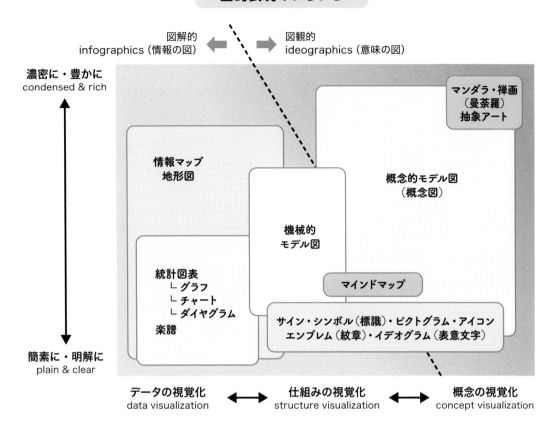

図的表現のいろいろ

図解的
infographics（情報の図） ⟷ 図観的
ideographics（意味の図）

濃密に・豊かに
condensed & rich

簡素に・明解に
plain & clear

マンダラ・禅画
（曼荼羅）
抽象アート

情報マップ
地形図

概念的モデル図
（概念図）

機械的
モデル図

統計図表
└ グラフ
└ チャート
└ ダイヤグラム

楽譜

マインドマップ

サイン・シンボル（標識）・ピクトグラム・アイコン
エンブレム（紋章）・イデオグラム（表意文字）

データの視覚化
data visualization ⟷ 仕組みの視覚化
structure visualization ⟷ 概念の視覚化
concept visualization

図解

- ☐ 主にデータや情報、仕組みを図化する
- ☐ 図でやさしく事実を解く
  図を通して実態が解る
- ☐ 目的性：プレゼンテーション寄り
  - ・万人へのわかりやすさ ⎤
  - ・インパクト　　　　　 ├ を重要視する
  - ・クールな見せ方　　　 ⎦
- ☐ 正確で明瞭であろうとする
- ☐ infographics ＝情報の図画
- ☐ 統計図表（各種グラフやチャート）、情報
  マップ、機械的モデル図など

図観

- ☐ 主に概念や本質を図化する
- ☐ 図で物事のとらえ方（＝観）を示す
  図を通して本質を観る
- ☐ 目的性：思考の深化寄り
  - ・思考する者の腑に落ちる度合い ⎤
  - ・気づきの深さ　　　　　　　　 ├ を重要視する
  - ・凝縮的な見せ方（Less is more）⎦
- ☐ 示唆的な概括でよいとする
- ☐ ideographics ＝意味の図画
- ☐ 概念的モデル図、マンダラ（曼荼羅）、
  エンブレム（紋章）など

図的表現の技法

さて、ここから16ページにわたって図的表現の技法について紹介していきます。大きく2つのカテゴリーに分けています。

> Ⅰ. データを図化する主な表現技法
> （171 ページ）
>
> Ⅱ. 概念を図化する主な表現技法
> （172〜185 ページ）

データ数値を図形に変換して
量や変化を把握しやすくする

まず1つめのカテゴリーは、統計図表でよく使われるグラフやチャートといった表現技法です。データを一覧でまとめる形式としては「テーブル｜表組み」があります。行と列にセルが並んだもので、表計算ソフトのスプレッドシートもこのような形をしています。

しかし、このテーブルはデータが並ぶだけで、データ全体がどんな実態を示してくれるのかがわかりません。データ数値を幾何学的な図形に変換して、量的な把握、変化的な把握をしやすくするのがグラフやチャートです。

右ページのように棒型、円型、レーダー型、泡型、滝型、ひげ付き型などさまざまに開発されています。要はそのデータから何をつかみたいか、何を気づかせたいかによって、どんな形で視覚化すべきかが決まってきます。ぱっと見て直感的につかめる

ことが要件です。

物事の奥に隠れた構造や仕組み
概念や意味を図に表す

2つめのカテゴリーは、その物事がどんな構造・仕組みを持っているのか、どんな概念・意味であるのかを図化する技法です。

根源的要素を意味のあるように配置したり、階層で分けたり、因果関係でつないだり。あるいは、流れを示したり、類型化したり。基本的な技法パーツとしてはここにあげたようなものです。

概念を図化する上においては、その物事にどんな洞察の光を入れるか、いかに雑多なものを捨て去り、本質を表現できるかこそが重要です。

こうした表現技法はそれを手助けする刀のようなものです。物事の奥深くへ切り込んでいったり、概念化を大胆に進めるそぎ落としをしたり。そうした刀づかいの好例を各所に加えておきました。

I. データを図化する主な表現技法

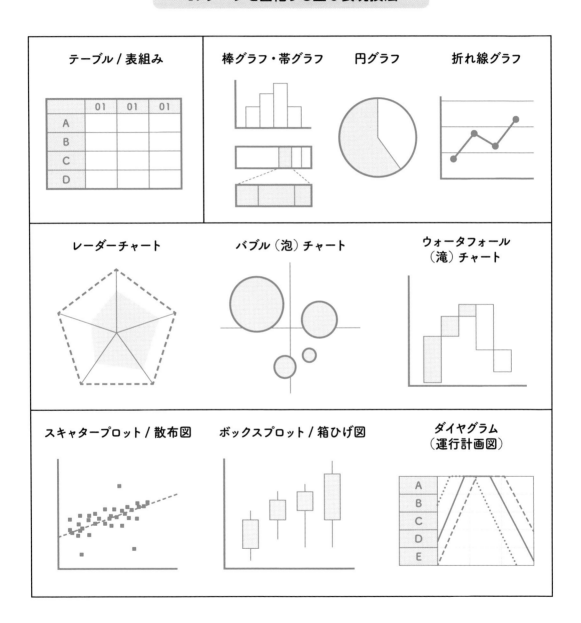

テーブル / 表組み

棒グラフ・帯グラフ　　円グラフ　　折れ線グラフ

レーダーチャート　　バブル（泡）チャート　　ウォータフォール（滝）チャート

スキャタープロット / 散布図　　ボックスプロット / 箱ひげ図　　ダイヤグラム（運行計画図）

Ⅱ. 概念を図化する主な表現技法

① 根源的要素をあげる

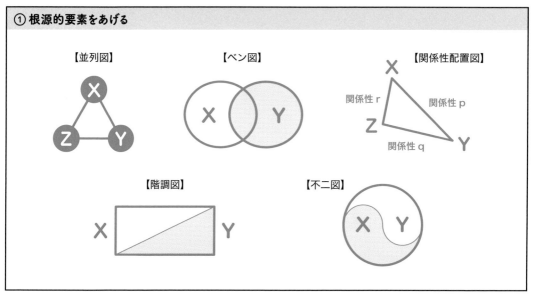

【並列図】

【ベン図】

【関係性配置図】

関係性 r 　関係性 p

関係性 q

【階調図】

【不二図】

② 階層的に把握する

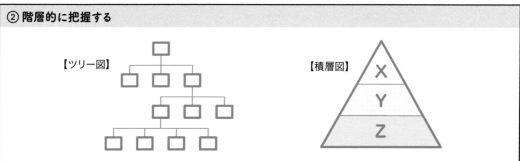

【ツリー図】

【積層図】

③ 因果関係を押さえる

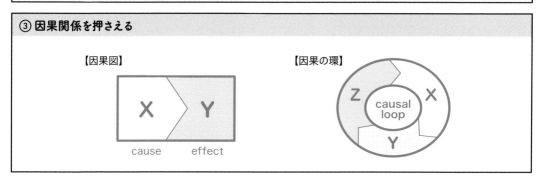

【因果図】

cause　effect

【因果の環】

causal loop

④ プロセスを表す

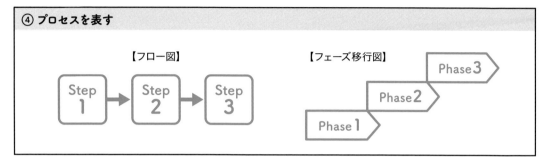

【フロー図】

【フェーズ移行図】

⑤ 軸を切って分布をみる／類型化する

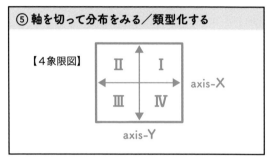

【4象限図】

⑥ ひな形を用いる

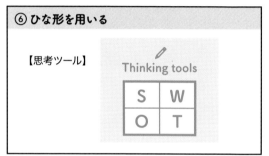

【思考ツール】

⑦ 比喩によって仕組みを表す

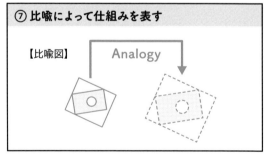

【比喩図】

⑧ 複合的な形式によって表す

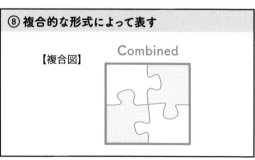

【複合図】

⑨ 寓意・黙示によって世界観を表す

【マンダラなど】

⑩ 絵を用いる

【挿絵・概念画】

【並列図】

要素を並べる

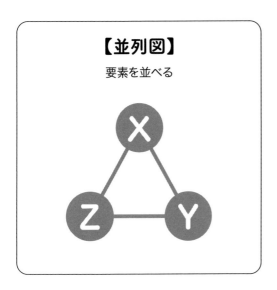

【ベン図】

要素間の包含関係・影響範囲を示す

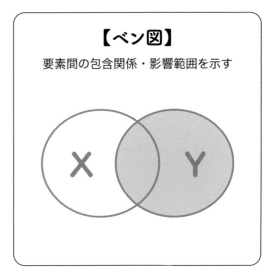

［用例］

その物事の根源となる要素を探り出し、
それらを単純に並べる。

［用例］

職業選択の3視点

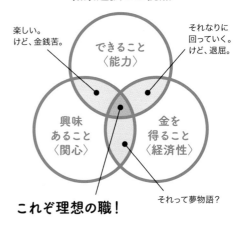

根源となる要素を探り出し、要素間の包含
関係や影響範囲を示す。とくに「X∩Y」
という重なりの部分に重要なメッセージが
見出される。

【関係性配置図】

要素間の関係を位置で表す

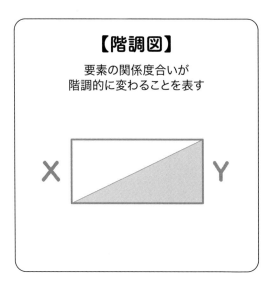

【階調図】

要素の関係度合いが
階調的に変わることを表す

[用例]

「いき」の構造

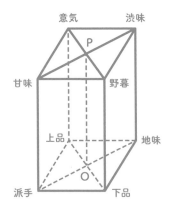

＊出典：九鬼周造『「いき」の構造』(岩波文庫) P49

根源となる要素を探り出し、その関係性によって配置する。上の用例は哲学者・九鬼周造が表した「いき（粋）」の構造図である。「いき」を成立させる8つの根源的要素を抽出するとともに、それらを意味をもって配置している。

[用例]

意思疎通における
コンテクストとコンテンツの混合

二元的に物事をとらえる場合、その二元の表れ方はたいてい白か黒かというデジタルなものではなく、白からしだいに黒へ移っていくという階調（グラデーション）的なものとなる。
上の例は、意思疎通を「コンテクスト（context）」と「コンテンツ（contents）」という二元の組み合わせでみた場合の階調図。「高／低コンテクスト文化」という概念は、米国の文化人類学者エドワード・ホールが『文化を超えて』で提唱したもの。

【不二図】

2つの根源XとYが相互に影響し合い、究極は一体（＝不二、一如）であることを示す

[用例]

太極図

古代中国の思想でよく用いられる「太極図」。白い部分が陽で、黒い部分が陰を表わす。陽と陰の二元が相互に因果の環を成すとともに、陽の先導箇所には陰が内在し、陰の先導箇所には陽が内在することを描いている。

二元論で物事をとらえるとき、単に二元を分離対立させるよりも、絶対の立場から不二あるいは一如としてみると、より深い考察にいたる場合が多い。

「環境と自己」「肉体と精神」をこの図に当てはめてとらえることもできる。

[用例]

メビウスの輪

一見対立する2つの根源が実は一体化しているということを表現する形として「メビウスの輪」も有効である。

愛と憎、生と死、美と醜、正義と独善などの対立する価値のありようは、まさに「メビウスの輪」的であるといってよい。一方を追っていくといつの間にか、裏側である他方に行き着いてしまうところが妙味である。「コインの表裏」としてしまうより一段深い。

禅僧の白隠は、数学者メビウスよりも以前に、自らの禅画にねじった輪を用いている。

メビウスの輪をチューブ状で表現したものに「クラインの壺」がある。

【ツリー図】

要素を枝分かれ状に分解してとらえる

【積層図】

要素を層状に分解してとらえる

[用例]

日本十進分類法

類（るい）		網（こう）		目（もく）	
0	総記	40	自然科学	460	生物科学
1	哲学	41	数学	461	理論生物学
2	歴史	42	物理学	462	生物地理
3	社会科学	43	化学	463	細胞学
4	自然科学	44	天文学	464	生化学
5	技術	45	地学	465	微生物学
6	産業	46	生物科学	466	
7	芸術	47	植物学	467	遺伝学
8	言語	48	動物学	468	生態学
9	文学	49	医学・薬学	469	人類学

要素を階層ごとに枝分かれ状に書き上げていく表現技法。ロジックツリーやディシジョンツリーとしても知られる。
用例の十進分類法は、図書館などで用いられている学問の分類ツリー図。

[用例]

マズローの5段階欲求

物事を構成する要素を層状にしてとらえる技法。米国の心理学者アブラハム・H・マズローが『人間性の心理学』の中で提唱した5段階欲求は、ピラミッド型の層で説明されている。

〈3〉因果関係を押さえる

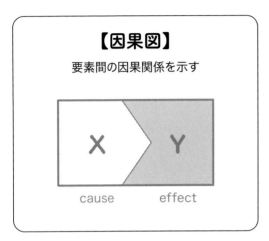

【因果図】

要素間の因果関係を示す

cause　effect

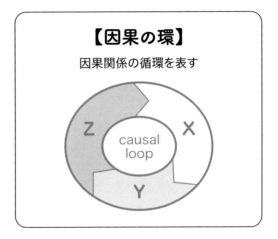

【因果の環】

因果関係の循環を表す

causal loop

[用例]

論理療法の「ABC 理論」

A
Activating
Event

B
Belief

C
Consequence

出来事　　　観念　　結果として表れる
　　　　〈物事のとらえ方〉　感情

* アルバート・エリス／ロバート・ハーパー著『論理療法』
　（國分康孝／伊藤順康訳、川島書店）をもとに作図

物事の仕組みを解き明かすうえで「原因→結果」
の関係性はとても重要である。
それを上のような因果図として表現する。
心理学者のエリスが提唱する「ABC 理論」にお
いては、「A→C」すなわち、〈出来事〉が〈感情〉
を起こすのではなく、中間にB〈観念〉を置いて、
「A→B→C」すなわち〈観念〉が感情を起こすと
いう因果関係でとらえるところが神髄である。
また、因果関係を円環で示すと、そこには永続的
ダイナミズムが表現される。

[用例]

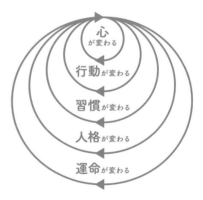

心
が変わる

行動が変わる

習慣が変わる

人格が変わる

運命が変わる

「心が変われば、行動が変わる。
　行動が変われば、習慣が変わる。
　習慣が変われば、人格が変わる。
　人格が変われば、運命が変わる」。

（古人の言葉）

〈4〉プロセスを表す

【フロー図】

1つ1つの要素を順次的に並べていく

Step 1 → Step 2 → Step 3

【フェーズ移行図】

フェーズ（段階・局面・位相）単位で
変化をとらえる

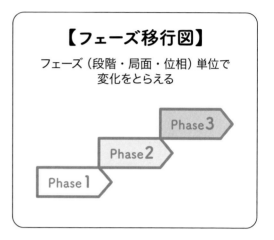

[用例]

アルゴリズム

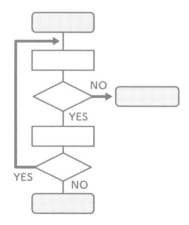

フロー図の典型の1つがアルゴリズム。全体のプロセスを把握する基本的な表現技法である。

[用例]

SECI モデル図

＊ 野中郁次郎・紺野登著『知識創造の方法論』をもとに作図

物事が段階を経て変化していくことを表す場合にフェーズ移行図を用いる。
用例の「SECIモデル」も典型的なフェーズ変化を示している。また、オットー・シャーマー『U理論』などもフェーズ変化に着眼したもので、この種の図を用いる。

【4象限図】

物事を2つの基軸で分割してとらえ、4象限平面上で全体を概観する

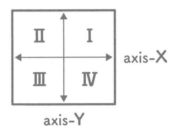

axis-X

axis-Y

[用例]

ボストン・コンサルティング・グループの開発した
『PPM (プロダクト・ポートフォリオ・マネジメント)』図

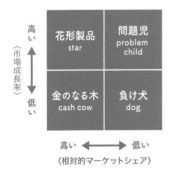

〈市場成長率〉 高い／低い

| 花形製品 star | 問題児 problem child |
| 金のなる木 cash cow | 負け犬 dog |

高い ←→ 低い
〈相対的マーケットシェア〉

「田の字マトリクス」とも呼ばれ、事業戦略やマーケティングの部門で、事業分析やポジショニングマップとしてよく用いられる。複雑な物事を4分割して俯瞰できる。
用例の『PPM』図は、類型化によって事業の選別を行うもの。各象限につけられた名称はアナロジーを用いたもので記憶に残りやすい。

[用例]

思考球域
〈Thought Sphere〉

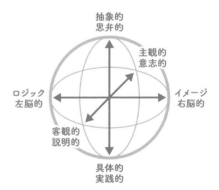

抽象的
思弁的

主観的
意志的

ロジック
左脳的

イメージ
右脳的

客観的
説明的

具体的
実践的

＊村山昇『キレの思考　コクの思考』

3つの基軸を使い、8象限の立体で物事を概括することもできる。ただ、頭の中でのイメージ構築が複雑になる。
2軸にせよ、3軸にせよ、どんな基軸を設定するかが図の生命線となる。

【思考ツール】

定番化された思考ツールを用いて概観する

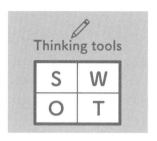

[用例]
「SWOT」分析

[用例]
「5Forces」分析

＊ マイケル・E・ポーター『競争の戦略』をもとに作図

ビジネスの現場では、用例のような「SWOT分析」「5Forces分析」はじめ、「4P（Product | Price | Place | Promotion）分析」「As-Is（現状）| To-Be（あるべき姿）ギャップ分析」「PDCA（Plan | Do | Check | Action）サイクル分析」などさまざまな思考ツールが普及している。これらも担当事業を包括的にながめるのに効果的な図表となる。

〈7〉比喩によって仕組みを表す

【比喩図】

アナロジー（類比）を用いる

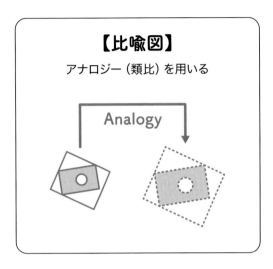

[用例]
意識の氷山モデル

意識

前意識

無意識

物事を直接的に表現して説明するのではなく、比喩を用いて表現する。
人間の意識／無意識の構造は直接的には把握しづらいので、氷山を比喩にして理解イメージを起こさせる。

〈8〉複合的な形式によって表す

【複合図】

さまざまな表現形式を合わせ
1つの概念を表す

[例・解説]
ベンジャミンのコミュニケーション・モデル

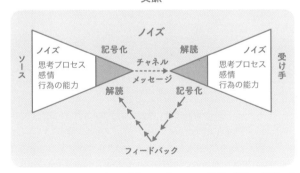

*J.B. ベンジャミン著『コミュニケーション』（西川一廉訳、二瓶社）p.5

用例は、情報の源（ソース）と受け手との間に生じるコミュニケーションの仕組みを表した図。対峙する2つの三角形やプロセスを示す矢印など、さまざまな図形要素を組み合わせ、全体として1つの理解モデルとなっている。

〈9〉寓意・黙示によって世界観を表す

【マンダラなど】

複雑に抽象化した寓意・黙示によって独自の概念世界・宇宙観を表す

[用例]

以下をウェブ検索にかけて
画像を見るとよいでしょう。

● 曼荼羅
● 南方熊楠の曼荼羅
● 白隠の禅画
● モンドリアンの抽象絵画

概念的モデル図の極みがマンダラや抽象絵画。複雑な事象が巧みにモデル化された図ほど、その人独自のやり方で裁断と凝縮が大胆に行われる。その裁断・凝縮された表現を、観る側は再び補ったり、解凍したり、引き伸ばしたりせねばならないので、そのための能力素地が必要になる。

高度に意味が凝縮された表現ほど、ある人びとには荒唐無稽な絵と思われる一方、ある人びとからは、実に妙味のある表現だと感服もされる。

優れた概念図というのは、「less is more（より少ないことが、より多いこと）」的な表現になる。図の作り手は物事の仕組みを「less」に凝縮する技を持っていなくてはならない。そしてその図の読み手は「more」に咀嚼する目を持っていなくてはならない。

その観点からすると、下の例にあげたベルクソンの図はもはや「哲学的マンダラ」といってよいほどの図化である。

Pは自分を取り巻く現実の世界、円錐SABは自分の内に蓄積された記憶全体、頂点Sはいまのこの瞬間に自らの知覚が現実世界と接する点を表す。

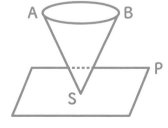

「頂点Sは、あらゆる瞬間に私の現在をかたどって、
たえず前進しており、不断にまた可動平面Pと接触している。
（中略）Sには、身体のイマージュが集中してあらわれる」。

＊『物質と記憶』ベルクソン（熊野純彦訳、岩波書店）

〈10〉絵を用いる

【挿絵・概念画】

絵によって本質を描き出す

図形を用いて幾何学的なタッチで図化するのではなく、絵（イラスト）によってその物事の本質を描き出すこともときに有効である。

下の例は拙著『働き方の哲学』で描き起こした絵。「プロフェッショナル」の原義は「profess（誓いを立てる）」にあることを示す。このように図観的な絵はそこに抽象化されたメッセージを含む。挿絵と呼ばれるものの中には、単に具象的に事物を描いただけで含意性のないものも多い（ただ、紙面の雰囲気づくりには役立つ）。図観の文脈においては、絵は概念画であることが求められる。

［用例］

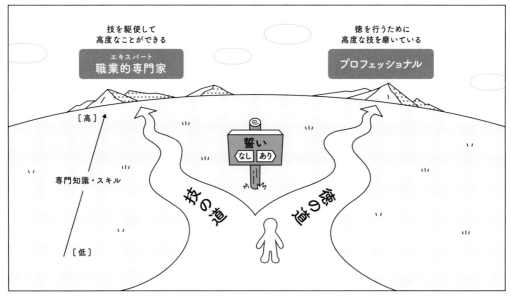

*村山昇『働き方の哲学』 イラスト：若田紗希

図観は意志を呼び起こす

概念を図に表す力（本書では図観力と呼んでいます）を養うために、私が主宰する『コンセプチュアル思考の教室』では、「名言を図化するワーク」をやっています。

例えば、米国の有名大学哲学科で教鞭を執るハルバースタムの下の言葉を図にする問いです。掲示したのは私の答案例ですが、人それぞれに表現が出てきてよいものです。

こうした概念の図化においては、主にコンセプチュアル思考の「モデル化」の能力発揮が求められます。名言を自分なりに咀嚼し、イメージとして肚に落としていく。まさにその過程で、観が醸成され、意志がつくられることになります。

名言を図化する

「私たちは仕事によって、望むものを手に入れるのではなく、
　仕事をしていくなかで、何を望むべきかを学んでいく」。

—ジョシュア・ハルバースタム『仕事と幸福そして人生について』

【仕事観 X】

仕事によって望むものを手に入れる

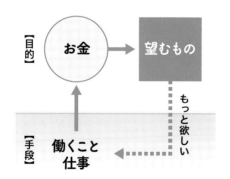

【仕事観 Y】

**仕事をしていくなかで
何を望むべきかを学んでいく**

A12 ファシリテーション

協働の場において
個と全体を活性化させる技術

ファシリテーション [英語：facilitation] は、容易にする、促進する、手助けするなどの意味を持った語です。今日それが、事業組織や教育の場において、グループ協働を活性化させるための手法・技術として認識されはじめ、注目されています。

「ファシリテーション」はひと言で表せば、「創造的な協働を促す手法・技術」です。これを行う人は「ファシリテーター」と呼ばれます。

学校や研修の場などでは、ファシリテーターは先生や講師が担い、学びという目的のもとに、学習者1人1人およびグループ・クラス全体が活性化するよう支援をします。また、事業組織の現場においては、ファシリテーターは通常その組織単位の中核者の1人が受け持ち、チームやプロジェクトが要求する目的のもとに、参加メンバー1人1人および組織全体が活性化するよう支援をします。

集団を動かしていくという点ではリーダーシップに似る点がありますが、ファシリテーションの場合は、ある学習の場やある会議の場といった1つの閉じたセッションにおける技術の発揮であり、単発のものです。加えて、ファシリテーターは原則、中立的に構え、支援の立場をとるという点でリーダーシップとは異なっています。

ファシリテーションには
多重的な能力発揮が求められる

右ページは一例として、事業組織のチーム会議におけるファシリテーションを概括する図です。組織内で会議は日常茶飯事に行われていますが、ファシリテーションの観点からながめる会議は、上意下達の場、予定調和の儀式ではなく、目的テーマのもとにチームとして知恵と意志を湧かせる場になります。

したがって、想定を超える、あるいは想定外の創発を起こすことがファシリテーターの任務です。そうしたとき、ファシリテーターに必要とされる基本力として、「人にはたらきかける力」「場づくりの力」「合意形成の力」の3つがあげられます。

このように、ヒューマン・スキルはじめ、場のマネジメント・スキル、そして思考スキルと、非常に多重的な能力発揮が求められることがわかります。

チーム活性化のためのファシリテーションと3つの基本力

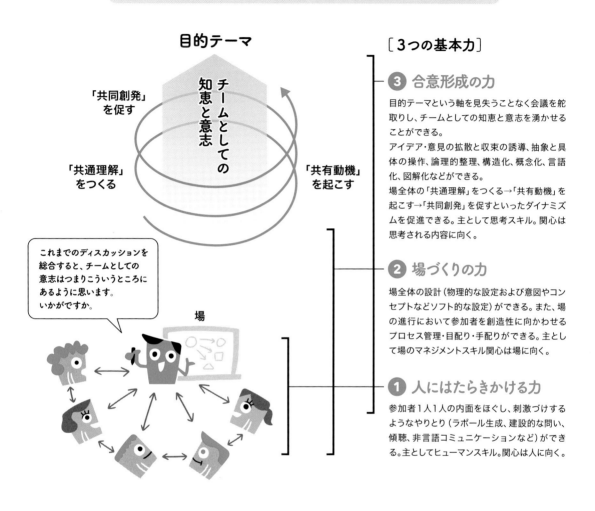

目的テーマ

チームとしての知恵と意志

「共同創発」を促す

「共通理解」をつくる

「共有動機」を起こす

これまでのディスカッションを総合すると、チームとしての意志はつまりこういうところにあるように思います。いかがですか。

場

[3つの基本力]

❸ 合意形成の力

目的テーマという軸を見失うことなく会議を舵取りし、チームとしての知恵と意志を湧かせることができる。

アイデア・意見の拡散と収束の誘導、抽象と具体の操作、論理的整理、構造化、概念化、言語化、図解化などができる。

場全体の「共通理解」をつくる→「共有動機」を起こす→「共同創発」を促すといったダイナミズムを促進できる。主として思考スキル。関心は思考される内容に向く。

❷ 場づくりの力

場全体の設計（物理的な設定および意図やコンセプトなどソフト的な設定）ができる。また、場の進行において参加者を創造性に向かわせるプロセス管理・目配り・手配りができる。主として場のマネジメントスキル関心は場に向く。

❶ 人にはたらきかける力

参加者1人1人の内面をほぐし、刺激づけするようなやりとり（ラポール生成、建設的な問い、傾聴、非言語コミュニケーションなど）ができる。主としてヒューマンスキル。関心は人に向く。

! Essential Points

☐ 「ファシリテーション」とは、「創造的な協働を促す手法・技術」。

☐ 会議という場に「共通理解→共有動機→共同創発」のダイナミズムを起こす。

☐ 基本力として「人にはたらきかける力」「場づくりの力」「合意形成の力」。

A13 機会創出力

雑音の中から
人は聴こうとする音を拾える

　山田さんは立食パーティに参加しています。会場は各所からの談笑の声やBGM、給仕の音で騒がしくなっています。そんな中でも山田さんはそばにいる仲間と会話ができます。そして向こうのほうから「きょうの山田さんの話が……」という声が耳に入ってきました。山田さんは自分の話題かなと思って、その方向に耳を立てるのでした。———これが「カクテルパーティ効果」と呼ばれる選択的聴取の能力です。

　人間は意識を立てることで、雑音や騒音の中から必要な音だけを取り出して聴くことができます。

　意識を立てることで拾えるのは音だけではありません。機会もまた、意識を立てることでみえてくるものです。すでに「セレンディピティ」(→132ページ) のところで触れたとおり、偶然には「呼び寄せる偶然」というものがあって、それを起こすには、そのための心の準備状態をつくることが鍵でした。

　目の前を流れゆく状況の中に、実は機会は十分に隠れています。それを顕在化させるためには、目的・目標を掲げ、好奇心や使命感を湧かせて、そこによい意味で執念を燃やすこと。するとチャンス感度は鋭くなり、出会うべき人に出会ったり、生じるべきアイデアが生じてきたり、起こるべき出来事が起こったりします。

意識のアンテナを立てることで機会は顕在化してくる

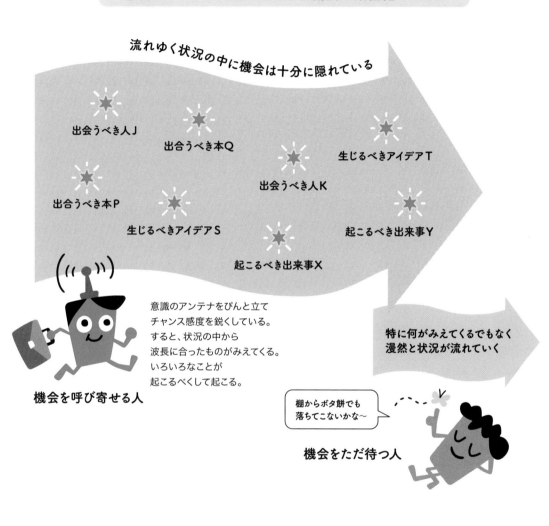

流れゆく状況の中に機会は十分に隠れている

出会うべき人J

出合うべき本Q

生じるべきアイデアT

出会うべき人K

出合うべき本P

生じるべきアイデアS

起こるべき出来事Y

起こるべき出来事X

意識のアンテナをぴんと立て
チャンス感度を鋭くしている。
すると、状況の中から
波長に合ったものがみえてくる。
いろいろなことが
起こるべくして起こる。

機会を呼び寄せる人

特に何がみえてくるでもなく
漫然と状況が流れていく

棚からボタ餅でも
落ちてこないかな〜

機会をただ待つ人

! Essential Points

☐ 「機会は、ただ持つものではなく、創出できるもの。そのために——

☐ ①「意識を立てて機会に気づける状態をつくる」。

☐ ②「選択肢をつくり出す」、③「文脈に合わせ自己を再編する」。

選択肢をつくり出す力

Aさんのもとには彼の才能と人柄を頼って、日々、いろいろな仕事の依頼が舞い込む。そして彼は、その中から自分がワクワクできる仕事を悠々と選ぶことができる。つまらない案件だと思えば、それを断ることもできる。

他方、Bさんは自分に都合のよい条件の仕事を探し回っている。3度目の転職を考えているのです。「まったく、世の中にはイイ仕事なんてありやしない」と愚痴交じりに、ネット上の膨大な求人情報をさまよう。

ネット上の求人情報は溢れているけれど……

ピーター・ドラッカーは『断絶の時代』の中でこう述べています──「先進国社会は、自由意志によって職業を選べる社会へと急速に移行しつつある。今日の問題は、選択肢の少なさではなく、逆にその多さにある。あまりに多くの選択肢、機会、進路が、若者を惑わし悩ませる」。

確かに、この指摘は一面で正しい。しかし一面で、正しくないともいえる。つまり、ネットに載る求人情報は溢れていて、その観点ではドラッカーの言うとおり、私たちはその種類と数の多さに、いったんは惑い、悩む。

しかし、よくよく自分の適性やら条件やらに当てはめていくと、「これもダメ、あれもダメ」となっていき、ついには自分が選べるものがみるみるなくなっていく。そして残った数少ないものに応募し、面接

するものの、結果は……「不採用」。

ネット上には、無数の選択肢が目まぐるしく記載されているのに、自分はどこからもはじかれてしまう。そんなBさんのような人が少なくない。

とはいえ、それとは真逆の人もいる。Aさんのような人です。彼のもとには、仕事が向こうから寄ってくる。

「選びにいく回路」に留まるかぎりジリ貧になる

この2人の状況の差を生み出しているのが「選択肢をつくり出す力」の差です。Bさんのように、都合のよいものだけを追いかける姿勢の人は、そもそも選択肢を増やすことをしません。既存の選択肢に自分が擦り寄り、あれこれ選び好みしているだけなので、早晩、ジリ貧になる。「選びにいく」先の洞窟はどんどん狭くなっているのです。

ところがAさんは自分が譲れない価値や目的観を持っています。そのもとに、たとえ目の前の状況や環境に不満や違和感があっても、軸を変えず、ともかくその場で何かの結果を出す。そして少しずつ方向修正をしながら、「職業人としての自分」「自分の仕事」というものの独自性や世界観を醸し出していく。と同時に、周囲からも信頼を得る。その独自性や世界観、信頼は、知らないうちに人との出会いや機会を引き寄せることになり、選択肢が広がっていきます。そして結果的に「選べる自分」になっているのです。

「選べる自分」 VS 「選びにいく自分」

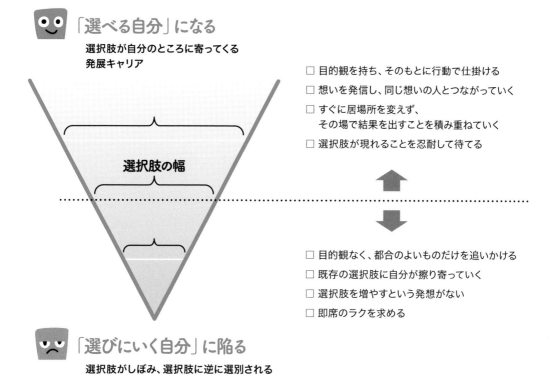

「選べる自分」になる

**選択肢が自分のところに寄ってくる
発展キャリア**

選択肢の幅

- □ 目的観を持ち、そのもとに行動で仕掛ける
- □ 想いを発信し、同じ想いの人とつながっていく
- □ すぐに居場所を変えず、
  その場で結果を出すことを積み重ねていく
- □ 選択肢が現れることを忍耐して待てる

- □ 目的観なく、都合のよいものだけを追いかける
- □ 既存の選択肢に自分が擦り寄っていく
- □ 選択肢を増やすという発想がない
- □ 即席のラクを求める

「選びにいく自分」に陥る

**選択肢がしぼみ、選択肢に逆に選別される
ジリ貧キャリア**

文脈に合わせ自己を再編する力

機会は素材として現れる
生かせられるかどうかは自分次第

　機会というのはいろいろな衣に身を包んでやってきます。新規の仕事案件、異動、昇進、人との出合い、本との出合い、事件・事故、修羅場・苦難など。表側の衣は最初、好都合な色をしていたものが、実際取り組んでみると難行と判明することもあります。逆に、最初は不都合なものに見えていたものが、実際衣を取り外して、挑戦してみると、またとない好機だったりもします。

　つまり機会は素材として現れるだけで、それをどう生かすか、どう好機に転換するかは自分次第と

いうことです。いずれにせよ、現状の自分に100％マッチする形で機会がやって来ることは数少ないものです。その機会は、自分に何かしら変化を要求するのが常です。しかし、まさにそれこそが自分を次の世界に引き上げてくれる機会なのです。

　さて、機会をただ待つのではなく、機会をつくり出す意識と行動が大切であることをこれまで述べてきました。機会は文脈の中で生じます。ですから、機会と文脈はセットでとらえなければなりません。

　文脈を感じ取り、その先にはどんな機会が見出せそうか、つくり出せそうかを想像する力が必要です。あるいは、手にした機会について、それがどんな文脈に乗ってきたのか、そしてそれを最大限生

機会をつくり出し、機会によってみずからを変えていく

● 文脈を感じ取り、その先に機会を見出す／つくり出す
　あるいは、
● 遭遇した機会を（最大限生かす）文脈に乗せていく

機会
（チャンス）

自己

文脈
（状況の流れ）

● その機会が要求する最適の主体者
　として自己を再編していく

かすために、どう文脈に乗せていくかということも大事です。

そのとき、機会はあなたにいろいろと要求してくるでしょう。最適な主体者となるために自己をどう再編していくかも同時に問われます。

身につけた技術・知見は部品
文脈に合うよう自己を組みなおす

ここで私個人の体験談を加えましょう。私は20代後半からビジネス雑誌の編集者としてキャリアを積んでいました。1990年代中頃はまだ紙媒体全盛の時代でした。ところが私は「これからは情報コンテンツはネットに載って、パソコン画面で読む時代がくる。となれば、画面上で表現される情報は、文字よりも絵や写真、図表が主流になる」と感じていました。

そこで会社に私費留学を申し出、米国の大学院に入学するという機会をみずからつくりました。研究テーマは「情報の視覚化」。選んだのもデザインスクールでした。そこではビジネスジャーナリストではなく、情報建築家として自己を再編する必要

がありました。これまで培った知見と、現地で習得する新たな知見をレゴブロックのごとく組みなおして、新しい自分を形づくるのでした。

いま、概念工作家として、このような本を書けるのも、このときの機会創出と自己再編があったからこそだと思います。

また、私は会社員として4つの会社を経験し、そのたびに採用面接を受けました。面接で大事なことは、過去・現在の自分を売り込むことが半分。残り半分は、その求人募集の文脈を読み取り、その会社に移って以降、自分をどうつくり変えて貢献できるかを語ること。

機会をつくり出し、その機会によってみずからを変えていくというしなやかさが、キャリアをたくましく切り拓いていく要です。

A14 メタ能力

組織の中には、特定分野の知識が豊富な人、ある処理技能に長けた人、修士号や博士号を修めた人、利発的でIQの高い人などがいます。しかし、そうした人たちが必ずしも担当事業で高い成果をあげたり、独創的な提案をしたりするわけではないことを、私たちはいろいろと見聞きしています。

これはいわば「能力がありながら、能力をひらけない」状態に陥っている人たちといえます。それを考察するために本書で持ち出すのが「メタ能力」という概念です。

メタ能力の「メタ (meta)」とは「高次の」という意味です。例えば心理学の世界では、「メタ認知」という概念があります。メタ認知とは、認知 (知覚、記憶、学習、思考など) する自分を、より高い視点から認知するということです。それと同じように、ここでは「能力をひらく能力」として「メタ能力」というものを考えます。

［Ⅰ次元能力］
能力を単体的に発揮する

「○○語がしゃべれる」「数学ができる」「記憶力が強い」「幅広い知識がある」「表計算ソフトの達人である」「○○の資格を持っている」「運動神経が鋭い」───これらは単体的な能力・素養です。これらを発揮することがⅠ次元ととらえます。

［Ⅱ次元能力］
能力を「場」にひらく能力

私たちは仕事をするうえで、能力を発揮する「場」というものが必ずあります。例えば、家電メーカーの営業部で働いているとすれば、その営業チームという職場、営業という職種の世界、そして家電という市場環境。役職という立場。これらが「場」です。そして場はそれぞれに目標や目的を持っています。

私たちは、もろもろに習得した知識や技能 (＝Ⅰ次元能力) を、「場」に応じてさまざまに編成し、成果を出そうと努めます。このⅠ次元能力の一段上から諸能力を司る能力が、Ⅱ次元能力です。

俗に言う「仕事ができる人」というのは、単体の能力要素をただ持っている人ではありません。どんなプロジェクト、どんな職場、どんな立場を任せられても、場の要請を感じ取り、Ⅰ次元能力を自在に組み合わせて、それに応じた成果を出せるという人間です。

［Ⅲ次元能力］
能力と場を「意味」にひらく能力

能力の高次元への移行はこれで終わりではありません。意味を創出し、そのもとで実現したい価値を形にするために、保持能力を自在に組み合わせ、場もつくり変えていく能力、それがⅢ次元能力です。この次元の能力は人間にしか発揮できないものです。

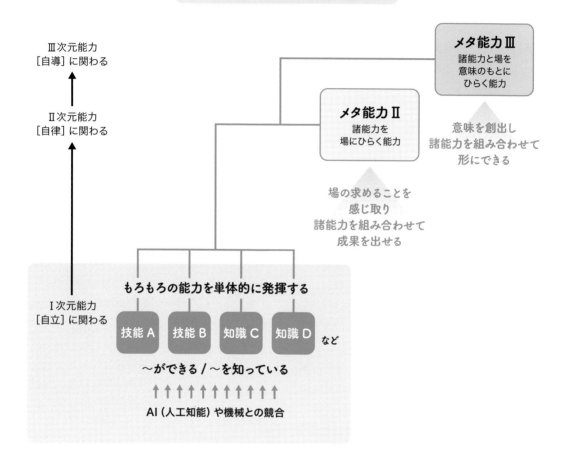

メタ能力＝能力をひらく能力

Ⅲ次元能力
[自導] に関わる

Ⅱ次元能力
[自律] に関わる

Ⅰ次元能力
[自立] に関わる

メタ能力Ⅲ
諸能力と場を
意味のもとに
ひらく能力

意味を創出し
諸能力を組み合わせて
形にできる

メタ能力Ⅱ
諸能力を
場にひらく能力

場の求めることを
感じ取り
諸能力を組み合わせて
成果を出せる

もろもろの能力を単体的に発揮する

技能 A　技能 B　知識 C　知識 D　など

〜ができる / 〜を知っている

AI（人工知能）や機械との競合

! Essential Points

☐ 単に「〜ができる」「〜を知っている」だけで満足していないだろうか？

☐ 最低限の基盤は、「食っていくための能力習得がある」だが、
より高次の「意味・価値を形にするための能力発揮がある」状態を目指したい。

AIに仕事を奪われないための「能力をひらく能力」

AIの進化が問題ではなく
人間のAI化が問題

　「AI（人工知能）の進化によって、自分の仕事がなくなるのではないか」という議論が最近よくわき起こります。著書『ウォールデン　森の生活』で知られる19世紀の思想家、ヘンリー・デイヴィッド・ソローは次のように書いています———「私たちはもはや、みずからつくった道具の道具になってしまった」。

　AIが人間の職を奪うかどうかの議論において真の問題は、AIの高度化ではなく、むしろ人間のAI化だといえるのではないでしょうか。つまり、AI自体は道具であり、それを人間が賢く使いこなすことができれば危惧や不安は起こりません。ですが実際は、人間のほうがAIと同じ土俵に下りてしまっていて、やれ計算能力はどっちが上だとか下だとか、やれ記憶能力はどっちが優れているか劣っているかの競走意識になっているわけです。

　閉じたルール・閉じたシステムの中での合理的処理作業なら、もはや人間は機械に勝てません。しかし、幸運なるかな、深遠なるかな、この世の中はオープンなシステムです。そこには正解のない問いがたくさんあり、ときにルールの外に答えをつくり出す醍醐味があり、非合理的な決断がむしろ幸福を生むことだってあります。そこにおいて、人間がAIの確固たる主人になれるなら、手段であるAIの進化はまったく歓迎すべきことです。

意味を見つけ価値を形にする
そのもとでは能力・場は手段になる

　Ⅲ次元の能力発揮が具体的にどういうものか、大学でロシア文学を専攻したAさんを例にとってみましょう。Aさんは当然ロシア語で読み書きができます。これはⅠ次元能力としての素養です。

　そんなAさんは総合商社に就職し、ロシアに自動車を輸出する部署に配属になりました。そこでAさんにとって必要になるのは、ロシア語だけでなく、貿易知識、交渉術、人脈構築力、異文化理解などさまざまな業務遂行能力です。これらを身につけ、組み合わせて自動車販売の成果を出していく。

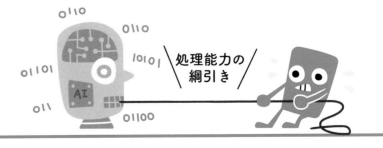

処理能力の
綱引き

そして事業・組織に貢献していく。これがⅡ次元への能力高次化です。こうしてAさんは仕事のできる商社マンになっていくのです。

その後、Aさんはロシア駐在員、さらには支社長となり、しだいに両国の文化交流に貢献したいと思うようになりました。彼はビジネスで築いた人脈と立場を活用し、いろいろな交流イベントを企画・推進することに汗を流すようになります。「民間外交・文化交流こそ平和を築く礎」という信念のもと、これまでのキャリア・人生で培った能力を惜しみなくそこに発揮しました。そしてその活動は定年後も続くこととなり、Aさんのライフワークになっていきました。

これこそ能力と場を意味にひらいている状態であり、Ⅱ次元からⅢ次元への能力高次化の姿といえます。

Aさんのように、場（環境や社会）の要求を感じ取り、どんな能力を組み合わせて、どんな成果を出せばよいかを考え動ける人は、永久にAIなど機械に置き換わることはありません。Ⅱ次元での場の目標設定や目的認知は、オープンクエスチョン（開いた問い）であり、そこには飛躍と創造、価値観が不可欠であり、決して機械的頭脳が上ってこられない次元だからです。ましてやⅢ次元の理念・信条・善意識・美意識などに基づいた意味の創出と体現は、人間にしかできない営みです。

テクノロジーがどんどん進化する時代にあっては、「能力をひらく能力」の次元にまで自分を押し上げていくことではじめて、自分らしい、あるいは、自分が求められる仕事を獲得することができます。さらには人生100年時代を迎えた今、何十年と続く長きキャリアの道を深い動機をもってはつらつと歩んでいくためには、意味を創出して、そのもとに自己の能力と環境を最大限生かしきる力をもつことです。

能力の組み合わせ

成果

場

意味・価値を
形にする

能力を活かす 「意識・観」

能力は意識と不可分です。

能力の十全な発揮・開発のためには、意識がそれを主導せねばなりません。

能力自体は善でも悪でもありません。

能力をよいように使うのも、わるいように使うのも、

その根底には「観」という舵の作用があります。

いくら能力に長けていても、不健全なキャリア・人生を送る人がいます。

意識・観を豊かに健やかに醸成し、そのもとで能力を豊かに健やかに発揮していく。

それが健やかなキャリア・人生を送る重要な鍵になります。

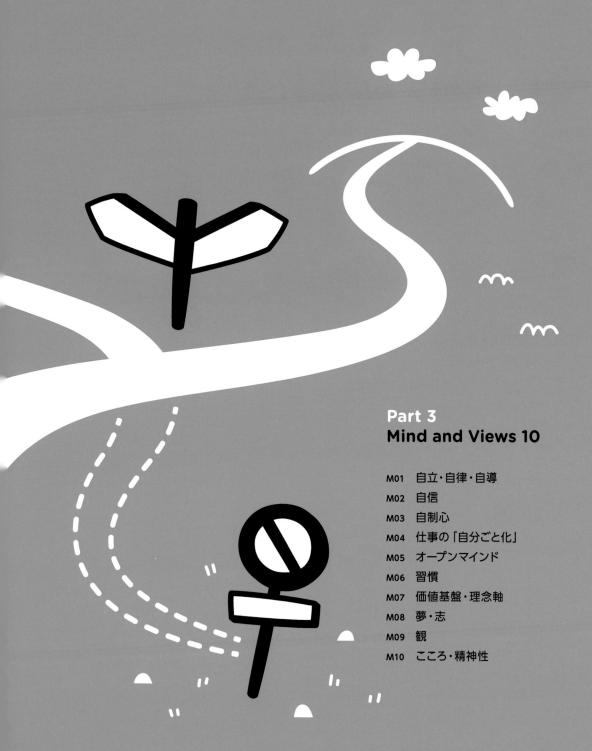

Part 3
Mind and Views 10

M01 自立・自律・自導

M02 自信

M03 自制心

M04 仕事の「自分ごと化」

M05 オープンマインド

M06 習慣

M07 価値基盤・理念軸

M08 夢・志

M09 観

M10 こころ・精神性

「観」という名の羅針盤

知識や技能は素材・資産
内にもつ性向・志向に誘導される

　スポーツの世界でよくいわれる「心・技・体」。優れたパフォーマンスをあげるためにはこれらが高いレベルで1つにならなくてはならないという考え方です。

　事業・仕事においても同様のことがいえるのではないでしょうか。ただ、その場合、体を知に置き換えて、「心・技・知」としたほうがよりしっくりくると思います（もちろん、健康な身体は不可欠のものとして）。

　本書第3部はいよいよ「心」の部分に入っていくわけですが、このイントロダクションでは、下の3層図を再び用いて、いかに心のはたらき——以降、意識といったり、マインド、観といったりします——が決定的に重要であるかに触れておきます。

　3層図において第1層と第2層は、いわゆる能力層です。しかし第1層が習得的であるのに対し、第2層に下りていくにしたがい性向的なものになっていきます。言い換えると、部品的に外付けする能力と、自分の特性として内化していく能力との違いです。

　仕事とは「能力をさまざまに組み合わせて、表現

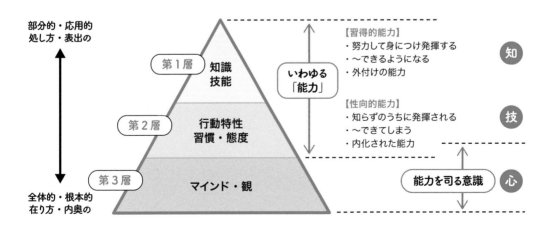

習得的能力と性向的能力

第1層〈知識・技能〉を司るのは第2層そして第3層

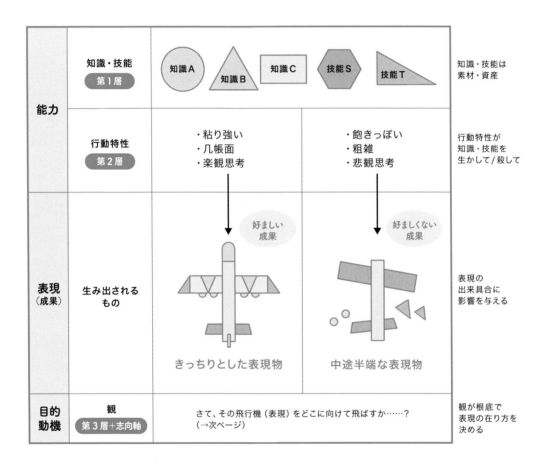

（成果）を生み出す活動である」としたとき、第1層と第2層の関係がどうなっているかを示したのが上の表です。

第1層の知識・技能はあくまで素材部品です。それをどんな具合に組み合わせ、成果物に仕上げるかは第2層の行動特性が握っています。外付けで持つ習得的能力は、内化された性向的能力の支配下に置かれるといってもよいでしょう。

さて、それで第2層よりも第3層がもっと大きな影響性をもつことを次にみていきます。

第3層に持つ志向性は
人生・キャリアの大舵

　第1層から第3層に下りていく構造は、「素材・資産としての能力」から、それを司る「性向」そして「志向」への構造といえます。性向が能力および仕事成果を方向づける中舵だとすれば、志向は大舵です。人生・キャリアを決定づける大舵といってもよい。

　その大舵を誤らずに取るために正しい羅針盤が要る。羅針盤は第3層すなわちマインド・観です。

　本書第3部ではここを扱っていきます。

　さて、右ページの生物化学者のM氏。彼が第1層、第2層で持っている能力要素はきわめて優秀です。成果がどんどん出せる研究者です。その彼がいま、大きな分岐点にいます。

　彼が第3層で持っている世界観、平和観、歴史観、人間観、死生観、職業観はどんなものでしょう。人は信念のために生き、信念のために死ぬことができる動物です。それほどまでに第3層は人間を強力に動かし、その人の一生を劇的に変えてしまうものです。

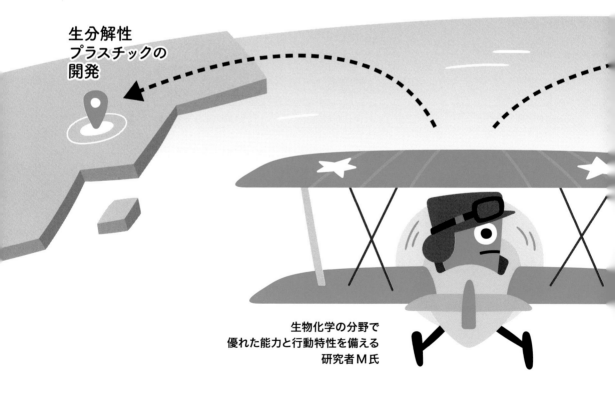

生分解性
プラスチックの
開発

生物化学の分野で
優れた能力と行動特性を備える
研究者M氏

M氏は生物化学の優秀な研究者である。M氏の母国ではいまだ民族間の血みどろの争いが絶えない。彼は幼いころに、敵対勢力の爆弾攻撃によって両親や兄弟をみな亡くしている。内戦孤児となったM氏は難民として先進国に受け入れられ、その後、猛勉強して博士号を取得、現在に至っている。

いま、M氏の心の中には研究者として２つの針路が交錯している。１つは、生分解性プラスチックの開発に携わって環境問題に寄与したいという意志。もう１つは、生物兵器の開発に携わり、母国で勢力を広げるあの憎き敵民族に報復したいという意志……。

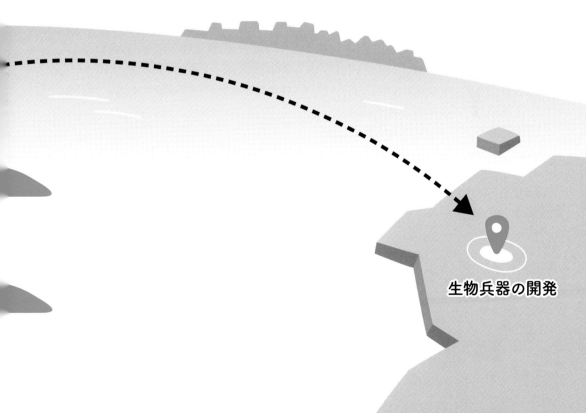

生物兵器の開発

M01 自立／自律／自導

英語で個人は「individual」。「それ以上分けられないもの」を意味します。この個人が、外的にも内的にも独り立ちすることが、各自の人生においても社会全体においても根本です。

「一身独立して、一国独立するなり」と福澤諭吉は言いました。松下幸之助は次のように残しています。「私は一人がまず、めざめることが必要であると思います。一人がめざめることによって、全体が感化され、その団体は立派なものに変わっていき、その成果も非常に偉大なものになると思います」。

一個の人間が独り立ちするための3ステップとして、私は「自立／自律／自導」を提示しています。

外的な独立には技術・お金・健康
内的な独立には律が必要

まず「自立」。能力面、経済面、身体面において、みずからを立たせること。自立は外的要素に視点を置いています。

みずから立った後は、みずからを方向づけて行動ができるようになる。この状態が「自律」です。いわば「内的な独立」といってもよいでしょう。「あ

の人の判断・行動はぶれないね」と言うとき、何がそうさせているのでしょう。それはその人が内に持つ「律」です。さまざまな情報や状況に接したとき、律が判断基軸になります。

律は規範やルールということですが、それを確固として持つためには、自分なりの理念や信条、価値観、哲学を醸成しておく必要があります。自律はそのように意識やマインドといった内的領域にかかわるものです。

内なる声が
迷える現実の自分を導く

3番目の「自導」とは、「もう一人の自分」が現実の自分を導くこと。「もう一人の自分」とは、目的や理想、夢や志を抱いた内面の自分です。一段高いところから状況をながめ、進むべき方向を示してくれるはたらきをします。

自律と自導はどちらも方向性に関するもので、その点では共通するところがあり、相互に影響しあってもいます。

自律はどちらかというと直面している状況に対し、自分の律でどう判断するかという現実的な思考です。他方、自導は目的や理念、最終到達点から逆算して、自分はどこを向いていくべきかという未来思考のものです。

また、自律的であるためには冷静さが求められるのに対し、自導的であるには、抗しがたく湧き起こってくる内なる声、心の叫びが必要であり、その意味では熱さを帯びる性質のものです。

「自立／自律／自導」の概要

自立

みずからを
「立たせる」こと

そのために
①知識や技能をつける
　　＝技能的自立
②経済力をつける
　　＝経済的自立
③体力をつける
　　＝身体的自立

[反意語] ⇔ 依存

自律

みずからを
「方向づける」こと

そのために
「律」となる理念・信条・
価値観を醸成し、それを
もとにぶれない判断・行
動をする

[反意語] ⇔ 他律

自導

みずからを
「導く」こと

そのために
おおいなる目的や理想
を抱いた「もう一人の自
分」をつくる

[反意語] ⇔ 漂流

! Essential Points

☐ 技術・お金・健康を得て、仕事・生活を回していける＝[自立]

☐ 内面の律に照らして、自分で判断や行動ができる＝[自律]

☐ 目的成就や理想実現の視点から自分を動かすことができる＝[自導]

M02 自信

みずからの"何を"信じるのか
自信の2種類

「自信」とは読んで字のごとく「みずからを信じる」ことですが、みずからの何を信じることなのでしょう。

今日では、何か目標や課題に対し、それをうまく処理し、具体的な成果をあげられると強く思っている——— その意味で「自信」という言葉が使われる場合がほとんどのようです。つまり、信じるものは「みずからの能力と成果」です。

しかし、自信とはそれだけでしょうか？　自信という言葉はもっと大事なものを含んでいないでしょうか？

『広辞苑〈第七版〉』によれば、自信とは「自分の能力や価値を確信すること。自分の正しさを信じて疑わない心」とあります。そう、能力を信じる以外に、自分の「正しさ」を信じることも自信です。

ですから、たとえ自分の能力に確信がなくとも、自分に（自分のやっていることに）価値を見出し、意味や正しさを強く感じているのであれば、「自信がある」と言い切っていいのです。

自信を次の2つの種類に分けてみます。

---

[1] 自信X：「能力・成果」への自信
[2] 自信Y：「意味・価値」への自信

自信を得ることは意欲に結びつきます。自信Xは自分をより高くに引き上げ、自信Yは自分を静かに遠くまで行かせます。

基盤に置きたいのは自信Yのほうです。なぜなら、物事は負けたら終わりではなく、やめたら終わりだからです。持続が肝要。

「自信」の2種類

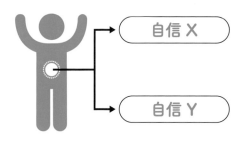

自信 X

自信 Y

□「能力・成果」への自信
　　自分はこれができる
　　これに対し具体的成果を出せる ］と信じる心
□「達成・有能」志向
□向上意欲との相互作用がある

□「意味・価値」への自信
　　自分が献身するこのことには意味・価値があると信じる心
□「意義・役割」志向
□持続意欲との相互作用がある

2つの自信が自分をタテとヨコに動かす

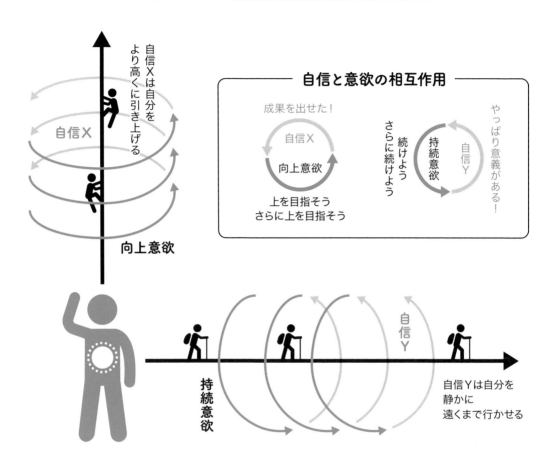

自信Xは自分をより高くに引き上げる

自信X

向上意欲

自信と意欲の相互作用

成果を出せた！

自信X

向上意欲

上を目指そう
さらに上を目指そう

さらに続けよう
続けよう

持続意欲

自信Y

やっぱり意義がある！

持続意欲

自信Y

自信Yは自分を静かに遠くまで行かせる

! **Essential Points**

☐ 自信の2種類：①「できる力」を信じる、②「やっていることの意味」を信じる。

☐ 自信は意欲を湧かせる。意欲をもってさらに動けば、新たに自信が生まれる。

☐ やめないためには自信Yが要る。

自信形成と他者の反応

自信は自分が満たしていく部分と他者がつくってくれる部分がある

自信は自分が内側から満たしていく部分と、他者からの反応で、いわば外側からつくられる部分との混合です（下図）。自信X／Yについて、形成の様子をみてみましょう。

自分が何かに挑んで具体的成果が出る。その成果は自分自身に手応えを与え、自信Xが内側から形成されます。また、その成果を目にした他者の「すごいね」「よかったね」の反応が起きることで、自信Xは外側からさらにつくられていきます（次ページ図）。

それに対し、自信Yは具体的成果のような目に見えやすいものがないだけに、あいまいな形成のしかたです。まず、自分の内に意味・価値を信じる熱が生じます。その熱は想いとなり、言動や振る舞いとして発信されることになります。そして他者からの共感・支援という反応を得て、自信Yは強まる。

なお、自信Xは、成果に対し他者から過大な評価や持ち上げが起こると、自己過信やうぬぼれに変わるときがあります。

また、自信Yの場合、いくら想いを発信しても他者の無反応にさらされ、孤独の奮闘感や焦燥感に変わるときがあります。そうした状況でも自分の内に信じるものを保てるか。孤高の芸術家や偉大な指導者はその過程を経て、事を成し遂げるのです。

自信形成の2方向〜内から／外から

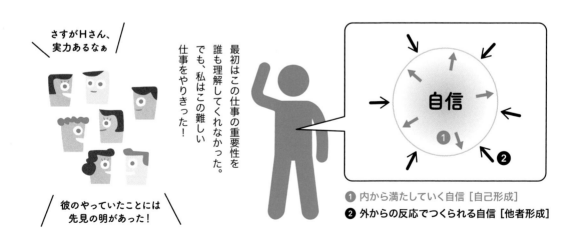

さすがHさん、実力あるなぁ

最初はこの仕事の重要性を誰も理解してくれなかった。でも、私はこの難しい仕事をやりきった！

彼のやっていたことには先見の明があった！

❶ 内から満たしていく自信 ［自己形成］
❷ 外からの反応でつくられる自信 ［他者形成］

自信Xの形成

〈自分にはそれができると信じる心〉

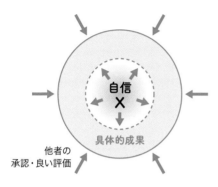

具体的成果を出すことで、自信Xが自分の内に満ちてくる。と同時に、それを目にした他者からの承認・良い評価が起こり、さらに自信Xは強まる。

自信Yの形成

〈自分がやっていることには意味があると信じる心〉

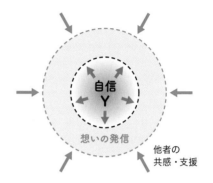

自信Yは、まず自分の内に熱が生じる。そしてその熱を帯びた想いを言動や振る舞いを通して発信する。他者からの共感・支援という反応を得て、自信Yは強まる。

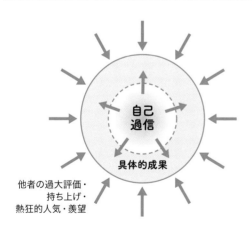

■ 自信X→自己過信

成果に対し、他者から過大な評価や持ち上げが起こると、自信Xは自己過信・うぬぼれの色が濃くなる。

■ 自信Y→孤独の奮闘感

想いの発信を重ねてもいっこうに他者からの反応がない。「自分の信じている意味・価値・在り方がまちがっているのか、それとも周囲がその目を持たないのか」と葛藤が始まる。

M03 自制心

欲望は自分を動かすエネルギー
それをどう制し方向づけるか

欲望をどうコントロールするか、これは古来、人間に課された一大テーマです。欲は善悪どちらにも作用する二面性があり、「〜したい・〜がほしい」という欲は、人をつくりもすれば、滅ぼしもします。ここでは自己の欲望をどう制するかを「知・情・意」の観点から考えたいと思います。

欲を抑えたり禁じたりするために、人間社会は戒律や掟、法律をつくってきました。これらは外からの力で押さえ込むやり方です。それとは別に、1人1人の内面にある複数の力を相互にはたらかせながら、欲を制御していくやり方もあります。

例えば、国の権力を3つ（立法・行政・司法）に分けて、相互にチェックしあう形があります。それと同じように、「知・情・意」3つの精神のはたらきを相互に影響させあうことで、欲を賢く制御できる可能性が高まります。

いみじくも夏目漱石が『草枕』の冒頭で書いた「智に働けば角が立つ。情に棹させば流される。意地を通せば窮屈だ」は、人が「知・情・意」3つのバランスを欠き、どれかに偏ることの弊害を伝えるものでした。

右ページに示したように、人間は知・情・意のどれかに偏り、バランスに歪みが生じると、欲が暴走を始めます。その欲は、小我的、不調和的で、閉じたものになります。

そのときに個々の人間が、知・情・意を豊かに融合させながら深い内省ができれば、欲を制し、欲をよい方向に向かわせることができるでしょう。自己の欲望を制するには、地味な答えではありますが、賢い心・美しい心・善い心を育み、戦わせることにつきます。

これら3つを
うまく影響させあうことで
「欲」を賢く制御する
ことができるか

知
- ●「私は何を知りうるか」
- ●「賢さ・真」を求める心
- ●「科学」の目

情
- ●「私は何を望んでよいか」
- ●「快さ・美」を求める心
- ●「芸術」の目

意
- ●「私は何を成すべきか」
- ●「正しさ・善」を求める心
- ●「哲学・倫理」の目

知・情・意の偏りと歪みが欲を暴走させる

知への偏りと歪み

― すべてを物質的・科学的に説明しようとし、非科学的な意見や言論を見下す。

― 人間の思考によって可能なことはすべからく発見・発明されるべきという信じ込み（それがたとえ兵器開発、生命操作などであっても）。

― 経済的合理性を追求して、自己利益の最大化に突き進む。

情への偏りと歪み

― 好きか嫌いか、面白いかつまらないかだけの基準で動く。そのため扇動的な情報に簡単につられる。

― カッコイイ・カワイイものだけ欲しい。気持ちよいことだけに浸っていたい。

― 感性磨きの名のもとに、華美な装飾や浪費が止められない。

意への偏りと歪み

― 独善的（または偽善的）野心のもとに他人を従属させようとする。

― 合理性のない教条や戒律で人びとを縛ろうとする。

― 唯我独尊で他者の意見を排除しイエスマンを周りに集める。

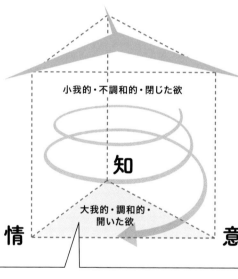

小我的・不調和的・閉じた欲

知

大我的・調和的・開いた欲

情　　　意

● 深い「知」の声：「それはほんとうに賢いこと？」
● 深い「情」の声：「それはほんとうに美しいこと？」
● 深い「意」の声：「それはほんとうに善いこと？」

!　Essential Points

☐ その欲は、あなたをどこへ向かわせる力だろう？

☐ その欲は、社会全体をどこへ向かわせる力だろう？

☐ そんな観点から、自己を制していく。

成長と成熟

健やかな意志に基づいて
「あえてそれをしない」

　私たちはいつしか成長や開発、進歩といったものがすべてよいことであると信じ、常に右肩上がりの変化を自分たちに迫るようになっています。

　しかし、経済の成長を維持させようとすればするほど、マネーは膨張を続け、貧富の格差が開くという皮肉が生じています。自然を開発して人間の便益をつくり出そうとすればするほど、環境問題は大きくなっていきます。科学技術を進歩させればさせるほど、兵器転用や生命のゲノム操作などきわめて重大な問題を危惧せねばなりません。

　前ページで触れたとおり、人間の知・情・意が偏り歪んだ状態で欲せられる成長はよからぬ暴走を生みます。そして実際、成長信仰がもたらす負の結果に多くの人が気づきはじめました。

　そんなときに大切になってくるのが、「成熟」というありようです。成熟した人は「できるのに、あえてそれをしない」「選べるのに、あえてそれを選ばない」「もっと取れるのに、あえてそれ以上取らない」ことをします。さらには、待つこと、捨てること、離れることができる。それらは、決してやせ我慢などではなく、健やかな意志からくるものです。

　東洋の思想が教える「断捨離（だん・しゃ・り）」や「知足（ちそく）＝足るを知る」は、まさにこの成熟した精神の振る舞いをいったものです。

　「小我（しょうが）＝利己的に閉じた自己」に生

京都・龍安寺にある
蹲踞（つくばい）に刻まれた
「吾唯知足」の文字

吾唯知足

（われ・ただ・たるを・しる）

きるのではなく、「大我（たいが）＝利他的に開いた自己」に生きることにまなざしを置くと、しゃかりきになって何もかもを増やさなきゃいけない、伸ばさなきゃいけない、そうする自分が格好いい、そして周囲から認められたいという固執から解放されるでしょう。それは自分の気持ちをラクにし、別次元からの深い決意を生むことにつながります。

1人1人が、組織全体が、社会全体が、「成長への強迫観念」を超えて、自己の内に「成熟」を呼び込めるか、自制はそうした重要な深化プロセスだといえます。

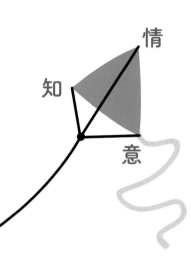

「成長」と「成熟」の比較

成　長

伸びていく・広がっていく

[成長下の意識]
- 〇 伸びるにまかせる／伸びたい
- 〇 どんどん広げていく
- 〇 増えることはよいことだ
- 〇 速いことはよいことだ
- 〇 多くを獲得したい・吸収したい

成　熟

（十分に伸び、広がり、むしろ縮みはじめる過程で）
濃くなってくる

＊熟＝「よく煮る」の意味

[成熟下の意識]
- 〇 あえて抑止する／自制することもある
- 〇 凝縮させる／結晶化させる
- 〇 足ることを知っている
- 〇 待つことができる
- 〇 捨てる／離れることができる

M04 仕事の「自分ごと化」

その仕事はどれだけ「自分ごと」ですか？

仕事との関わり方において、「仕事のオーナーシップ」という観点があります。オーナーシップ (ownership) とは「所有権」の意味です。「仕事のオーナーシップ」とは、平たく言えば、その仕事をどれだけ自分のものとし、責任感や当事者意識を持ってやっているか、そしてその結果として仕事全体に自分の味わいがどれだけ醸し出されるかということです。

いま組織内での仕事は細かに分業化されています。そんな中で、個人は割り振られた仕事をするわけですが、「自分は言われたことはやっているんだから」と、あとのことは他人任せ・上長任せのような意識がある程度出てきます。そしてその意識が過度になった人は、粗雑な仕事で後工程の人に迷惑をかけたり、組織全体のリスクを高めたりするようになります。

あるいは、「全体の成績が上がらないのは上司・組織の問題だから自分には関係ない」「ここの経費がかかりすぎたようだけど、会社のお金だし、まあ

いいか」として、どこか第三者的な傍観態度で、やり過ごしたりします。こうした意識の人は、仕事を「他人ごと」としてやっているのであり、そこには仕事を「自分ごと」として大事にするオーナーシップがありません。

家を考えてみてもそうでしょう。賃貸物件に住んでいる人は、家の扱いがどこか雑で乱暴になります。それは家が他人の持ち物だからです。ところが自分の家を買った人は、それを大事に使おうとします。そして、住まう家主の性格がより濃く家のたたずまいとして表れるようになります。

品質意識や協働意識・誇りに表れる「自分ごと」意識

目の前の仕事が「自分ごと化」しているかどうかはいろいろなところに表れます。例えば、品質意識。上司や顧客に見えない部分であっても、ていねいに仕上げようとするこだわりがあるかどうか。あるいは、協働意識。自分の担当範囲外であっても、目配り・気配りがあるかどうか。さらには、誇り。その道のプロとして自負心を持っているかどうか。

もし、こうした自問に強くYESと答えられるなら、あなたは仕事を自分ごと化できているでしょう。NOであれば、仕事が他人ごと化している可能性大です。

仕事の「自分ごと」意識セルフチェックシートを216ページに載せておきましたのでやってみてください。さらに、「自分ごと化」のために必要なことが何なのかをその後で触れることにします。

仕事が「自分ごと化」しているかどうかはいろいろな要素に表れる

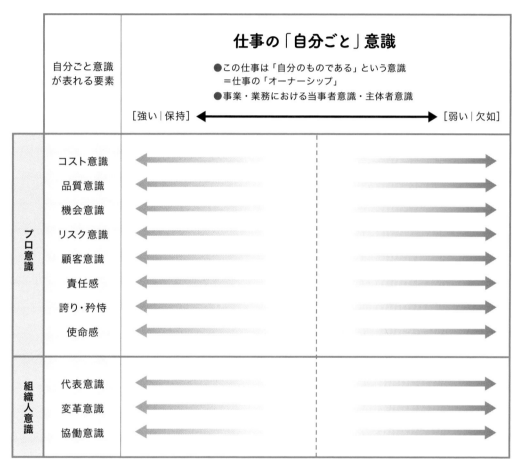

自分ごと意識が表れる要素	仕事の「自分ごと」意識
	●この仕事は「自分のものである」という意識 ＝仕事の「オーナーシップ」 ●事業・業務における当事者意識・主体者意識
	[強い｜保持] ←──────────→ [弱い｜欠如]

プロ意識

- コスト意識
- 品質意識
- 機会意識
- リスク意識
- 顧客意識
- 責任感
- 誇り・矜恃
- 使命感

組織人意識

- 代表意識
- 変革意識
- 協働意識

（→仕事の「自分ごと」意識セルフチェックシートは次ページ）

! Essential Points

☐ この仕事・職業は「自分のものとして献身する活動」だろうか？
　それとも「借りものとしてテキトーにやり過ごす労役」だろうか？

☐ その意識の差が、人生何十年にもわたって蓄積していく。

［ワークシート］ 仕事の「自分ごと」意識セルフチェック

自分ごと意識が表れる要素	仕事の「自分ごと」意識	
	● この仕事は「自分のものである」という意識 ＝仕事の「オーナーシップ」 ● 事業・業務における当事者意識・主体者意識	
	［強い｜保持］ ◄─────────────────────► ［弱い｜欠如］	

<table>
<tr><td rowspan="5">プロ意識</td><td>コスト意識</td><td>事業や業務にかかる経費を「自分のお金を使う」気持ちでとらえる。コストに関わる経済的負担を痛みとして感じる。

かなりそう思う　まあそう思う　どちらともいえない　まあそう思う　かなりそう思う
●────────●────────●────────●────────●</td><td>事業や業務にかかる経費を「どうせ会社のお金だし」といい加減に使う。コストに関わる経済的負担を痛みとして感じない。</td></tr>
<tr><td>品質意識</td><td>自分が業務成果として出すものの品質にこだわりを持つ。見えないところにもきちんと手を施そうとする。

かなりそう思う　まあそう思う　どちらともいえない　まあそう思う　かなりそう思う
●────────●────────●────────●────────●</td><td>自分が業務成果として出すものの品質にはこだわりがない。見た目で悪いとバレなければそれでいいと思う。</td></tr>
<tr><td>機会意識</td><td>仕事を通じて手にする機会、人との出会いは自分のものであり、それを最大限に生かしたい。

かなりそう思う　まあそう思う　どちらともいえない　まあそう思う　かなりそう思う
●────────●────────●────────●────────●</td><td>結局、入った会社、配属された職場、ついた上司によってチャンスは左右されてしまうもの。運の問題だ。</td></tr>
<tr><td>リスク意識</td><td>自分の判断・行動がどんなリスクを含み、どんなリターンが期待できるかを熟考する。リスクを最少限にするために知恵を絞る。

かなりそう思う　まあそう思う　どちらともいえない　まあそう思う　かなりそう思う
●────────●────────●────────●────────●</td><td>自分の判断・行動がどんなリスクを含んでいるかほとんど考えない。あるいは、そもそも自主的に判断・行動しない。</td></tr>
<tr><td>顧客意識</td><td>顧客と直接やりとりする部署であろうがなかろうが、自分の業務上の判断・処理・表現の1つ1つは顧客とつながっている。

かなりそう思う　まあそう思う　どちらともいえない　まあそう思う　かなりそう思う
●────────●────────●────────●────────●</td><td>顧客のことを思い浮かべない。自分は時間をお金に換えているのであり、きょうも1日、労働時間を終えればいい。</td></tr>
</table>

プロ意識	**責任感**	雇われの身であろうがなかろうが、一個の職業人として、自分の業務に対して責任を負う。	自分は雇われの身であり、言われた業務を指示にそってやるのみ。責任は上司・経営者が負うべきもの。
		かなりそう思う　　まあそう思う　　どちらともいえない　　まあそう思う　　かなりそう思う	
	誇り・矜恃	仕事に誇りを持つ。その道のプロとして自分自身にも誇りを持つ。誇りがあるから犠牲にできるものもある。	仕事に誇りはない。働き手としての自分自身にも誇りはない。仕事内容が楽しいにこしたことはないが、期待しない。
		かなりそう思う　　まあそう思う　　どちらともいえない　　まあそう思う　　かなりそう思う	
	使命感	仕事に使命感・意義を抱いている。そこから内発的動機を湧かせ、多少の苦難も乗り越えていけるという自信がある。	仕事に使命感はない。ただ（金を得るために）やらなければならないことをやっているだけ。
		かなりそう思う　　まあそう思う　　どちらともいえない　　まあそう思う　　かなりそう思う	
組織人意識	**代表意識**	自分の業務上の言動は、組織の言動を代表している。さらに組織の対外的イメージにも影響を与える。	自分の業務上の言動が組織の言動を代表している、あるいは組織の対外的イメージに影響を与えるという意識がない。
		かなりそう思う　　まあそう思う　　どちらともいえない　　まあそう思う　　かなりそう思う	
	変革意識	仕事を思うように成し遂げるためには、環境に対し受け身であってはならない。組織をうまく変え、活用する意識でないと。	一介の社員がドタバタしたところで組織や環境は変わらない。それより極力ストレスを軽くして仕事を片づけるのが先決。
		かなりそう思う　　まあそう思う　　どちらともいえない　　まあそう思う　　かなりそう思う	
	協働意識	事業・仕事は自分の業務範囲だけでは完結しない。他人の範囲まで目配り・気配りするのが当然。	自分の業務範囲しかみない。他人の範囲まで気にしていたら仕事が増えるので嫌だ。
		かなりそう思う　　まあそう思う　　どちらともいえない　　まあそう思う　　かなりそう思う	

「自分ごと化」と「意識の視界」

その仕事が自分のものであれば「意識の目」は自然と大きく開く

組織の中で任された自分の業務というものをどうながめながら進めるか、それには個々でかなりの違いがあります。ここでいう「ながめる」とは、肉眼で見ること以上に、「意識の目」で見ることを含んでいます。

職場には、自分の都合だけ見る人、あるいは、担当業務をともかく及第点でクリアすることしか考えない人がいます。つまり全体観や周囲への配慮、仕事を通じての探求心といったものが欠けています。こうした人の意識の目が見る範囲——ここではそれを「意識の視界」と呼びます——は、とても狭く暗くなっています。

それとは逆に、意識の視界が広く明るい人もいます。業務そのものをしっかり見つめることはもちろん、前工程・後工程の人に気配りをし、上司や部下・メンバーに対して目配りもする。たとえ自分がじかに顧客に接していなくても、自分の業務の質がどう末端の顧客に影響を与えるかがイメージできる。また、自分が判断・行動するときに、経営側の意思・方針とどう整合性があるのか、ないのかを考える。

こうした「意識の視界」差は能力や性格の差によって生じるというより、仕事を「自分ごと」にしているか、していないかの差によるものです。では、仕事を「自分ごと」にするためにどうすればいいのでしょう。

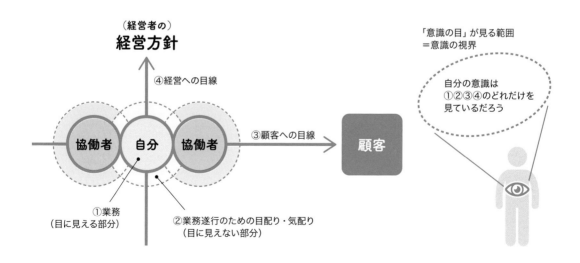

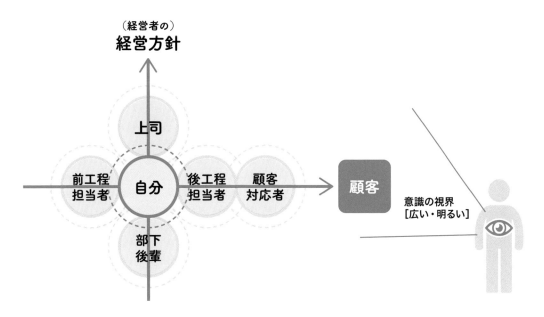

〈仕事が「自分ごと」になっている人の見ている範囲〉

（経営者の）
経営方針

上司

前工程担当者 ― 自分 ― 後工程担当者 ― 顧客対応者 → 顧客

部下後輩

意識の視界
[広い・明るい]

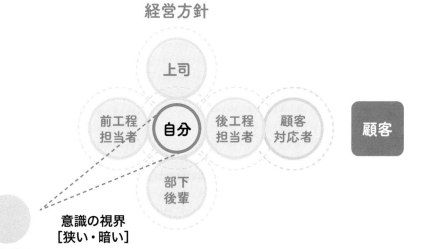

〈仕事が「他人ごと」になっている人の見ている範囲〉

（経営者の）
経営方針

上司

前工程担当者 ― 自分 ― 後工程担当者 ― 顧客対応者

顧客

部下後輩

意識の視界
[狭い・暗い]

仕事を「自分ごと」にするために

　私は41歳で大企業勤めをやめ、独立起業しました。私にとって日々の仕事や事業は、まぎれもなく"私のもの"です。自分の一挙手一投足が事業に直接影響を与えます。コピー用紙1枚を使うときにも「ここにコストが発生している」と意識します。

　その意味で私はいま、自分の仕事に対し、責任においても、経済的にも、100%オーナーシップを意識しています。個の職業人として世の中に対峙していますから、1つ1つの仕事を決して「他人ごと」として適当にやり過ごすことはできません。

　「雇われる生き方」を選択している会社員は、「仕事のオーナーシップ」度合いにかなりの開きが出ます。一般的には、役職が上がっていくほどこの度合いは高まるように見受けられます。ただ、管理職クラスでも会社にぶら下がり意識の強い人はいますし、役員クラスでも、仕事を会社の金を使って行うマネーゲームのような感覚で「他人ごと」としてやっている人もいます。

仕事観 X

仕事によって望むものを手に入れる

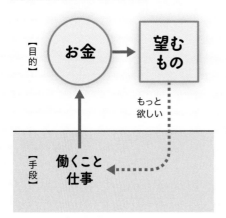

仕事観 Y

仕事をしていく中で何を望むべきかを学んでいく

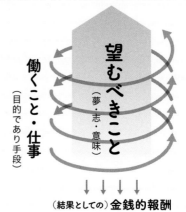

In ham and egg, the hen is only participating, but the pig is really committed.
ハム&エッグにおいて、メンドリ（雌鶏）は参加しているだけだが、ブタはガチでコミットしている

逆に、若い社員でも、自分の役割をチーム全体の中で認識し、前工程・後工程のことを考えて、責任と自覚をもって「自分ごと」として仕事を全うしようとする人がいます。

仕事観Xは
「自分ごと化」から遠い

ここで第2部「図解力／図観力」で紹介した図（185ページ）を再掲します。この図で示す仕事観Xは、仕事（労働時間）をカネに換える行き方です。他方、仕事観Yは、仕事をする中から意味や満たしたい価値を創出していく行き方です。

仕事観Xの人は、仕事を「自分ごと」にすることからは遠いでしょう。仕事から多くのわずらわしいことを引き受けたくないので、できるだけ仕事を他人ごとにしておいて、手離れをよくしたいのです。

他方、仕事観Yの人は、仕事そのものの中に喜びを見出していて、そこに献身するほどにより深いものがみえてくる実感がありますから、自分ごとにできます。しかし、仕事観Yを醸成する根幹である、その仕事に意味や価値を持てるかというそもそもの問題があります。

「組織の中で振られる仕事の多くはつまらないものだ」「数値目標に追われ、達成すれば年収が増え、未達なら減る。いまの仕事はただそれだけのもの」「ブラック企業まがいのところできつい仕事をさせられている。そんな中で高尚な動機など抱けない」……といった声も聞こえてきます。

「雇われない生き方」を志すと
日々の仕事景色が変わる

仕事が「自分ごと」になる一番の決め手は、仕事に大きな意味・満たしたい価値を見出し、そこに自然と献身していく自分ができあがることです。しかし、それが難しいとすれば、外的に近づくやり方があります。それは、「雇われない生き方」を志向することです。

結果的に自営開業や起業するかどうかは別にして、少なくとも、「好機あらば独立してやるぞ」という心の仕掛けを持ち続けることで、日々の働く景色はまったく違ったものになります。

例えば、私は会社員最後の5年間、管理職にありました。もともと職人気質の私は、管理仕事は好きになれませんでした。パソコン画面を前に労務管理や財務管理、進捗管理、会議運営など。ところが、独立しようと決意したときから意識ががらりと変わりました。「自分の会社をつくるときのために、この業務は絶好の教材だ。だからいまのうちに何でも吸収しておこう」となったのです。そのように「いつか独立しよう」という意志を持つ者は、毎日を漫然と他人ごとで過ごさなくなるのです。

あるいは、副業・兼業で自分が献身できるものを持ってみるのもよいかもしれません。仕事の1つ1つがそれまでとは異なり、重い手応えを与えてくれることに気がつくでしょう。

M05 オープンマインド

外からの刺激を積極的に受容し
内にある秩序と戦わせる

　オープンマインド[英語：open-minded] とは、他者の考え方や意見・提案を素直に偏見なく受け取るような心が外に開いた状態のことをいいます。ただ、そのときに他者の考え方を無批判的に取り込むのではなくて、自分なりに建設的な吟味・検討をしたうえで取り込むことをいいます。

　オープンマインドであることは、言うは易し、行うは難しのところがあります。なぜなら、私たちは誰しも自分自身の中に独自の認識世界・概念秩序をつくっており、そこに異なる考え方が入ってきたとき、建設的な吟味・検討をすることはとても負荷のかかる作業になるからです。ましてや、その外からの考え方と、内にある既存の自分のものとを戦わせて、新たな第三の秩序を生み出すことはしんどいことです。単にそれらを拒絶したほうが、はるかにラクにすみます。

　だからといって外からの刺激に対し、積極的な応答をせず、ただ既存の秩序に閉じて保守を決め込むことは、死を意味します。

　個人にせよ、組織にせよ、国家、文明にせよ、自己組織化する開放系システムにおいては、境界部がきわめて重要な役割を果たします。内部中央では秩序を維持するために「保守」の作用が強力にはたらきますが、このはたらきだけではシステムは存続できません。境界部における内と外との衝突から起こる「変異」こそが、進化および存続（場合によっては滅亡）の源になります。

　私たち1人1人が内に築く認識世界においても、それを常に進化させていくには、オープンマインドであることが必要です。

　意識を外に開いて、さまざまな考え方を受容し、正・反・合（→70ページ）のダイナミズムを起こしながら、しんどいけれども、みずからの知平線を広げていくか。それとも、自分の枠に閉じて、他の考え方を受け流したり、批評したりするだけでラクをするか……。答えは自明です。

自己組織化する開放系システムの 内と外で起こっていること

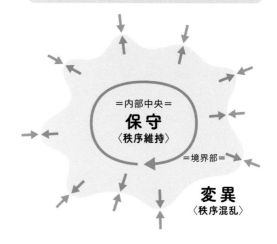

＝内部中央＝
保守
〈秩序維持〉

＝境界部＝

変異
〈秩序混乱〉

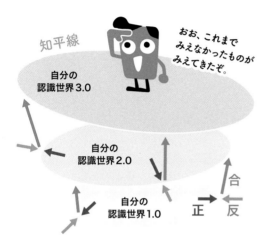

開いた意識の人

閉じた意識の人

「開いた意識の人」は、みずからの「無知の知」を自覚していて、謙虚にさまざまな考え方、意見、アイデアを受容する。

そして自分の考え方〈正〉と、外からの考え方〈反〉を止揚させ、新しい考え方の次元にみずからを引き上げていく〈合〉。そこからながめる世界は以前とは異なった景色になっている。

「閉じた意識の人」は、集めた断片知識を自分の中に抱え込み、自分だけの認識世界をつくって満足している。

その中にいる主人は、外にあるさまざまな考え方や、意見、アイデアとの交流を拒むので、彼の認識世界は硬直化する。

！ Essential Points

☐ 一様の考え方・均質な要素だけで閉じた世界では進化が起こらない。

☐ 外への扉を開けて、思考の深呼吸をしよう。

☐ 自分の内にある一理と、異なる意見の人の一理を戦わせて何が生まれるだろう？

「おおいなるもの」へ意識を開く

「実用的な品物に美しさが見られるのは、背後にかかる法則が働いているためであります。これを他力の美しさと呼んでもよいでありましょう。他力というのは人間を超えた力を指すのであります。自然だとか伝統だとか理法だとか呼ぶものは、凡（すべ）てかかる大きな他力であります。かかることへの従順さこそは、かえって美を生む大きな原因となるのであります。なぜなら他力に任せきる時、新たな自由の中に入るからであります。これに反し人間の自由を言い張る時、多くの場合新たな不自由を嘗（な）めるでありましょう。自力に立つ美術品で本当によい作品が少ないのはこの理由によるためであります」。

——— 柳宗悦『手仕事の日本』

「自己実現の達成は、逆説的に、自己や自己意識、利己主義の超越を一層可能にする。それは、人がホモノモスになる（同化する）こと、つまり、自分よりも一段と大きい全体の一部として、自己を投入することを容易にするのである」。

——— エイブラハム・マスロー『完全なる人間』

「教えてほしい。いつまでもあなたが若い秘密を」
「何でもないことさ。つねに大いなるものに喜びを感じることだ」。

——— ゲーテ『ゲーテ全集1』

意識を開いていく先には
何があるか

昨今、「オープン・イノベーション」という言葉がビジネスの世界でよく聞かれるようになりました。何もかも自前でやることの限界が見えてきて、広く他企業・社外のタレントと結びついて研究開発を行おうという流れです。

唯我独尊を離れ、意識を外に開いていく。外にはまず他者がいます。他者とのぶつかり合いや協働、融合によって、より高次の考え方へと進化を起こすことができます。

さらに他者の先へと意識を開いていくとどうなるでしょう。そこには「おおいなるもの」が待ち受けています。「おおいなるもの」とは自己と他者、環境を包含する摂理です。

利己の環／利他の環

利己に閉じた意識

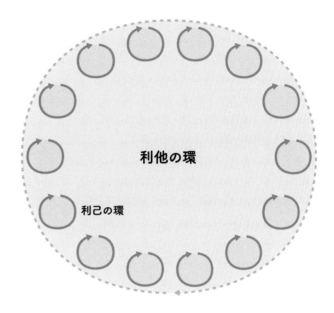

利他の行動

利己の環

利己に閉じた人は、「利己の環」だけを強くはっきりみている。利他の行動はどこかへ消えてしまうものであり、自分に返ってくる環としてイメージをしない。

「生きていくのは自分だ（頼れるのは自分だけだ）」という人生観と結びつきやすい。仏教では「小我に生きる」ともいう。

利他に開いた意識

利他の環

利己の環

利他に開いた人は、「利己の環」を離れ、全体俯瞰的に「利他の環」をイメージする。「生きる自分」と「生かされる自分」の融合がある。「大我に生きる」という心の姿勢がある

私たちはみな1人1人、自立して活動していかねばなりません。そこには「独力で生きていく自分」というものが強く意識されます。しかし、そこにいたずらに留まらず、意識を開き、動機を開いていく先では、「おおいなるものによって生かされる自分」という境地が感得される。左ページの賢人たちの言葉はそのことを表しています。

上に「利己の環／利他の環」ということを図に描きました。誰しも「利己の環」は、はっきりみえるし実感もできます。要は、同時に「利他の環」をどれだけイメージできるかです。

真に「開かれた意識の人」とは、こうした「利他の環」や「おおいなるもの」をきちんと心に収めている人ではないでしょうか。

M06 習慣

習慣は大きな心的負荷なしに
生活・人生に大きな影響を及ぼす

「人生の特性を決定するのは、日常の小さな事柄であって、偉大な行動ではない」。──カール・ヒルティ『眠られぬ夜のために』

習慣は日々の反復的な行動です。それはたとえ小さな行動であっても、長い間積み重なることで、あたかも生まれつき持ってきたかのような性向として固まってきます。習慣が「第二の天性」といわれるゆえんです。習慣は自分自身にさほど大きな心的負担をかけないにもかかわらず、結果的に生活・人生に強い影響を及ぼします。

習慣は下図のように天性と努力の中間に位置し、両方の性質を持つことが重要な点です。つまり、習慣は努力の一部、技術の一部ですから、意志を持って取り組めば、自分の性向や態度、姿勢をそう仕向けることが可能です。そこには、まったく新しい第二の天性を後天的につくることができるという希望があります。

ただ、習慣には「よい習慣」と「わるい習慣」があります。よい習慣は自分の生活に薬として効いてきますが、わるい習慣は毒として作用します。それほどに日々の振る舞いの地盤は重要なものです。

習慣は努力によってつくることのできる「第二の天性」

天性	習慣	努力
・遺伝的な性格や　能力特性 ・出自の環境	〈第二の天性〉	・学習 ・熟慮と決断 ・果敢な行動 ・反省

● 先天的
＝もはや変えられない

● 無意識のうちに
生活・人生に作用してくる

● 後天的＝「いま・ここ」から変えられる

● 意図を持って
生活・人生に作用させる

習慣を薬として効かせるか、毒としてはたらかせてしまうか

 習慣のポジティブ作用

たとえ「天性」に恵まれていなくても「よい習慣」と「正しい努力」によって事を成していける

「天性のよい面」と「よい習慣」が組み合わされば、おおげさな「努力」をせずとも事を成せる

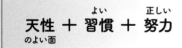

最強のポジティブ・ミックス！

 習慣のネガティブ作用

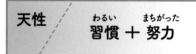

「わるい習慣」と「まちがった努力」が組み合わさると、いくら「天性」に恵まれていても生かされない

「天性のわるい面」と「わるい習慣」が組み合わさると、「努力」しようとしなくなる

天性 ＋ 習慣 ＋ 努力
のわるい面　わるい　まちがった

最強のネガティブ・ミックス！

! **Essential Points**

☐ 自分の「よい／わるい」習慣は何だろう？

☐ それは自分の生活にどんな「よい／わるい」影響を及ぼしている？

☐ さあ、よい習慣を新しく始めよう。

M07 価値基盤・理念軸

人は能力を発揮するとき、ただやみくもに発揮しているのではなく、何かしら意識的な土台の上で、意識的な方向性を持って発揮しています。ここではそれを「価値基盤」「理念軸」としてとらえていきます。

誰しも自分の内にある価値基盤は最初、未形成です。子どものころはもちろんですが、大人になれば自動的に形成されるものでもありません。価値基盤が薄いまま、不安定で、中心的価値もはっきりしていない状態（フェーズⅠ）の大人は少なからずいます。

生きる途上でのいろいろな体験や出会い、しつけ、教育などによって、自分の内で中心的価値が明瞭化してくると、そこに傾斜するように志向性が生まれます。それに伴って価値基盤も厚みを増しはじめます（フェーズⅡ）。

さらには、その志向性に基づいた行動や挑戦がいくつも重なってくると、心的な渦となり、理念軸が立ち上がってくる。そしてその状態が続くと理念軸は明確化し、その先に夢や志、使命的事業といったおおいなる目的がみえてくる（次ページのフェーズⅢ、Ⅳ）。

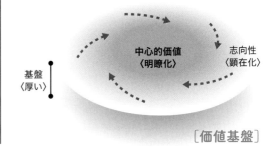

フェーズⅠ

価値基盤が未形成。
中心的価値がはっきりせず、不安定。
基盤は薄い。

基盤〈薄い〉
中心的価値〈不明瞭〉

［価値基盤］

フェーズⅡ

価値基盤が発達形成を始める。
中心的価値がはっきりしてきて、
そこに傾斜するように志向性が生じる。
それに伴って、基盤が厚くなってくる。

基盤〈厚い〉
中心的価値〈明瞭化〉
志向性〈顕在化〉

［価値基盤］

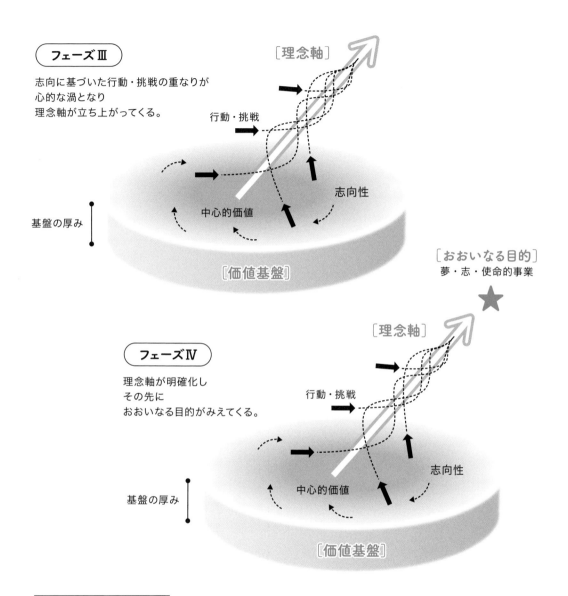

フェーズⅢ

志向に基づいた行動・挑戦の重なりが
心的な渦となり
理念軸が立ち上がってくる。

［理念軸］

行動・挑戦

志向性

基盤の厚み

中心的価値

［価値基盤］

［おおいなる目的］
夢・志・使命的事業

［理念軸］

フェーズⅣ

理念軸が明確化し
その先に
おおいなる目的がみえてくる。

行動・挑戦

志向性

基盤の厚み

中心的価値

［価値基盤］

！ Essential Points

☐ あなたの心の中の「基盤」はどんな方向性を帯び、どんな厚みだろう？

☐ そしてその基盤からどんな「軸」が立ち上がっているだろう？

☐ さらにはその軸の先にどんな「目的」が輝いているだろう？

基盤として持つ価値を言葉にする

基盤がしっかり形成されていれば
しっかり言葉が出てくる

あなたが心の基盤として持っている価値はどんなものでしょう───独自であること、正確であること、計画的であること、調和的であること、儲かることなど、さまざまあると思います。こういったいわゆる自分の価値観は、普段何気なく意識はしているものの、きちんと言葉にして書き出すことはほとんどありません。

そこで私が企業向けの研修で行っているのが、右のワーク「価値基盤の言語化」です。まずはシートの右上の空欄①に、価値の言葉をどんどん書き出します。自分が物事のどんな状態・性質に価値を認めているかは、次のような自問であぶり出されてきます。例えば、「〜することに喜びを感じる」「〜であることに誇りを感じる」「〜は外せない／こだわりたい」など。

次に、それら書き出した言葉の中から重要と思われるものを順に8個ほど空欄②に清書します。それがおそらく価値基盤の中心にくるものです。

この言語化がうまくできない人は、価値基盤の形成がいまだ弱い人かもしれません。

[ワークシート] 価値基盤の言語化

② 右欄に書き出した価値のうち、重要度の順に8個（以内）清書する

1.
2.
3.
4.
5.
6.
7.
8.

日々、働くうえで／生きていくうえで、

● 〜することに喜びを感じる。
● 〜であることが好きだ。
● 〜であることに誇りを感じる。
● 〜を最優先／大切に考える。
● 〜であるべきだと思う。
● 〜は外せない／こだわりたい。
● 〜を信条・ポリシーにしている。
● 〜であることに献身するのが本望だ。

このような観点で考えると、あなたが心の基盤として持っている価値があぶり出されてくる。

「仕事には、本筋の仕事と本筋でない仕事がある。本筋の仕事とは根のある仕事、本筋でない仕事とは器用だけの仕事のことだ」。
——高村光太郎（彫刻家）

① 心に横たわる価値、大切にしたい価値を思いつくままに書き出す

【言語化のヒントワード】

□困難に挑戦すること	□正しくあること	□既存の枠を壊す	□自然と調和すること
□ユニークであること	□社会に貢献すること	□創造的であること	□弱者への支援・救済
□経済的規模の追求	□責任を果たす	□尊敬されること	□質実剛健　□結果を出す
□安全性の確保	□安定性を重視する	□常に向上心を持つ	□お客様の喜ぶ顔
□計画性を重視する	□世の中にないものを生み出す	□より早く・速く	□正確に・緻密に
□より大きいこと	□美の追求	□ムダのないこと	□失敗をおそれない
□他の真似をしない	□先駆者になること	□目立つこと	□他者を信頼すること
□社会に希望を与える	□楽しくあること	□スローリズム	□秩序を守る
□世界に出る	□他者の意欲を刺激する	□競争に勝つ	□世の中のトレンドをつくる
□共感・博愛	□すべてに1番を目指す	□ハイリスク・ハイリターン	□有名になる
□世の中をアッと驚かせる	□生きた証しを残す	□アウトプット優先	□人の上に立つ
□新規のスタイルをつくる	□古いものを伝承する	□アウトロー路線	□楽観に構える

理念軸を言葉にする

「理念」の哲学的な定義はとても難しいのですが、ここでは単純に「物事はこうあるべきだという根本的な考え方」とします。

さて、229ページのフェーズⅢ、Ⅳ図でみたとおり、価値の基盤が心にできあがってくると、志向性が生まれます。人は志向性のもとにいろいろな行動や挑戦を重ねます。すると、そこに心的な渦が立ち上がり、理念軸が形成されはじめる。さらには、その先におおいなる目的が見えてくる。そのように価値基盤とおおいなる目的をつなぐのが理念軸です。

私はこの図を「台風モデル」と呼んでいます。すなわち価値基盤が海。そこに志向性という流れが生じ、中心から上昇気流（ときに竜巻）という理念軸が立ち上がる。個々の人間の精神空間の中で、こうした熱、力、光、流れ、渦、軸といった要素が複雑に生成し、作用しあう運動が起こっているイメージです。

「何者でありたいか」
によって自己を定義する

さて、理念軸を言葉にするワークを紹介します。右ページにある「自己定義宣言｜セルフ・ステートメント」です。

自分という能力存在を見つめ、「何者でありたいか」という観点から自己を定義するワークです。それは生き方・働き方の根本にある意志的な軸です。その軸は気分的な願望ではなく、価値基盤から起こっているものであり、おおいなる目的・意味とつながっているものです。

1つめのワークは「私の提供価値宣言」です。職業人としての私たちは、目に見えるものとして具体的な商品やサービスを売っていますが、もっと根本を考えると、その核にある「価値」を売っています。自分が何の価値を世の中に届ける存在であるのかを考え、言葉にすることで、「ああ、自分はこういうことを根本の軸に据えていく職業人なのだ」という自覚ができます。

2つめのワーク「私の『ほんとうの自分』宣言」は、一人間として、丸ごとの自分を使って何を成していきたいのかを問うものです。人生100年という時間的視野に立ったとき、このような自己定義宣言が明快にでき、そのもとに職業や就労形態、知識・能力を手段として活用できる人が、健やかな仕事人生を勝ち取っていける人といえるでしょう。

［ワークシート］ 2つの自己定義宣言〈セルフ・ステートメント〉

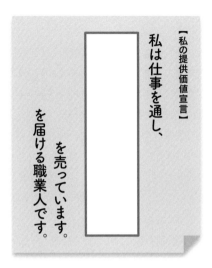

【私の提供価値宣言】

私は仕事を通し、

を売っています。

を届ける職業人です。

あなたは一職業人として世の中に（あるいは、お客様に）どんな価値を提供しているのでしょう。それを簡潔な言葉で表現してください。

【答案例】
- 保険会社のライフプランナーは
「経済的リスクを回避する安心」
- 自動車メーカーの開発者は
「便利で快適な移動（モビリティ）空間／道具」
- レストランのシェフは
「幸福な舌鼓の時間」
- 新薬の開発者は
「その病気のない社会」
- コンサルタントは
「専門の知恵と手間ヒマの短縮」
- 財務担当者は
「数値による企業の健康診断書」
- プロスポーツ選手は
「筋書きのないドラマと感動」

……（という価値）を売っている／届けている。

【私の「ほんとうの自分」宣言】

私はこの生涯において、

として生きる。

として記憶されたい。

を遺したい。

あなたはこの生涯において、どんな存在として生きていきたいのでしょう。あるいは一人間として、どう記憶され、何を遺したいのでしょう。それを簡潔な言葉で表現してください。

【答案例】私（著者：村山）の場合
- 私は
「概念の工作家」
として生きる。
- 私は
「働くとは何かの名翻訳家」
として記憶されたい。
- 私は
「100年後の人と心の対話ができる本」
（＝100年読まれ続ける著作）
を遺したい。

M08 夢・志

「夢」は多忙な会社員にとって
もはや敬遠すべきテーマ？

　「あなたの夢は何ですか？」という問いに無垢に反応できるのはいつくらいまででしょう。小学校低学年のころなら、「プロサッカー選手になってW杯に出る！」「宇宙飛行士になりたい！」と素直に言えた。それがいつしか、現実の社会と現実の自分がわかってきて、子どものころの純粋な無知さ加減を逆に気恥ずかしく思うようになる。そして他人の前では夢などということを口にしなくなる。もちろん、幼少のころからの夢を見事成就させる人がたくさんいるのも事実ですが。

　夢や志を抱き、語ることは、本来、肯定的にとらえられていいものですが、ある面では、敬遠され、疎まれるところがあります。

　実は有能で意欲の高い人間ほど、「夢」という言葉を毛嫌いしている場合があります。「夢＝現実味のないきらきらした願望」「ドリーマー＝ふわふわとしたあこがれに漂っているだけの人」というイメージを持っているからでしょう。以前、研修で次のように言う受講者がいました———「僕は夢を語れと言われるのが嫌いです。夢追い人と思われたくないので。でも、目標は持っています。達成したい目標なら言えます」。

　夢という言葉のとらえ方は人によって異なり、意味的な広がりがあります。それについては236ページで詳しく触れます。

　夢のとらえ方は人それぞれあってかまわないものです。他人がどう言おうが、夢を抱くのは自分で

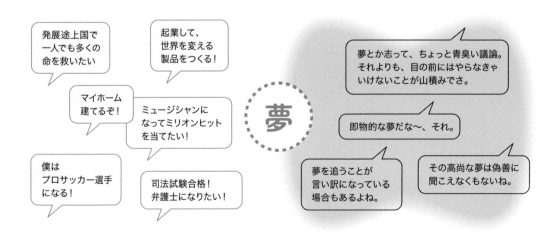

その夢を本物とするために「ルビコン川を渡る」

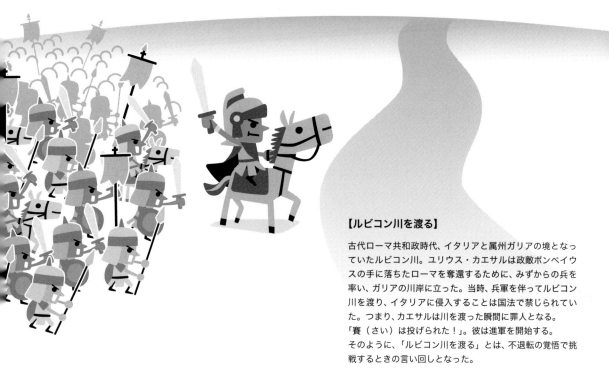

【ルビコン川を渡る】

古代ローマ共和政時代、イタリアと属州ガリアの境となっていたルビコン川。ユリウス・カエサルは政敵ポンペイウスの手に落ちたローマを奪還するために、みずからの兵を率い、ガリアの川岸に立った。当時、兵軍を伴ってルビコン川を渡り、イタリアに侵入することは国法で禁じられていた。つまり、カエサルは川を渡った瞬間に罪人となる。「賽（さい）は投げられた！」。彼は進軍を開始する。そのように、「ルビコン川を渡る」とは、不退転の覚悟で挑戦するときの言い回しとなった。

すし、その実現のために使う労力と時間も自分のものです。ただ、そんな中で「本物の夢」というべきものはあるのではないでしょうか。

夢を本物にするのは「ルビコン川を渡る」という

不退転の覚悟です。それは次の古典的表現にも通じています───事を成すための真の勇気は、（前進のために）橋をつくることではなく、（後戻りできないように）橋を壊すことである。

❗ Essential Points

☐ あなたは夢を肯定的にとらえる人だろうか？ 否定的にとらえる人だろうか？

☐ それを夢と呼ぼうが呼ぶまいが、あなたはこの先生きていくうえで、ルビコン川を渡ってまで成し遂げたい一大目標と出合うことがあるだろうか？

夢のさまざまな状態

「夢に向かう」「志を抱く」といってもそこにはさまざまな状態があります。それを表したのが下図です。

図のタテ軸は、想い・行動の強弱を表わします。心理レベルでみれば、夢は「願望」という漠然とした状態から「決意」「覚悟」という段階に強くなっていく。行動レベルとしては、最初は無垢な「熱中」から始まり、現実化を考えた「模索」状態に入る。

ある段階から本格的な「成就活動」へと進み、最後は「戦い」となる。当然、リスク負荷も変化します。

図のヨコ軸は、夢を抱く意識が「己に閉じている」か「己を開いている」かです。夢には利己的なものと利他的なものがある。前者は「自分は何になりたい／何を手に入れたい」という意識になるし、後者であれば「世の中や他者のために、自分をどう使っていきたいか」という意識になる。

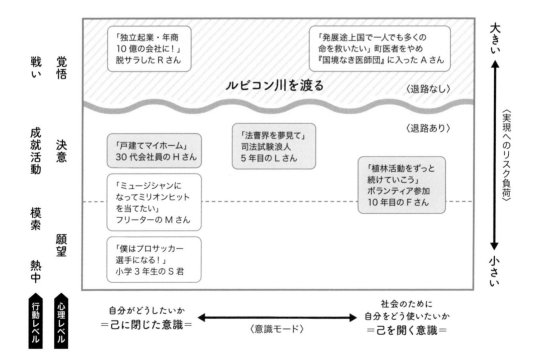

「夢・志」の意味的広がり図〈1〉

「夢・志」の意味的広がり図〈2〉

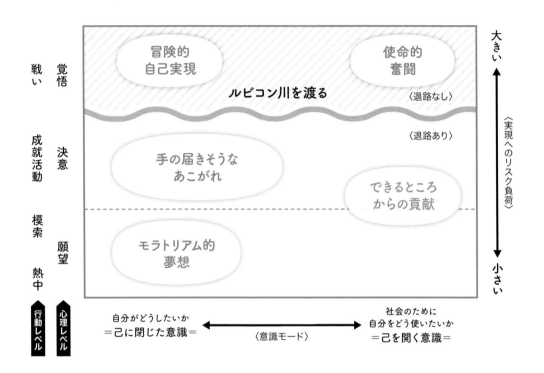

覚悟の程度の差こそあれ
夢の役割は人生の張りになること

　上の図は、夢・志をカテゴリー的に表したものです。最も上にある「冒険的自己実現」や「使命的奮闘」は、内に抱く想いが「ルビコン川を渡る」ほどの不退転の挑戦意志となり、本物の夢になったものです。

　そうした不退転の覚悟で夢に臨む人は、周辺からの冷めた声も気にならなくなるでしょう。むしろ、その真剣さを応援してくれる人を引きつけて、前進

するはずです。

　ただ、夢のすべてにおいて「ルビコン川」を渡るべきということでもないでしょう。ルビコン川の手前で（つまり覚悟を決めない、リスクの小さい範囲で）、ささやかに抱く夢もけっして悪いものではありません。

　「手の届きそうなあこがれ」や「モラトリアム的夢想」は、世知辛い日々に希望や張りや目標を与えるものです。また「できるところからの貢献」は、利他的な活動をライフワークにすることでもあり、尊い志です。

夢の定義

　夢を定義するとすれば、それは「胸躍らせる楽しい覚悟」です。志は「肚の底から湧き上がるやむにやまれぬ覚悟」です。夢も志も「覚悟」ではないでしょうか。

　人の生き方で何が美しいかと問われれば、「覚悟ある生き方だ」と私は答えたい。覚悟を貫き、覚悟を成就することは、決して「楽（ラク）」ではない。むしろ苦難や忍耐続きです。でも、「楽しい」。

　そのとき肚の奥底で感じられる「楽しい」は、使命感とか魂の充実とか、泰然自若といった類のものです。それが人を美しくするのでしょう。

　仕事や人生から苦しさやしんどさをなくすことはできない。むしろ苦しさやしんどさのない仕事や人生はほんものではありません。苦しさやしんどさがあっても、それを乗り越えていける力を湧かせて自分を強くしてくれるのが、夢・志です。

　　　　目を星に向け、足を地につけよ。
　　　　　　　　　　　　──セオドア・ルーズベルト

　　　　　　　　夢見ることができれば、成し遂げることもできる。
　　　　　　　　　　　　　　　　　　　──ウォルト・ディズニー

　　　　　　　夢があるから強くなる。
　　　　　　　　　　──日本サッカー協会 2005 年宣言

思考は現実化する。
　　　　──ナポレオン・ヒル

　　　　　　　　　　　　少年よ、大志を抱け。
　　　　　　　　　　　　　　──ウイリアム・クラーク

アイ・ハブ・ア・ドリーム。

——— マーチン・ルーサー・キング・ジュニア

自分自身の道に迷っている子どもや青年のほうが、
他人の道を間違いなく歩いている人びとよりも好ましく思う。

——— ゲーテ

僕は生計のために、夢をみる。

——— スティーブン・スピルバーグ

私には特殊な才能はない。ただ、熱狂的な好奇心があるだけ。

——— アルバート・アインシュタイン

わたしたちは何かを軽い気持ちで欲求することにすっかり慣れ
てしまっているので、自分が本当には何を欲求しているのか、
わかっていないのです。

——— ヴェニス・ブラッドワース（米国の著述家）

「観」とは平たく言えば「ものの見方・とらえ方」です。哲学者ニーチェは「この世に事実はない。あるのは解釈だけだ」と言いました。私たちは、何か自分の外に確固としたひとつの世界があり、そこを生きていると思いがちですが、本質的には、人それぞれが解釈し意味づけした独自の世界を生きています。その1人1人が内面につくり出す景色が「観」です。

仕事観、キャリア観、人生観、幸福観、死生観、世界観、歴史観、人間観……人は知らないうちに「観」を構築し、それを通して物事をとらえます。「観」をこの後、「包括的景色」と呼んだり、「意志的把握」「解釈の体系」「志向性を帯びた思考秩序」と説明したりしますが、どんな「観」を持つかは、どんな能力を身につけるかよりも根底の問題であり、とても重要なことです。

単純な知覚・認知から
包括的景色へと進む人の把握様式

さて、「観」がどういう種類の物事の把握なのかをみていきましょう。例えば、私たちが「樹木」というものをとらえるとき、次ページに示したようにおおまかに3つのモード（様式）が考えられます。

1つめが感覚的把握。まず私たちは、森の中で樹木を感覚器官を通じて単純に知覚・認知します。そしてそれが何であるかを持っている知識や概念

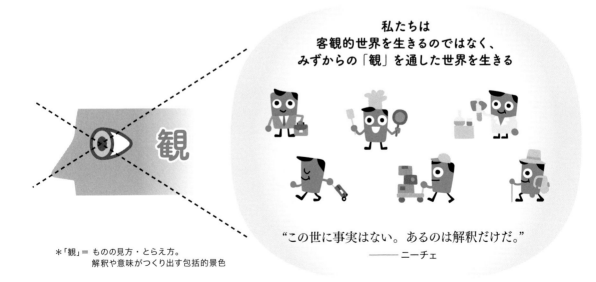

私たちは
客観的世界を生きるのではなく、
みずからの「観」を通した世界を生きる

観

"この世に事実はない。あるのは解釈だけだ。"
———— ニーチェ

＊「観」＝ ものの見方・とらえ方。
　　　　解釈や意味がつくり出す包括的景色

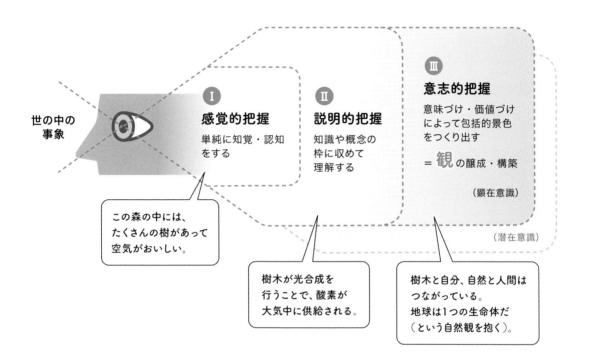

物事をとらえる3つのモード

世の中の事象

I 感覚的把握
単純に知覚・認知をする

II 説明的把握
知識や概念の枠に収めて理解する

III 意志的把握
意味づけ・価値づけによって包括的景色をつくり出す
＝ **観**の醸成・構築
（顕在意識）

（潜在意識）

この森の中には、たくさんの樹があって空気がおいしい。

樹木が光合成を行うことで、酸素が大気中に供給される。

樹木と自分、自然と人間はつながっている。
地球は1つの生命体だ（という自然観を抱く）。

と照らし合わせて理解しようとします。これが2つめの説明的把握です。

私たちはさらに把握をやめません。そこに意味づけや価値づけを行い、自分にとって樹木とはこういうものだ、自然とはこういうものだという意志的な把握をします。その把握はやがて、その物事についての包括的景色とでもいうべきものをつくり出します。これが「観」の醸成・構築です。

！ Essential Points

☐ 網膜に世界の景色を映して見る。意識の膜に世界の景色を映して観る。

☐ 観はあなたが内面に築き上げる意味の秩序。

☐ 顕在意識と潜在意識の間でみえてくるものがある。

人はなぜ「観」をつくり出すのか

生命とは自己内部に
秩序を形成するはたらき

まず、下の左図をみてください。昔なつかしい「パックマン」のような図形が3つ並んでいます。さて、あなたはここに何をみるでしょうか?……おそらく三角形をみているはずです。

次に真ん中の図をみてください。球が落ちて板のようなものに跳ねた様子です。さて、あなたはここに何をみるでしょうか?……おそらく右図のよう

に、球が残りの板に跳ねて、最後は受け皿に入るんだろうなと、その後の経過を想像したのではないでしょうか。

こうした像をひとりでにつくり出す作用は、一般的に視覚的補完と呼ばれ、ヒトは高度にその能力を発達させています。断片の情報しか得ていないにもかかわらず、全体像を組み上げたり、事のなりゆきを予想したり、隠れた法則を見つけ出したり。そのように人間は、視覚を含めあらゆる知覚を統合して、物事がどうなっているのかという包括的景

私たちは秩序をつくり出すようにものをみる

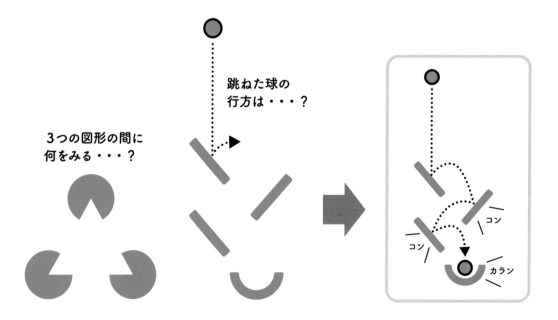

3つの図形の間に
何をみる・・・?

跳ねた球の
行方は・・・?

コン

コン

カラン

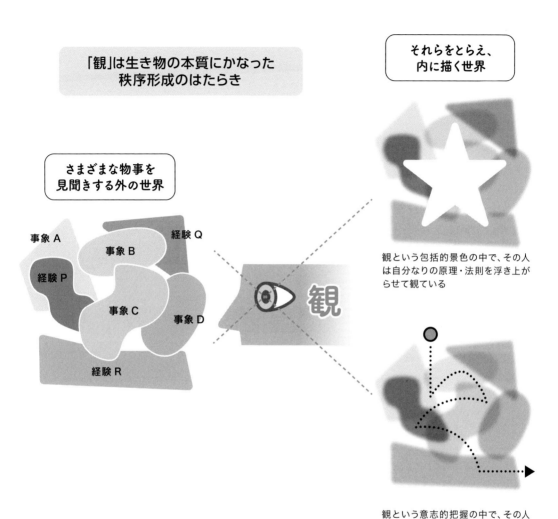

「観」は生き物の本質にかなった
秩序形成のはたらき

それらをとらえ、
内に描く世界

さまざまな物事を
見聞きする外の世界

事象 A
経験 Q
事象 B
経験 P
事象 C
事象 D
経験 R

観

観という包括的景色の中で、その人
は自分なりの原理・法則を浮き上が
らせて観ている

観という意志的把握の中で、その人
は「ああなればこうなる」という事
のなりゆきを自動的に組み立てる

色を生み出さずにはいられない仕組みになってい
ます。それはなぜでしょう───？
　それは生命が自己内部に秩序を形成するはたら
きそのものだからです。万物が流転する中、生命は
その本質的なはたらきを十全に発揮するために、

物質を集めて身体をつくり、意識をつくり、精神を
つくります。そのとき、自己内部に安定した情報処
理の秩序が絶対的に不可欠なのです。ですから、
「観」の醸成・構築は生き物にとって必然の営みと
いえます。

人それぞれの「観」

例えば、「仕事・キャリア（職業人生）」についてどうとらえるか。もちろん誰しも「仕事・職業とは生計を立てていくための労働」であり、「キャリアとはその連鎖・蓄積によって生まれる過程や内容」といった辞書的な意味は知っています。これは前にみた「説明的把握」で、おおかた共通の認識です。

ところが、仕事・キャリア観、すなわち「意志的把握・包括的景色」となると千差万別のものになります。例えば下に3つのキャリア観を並べてみました。これら以外にも、キャリアのとらえ方はいろいろ出てくるでしょう。

「観」は実にさまざまな要因がからみ合ってできあがるもので、そのありようは人それぞれになります。大きな観もあれば小さな観もある。明るい観もあれば暗い観もある。

「観」はその人の能力発揮に根底から影響を与え、その人の生きざままで決定づける重大な個性といってよいでしょう。

いろいろなキャリア観

「成功」のキャリア観	「自己防御」のキャリア観	「健やかさ」のキャリア観
成功のキャリア	できるだけ波風のない仕事生活	健やかなライフ＆キャリア
競争を勝ち上がっていく win/success	仕事から自分を守る self-defensiveness	"自分らしい" を開いていく well-being
有能さの証明	（仕事に対する）適当な割り切り	働くことの喜び
上昇したい／しなければならない	ラクに終わらせたい	表現したい／表現を分かち合いたい
仕事は「激流下りのラフティング」（刺激爽快。ときに大けがすることもある）	仕事は「生きていくための忍耐活動」（せめてプライベートを楽しくしよう）	仕事は「自分の耕作」（志を起こし、能力を育み、成長を楽しむ）
無理して頑張って認められたい	やらなきゃしょうがない	遠くを見つめて一歩ずつ
スピード！ 効果・効率の最大化！	そんなに急いでばかりでどうなの？	自分のリズム♪♪♪
戦略・戦術、駆け引き、覇権を取る	現状維持、リスク忌避、安住願望	工夫や知恵、共創、貢献、絆
私は有能なビジネスパーソン。それを証明するために、仕事以外の何かを犠牲にするのもやむなし。	仕事で余計な役割は担いたくないし、考えない。仕事時間以外の私がほんとうの私。	私は一職業人であると同時に、一人間であり、一夫（妻）、一子ども、一親、一市民、一自由人である。

「観」のありようはさまざま

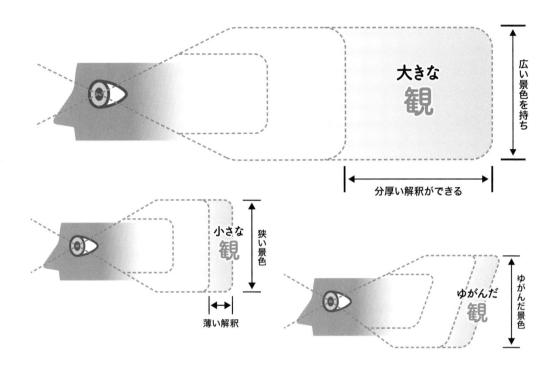

大きな
観

広い景色を持ち

分厚い解釈ができる

小さな
観

狭い景色

薄い解釈

ゆがんだ
観

ゆがんだ景色

「観」の醸成に影響を与えるもの

- 出自の環境、性格
- 受けた教育、読書、人との交流
- 見聞、体験
- メディア情報、科学・芸術・宗教
- 暮らす土地の風習・文化・歴史・風土
- 社会状況、時代の流行・潮流
- 世の中への関心・問題意識
- 生きることにおける動機、志、理念、使命感

これら先天的／後天的要因、外的／内的要因が複雑にからみながら、観は醸成・構築される。

その結果、

「観」は個性

- 大きな観 ／ 小さな観
- 素直な観 ／ ゆがんだ観
- 透明な観 ／ 色に染まった観
- 明るい観 ／ 暗い観
- 堅固な観 ／ ぜい弱な観
- 分厚い観 ／ 薄っぺらな観
- 寛容な観 ／ 硬直化した観

……など、人によって観の
ありようはさまざまになる。

それは価値「観」の多様化？

「古代人の耳目は吾々に較べれば恐らく比較にならぬ位鋭敏なものであった。吾々はただ、古代人の思いも及ばぬ複雑な刺戟を受けて神経の分裂と錯雑とを持っているに過ぎない」。

「現代人には、鎌倉時代の何処かのなま女房ほどにも、無常という事がわかっていない。常なるものを見失ったからである」。

——— 小林秀雄『人生の鍛錬』

「観」の豊かな多様化ではなく「見」が乱発されているだけ？

「ものをみる」ということには深さの程度があります。「見る」ことと「観る」ことの違いは、すでに本書第1部（→28ページ）でも触れました。人は外側の様子を見ることから、内側の本質を観ることへ程度を深めていく力があります。また、物事を単体で見ることから、包括的な景色として観ることへ程度を深める力があります。

見る内容を「見（けん）」、観る内容を「観（かん）」とするならば、「見」は世の中に溢れています。人はただ見て、意見、所見、偏見、我見を容易に持ち、それをあちこちに放つからです。生活の場やネット上には、日々無数の「見」が行き交っています。そ

れに比べ、観ることは難しいので、「観」と呼べるものに触れることはぐっと少なくなります。

「価値観が多様化する時代だ」などとよくいわれます。しかし、はたしてそうでしょうか。厳密に言えば、価値についての「観」が多様化しているのではなく、単に、好きか嫌いかについての、損か得かについての、あるいは、うなずけるかうなずけないかについての「見」が乱発されているだけではないでしょうか。

「見」は雑多に色とりどりではあるものの、それを発する人びとの根っこにある考え方や行動パターンは、恐ろしいほどに均一化しています。そのため彼らは一律に扇動もされやすい。

私たちは技術の進歩によって、古人よりもはるかに多くの情報や知識を得るようになりました。しか

し残念ながら、そのことが必ずしも人を「見る」から「観る」の次元に押し進めるようにはなっていません。

小林秀雄の言うように、現代人は過剰な刺激の中で錯雑に陥っているだけかもしれません。この世を無常観でとらえることについては、鎌倉時代の「なま女房＝宮仕えにまだ不慣れな女性使用人」にも及ばないとは、いかにも彼らしい寸鉄です。

もちろん日常のたわいない会話は人生を楽しませるものであり、生活のそこかしこにあっていいものです。しかし、浅薄で偏った雑多な「見」のみが世論をつくり、さらには民主的選挙を通じてそれらが全体意思をつくっていくとすれば、社会は賢明さをなくすでしょう。個々の人間の深いところからくる「観」による対話が社会には不可欠です。

私たちが交わしているのは「見」だろうか？「観」だろうか？

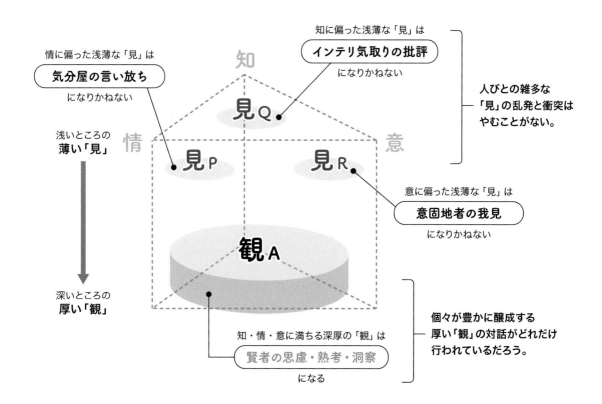

情に偏った浅薄な「見」は
気分屋の言い放ち
になりかねない

知に偏った浅薄な「見」は
インテリ気取りの批評
になりかねない

人びとの雑多な「見」の乱発と衝突はやむことがない。

浅いところの
薄い「見」

深いところの
厚い「観」

知

情　　意

見Q

見P　　見R

観A

意に偏った浅薄な「見」は
意固地者の我見
になりかねない

知・情・意に満ちる深厚の「観」は
賢者の思慮・熟考・洞察
になる

個々が豊かに醸成する厚い「観」の対話がどれだけ行われているだろう。

人が物事をじかにまっすぐにみるために

「観」とはこれまでみてきたところから、次のように言い表すことができます。

□ ものの見方・とらえ方
□ 解釈や意味がつくり出す包括的景色
□ 意志的把握
□ 解釈の体系
□ 志向性を帯びた思考秩序
□ 物事を価値づけするレンズ
□ 物事の意味づけ回路

観は個性です。人は観を通して自分なりに世の中を解釈し、意志を持って活動していきます。が、人はものをみることに対して、これだけでは満足しません。観を取り払って、ものをじかに、透明に、ゆがみなく、みたいと願うのです。

本項では物事をとらえる3つのモードとして、「Ⅰ:感覚的把握」「Ⅱ:説明的把握」「Ⅲ:意志的把握」を説明してきました。が、ここで4つめとして「Ⅳ:観照的把握」とでもいうべきものを加えねばなりません。

古今東西の聖人・哲人たちは
じかにものをみることを求めてきた

観照（観想ともいう）とは、評価や判断を加えず、直接的に対象をながめることをいいます。余計な思考過程を介さず、色を通さず、物事を直観的につかみたい、森羅万象を貫く「おおいなる何か」を覚知したい───この欲求が人を観照へと引き込みます。

観照は顕在意識と潜在意識の領域にまたがるところで行われます。観照によって起こる直観や覚知は科学的な検証が難しいこともあり、常に神秘主義的な啓示やまがい物の幻覚などと混在して扱われがちになります。

しかし、古今東西の聖人や哲人をはじめ、偉大な研究者、芸術家たちは、この意識の最深部で行われる精神作業こそ、「おおいなるもの」に出合うことのできる最も重要な活動と考えていました。

アリストテレスは、観想を人間の生き方の最高目的のひとつにあげました。仏教やキリスト教では、読経や唱題、座禅、祈り、瞑想、歌などを通して意識の深いところに入っていき、真理に出合おうとします。

日本を代表する哲学者、西田幾多郎も「じかにものをみる」とはどういうことかに強い関心を寄せていました。『善の研究』はまさにそれを中核テーマに据えた著作であり、西田は自己の思慮分別を一切加えずに、対象（客体）と自分（主体）が一体化することを「純粋経験」と呼んだのでした。

また、意識／無意識の境で起こる没我状態を心理学者のミハイ・チクセントミハイは「フロー」と名づけたことで有名です。スポーツの世界でもよくいわれる「ゾーンに入る」も同様の内容です。

今日の私たちはあまりに多くの情報と科学的知識を抱え込み、しかも功利的な選択を優先させているので、思考に偏りや濁りが生じています。ときおり、心を無にしたい、心を澄ませたいという欲求が起こるのもその反動かもしれません。

物事をとらえる4つめのモード

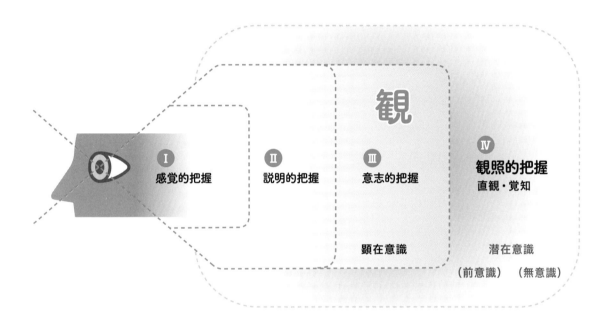

観

I	II	III	IV
感覚的把握	説明的把握	意志的把握	観照的把握 直観・覚知

顕在意識

潜在意識

（前意識）　（無意識）

宗教や哲学、芸術は、人びとを観照的な営みへと誘い、心を純化させることが目的のひとつですが、先にも触れたとおり、世の中には危うい偽物の指南屋も多い。そんな中、宗教色をなくした形での「ヨガ」や「マインドフルネス」のエクササイズが一般に広がりをみせています。その流れはより強まっていくでしょう。

いずれにせよ、意識の深いところへもぐっていき、自分の心の眼を開くことができる人が、物事のほんとうの姿をみる人です。

意識と無意識の境からやってくる創造力

「静に見れば、もの皆自得すと云へり」とは松尾芭蕉がよく口にした言葉です。心を落ち着かせて対象物を深く見つめていけば、すべてのものがきちんと各々の本性のもとに、全体の理法と調和しながら存在していることに気づく、といった内容でしょうか。芭蕉は、そんな「おおいなるもの」に気づけるようになったときが、いわば主客一体・物我一致の状態であり、描くものが渾然と顕れてくる状態であることをよく知っていました。

時の風雪に耐えて現代にまで残ってきている芸術作品というのは、作者がそのように意識と無意識の間を往来しながら、観照的把握を行い、「おおいなるもの」の感得のもとで渾身の技術を振るって完成させたもののように思います。

他の依存を離れて自力をつけることはまずもって必要です。しかし、自力に慢心していては、「ちっぽけな個性」の発揮に留まります。自己を超えていく能力発揮のためには「M05：オープンマインド」でも紹介したとおり、「おおいなるもの」へ意識を開き、調和していけ、というのが賢人の教えです。

ちっぽけな個性／おおいなる個性

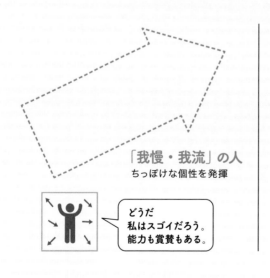

「我慢・我流」の人
ちっぽけな個性を発揮

どうだ
私はスゴイだろう。
能力も賞賛もある。

「大我・超我」の人
おおいなる個性を発揮

私はたしかに
自分を生きている。
そして生かされている。

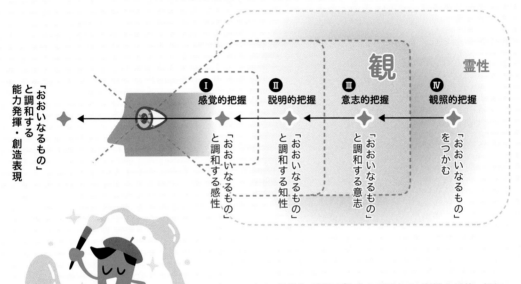

自己を超えていく能力発揮は「おおいなるもの」との調和のもとでなされる

霊性

観

I 感覚的把握　II 説明的把握　III 意志的把握　IV 観照的把握

「おおいなるもの」と調和する感性

「おおいなるもの」と調和する知性

「おおいなるもの」と調和する意志

「おおいなるもの」をつかむ

「おおいなるもの」と調和する能力発揮・創造表現

すなわち───「他力に任せきる時、新たな自由の中に入る」(柳宗悦)、「自己実現の達成により、自分よりも一段と大きい全体の一部になっていく」(マズロー)、「つねに大いなるものに喜びを感じること」(ゲーテ)。

意識と無意識の境で「おおいなるもの」を感得していく能力は、人間の大事な本能の1つであり、霊性／スピリチュアリティとも呼ばれています。それは決して怪しげなものではなく、崇敬や畏怖、信仰心のもととなり、直観を生み出す高度な覚知能力です。

科学的思考が隆盛をきわめる中、現代人が鈍らせてしまった霊性への見直しが求められています。内奥の広大な無意識から呼び出される霊性が、意識の上で稼働している能力と組み合わさるとき、思いもよらない能力・創造表現を得ることができることを私たちは素直に認めねばなりません。

最後に陶芸家、濱田庄司の言葉です───「出来た物は、自分が作ったと言うよりも、何かにこしらえてもらった品なんです。焼物はこしらえるものより、生れた物になりたいというのが私の願いです」。

M10 こころ・精神性

「こころ」とは『広辞苑〈第七版〉』によれば、「人間の精神作用のもとになるもの」とあります。こころは知性、感情、意志を発現させる不可思議な作用であり、その作用を生み出す場ともいえます。

こころは一般的には「心」と書きますが、「意」と書いたり、「情」と書いたりもします。また、魂や気、霊なども含むとても広い概念です。英語でも「こころ」に相当する語は「heart」「mind」「spirituality」などいくつもあります。

そうした複雑なこころですから、当然、ありよう

も多面です。「心が広い」「心が大きい」など、下記のように私たちは心について、実にさまざまに言い表します。

また、「こころがどこにあるか」という問いに、古今東西、人間はいろいろな答えを与えてきました。例えば、東洋医学では「丹田（たんでん）」というものを考えます。下図のように身体の3箇所にあるといいます。さしずめ知を司る上丹田、情・意を司る中丹田・下丹田といった感じでしょうか。

その人のこころのありようや性向を「精神性」と

「こころ」なるもの

- 心 [こころ]
- 意 [こころ]
- 情 [こころ]
- 心臓 [しんぞう]
- 精神 [せいしん]
- 魂 [たましい]
- 気 [き]
- 霊 [れい]
- ハート [heart]
- マインド [mind]
- サイケ [psyche]
- メンタリティ [mentality]
- スピリチュアリティ [spirituality]

「こころ」のありよう

心が――――

- 広い（寛容性）
- 大きい（泰然性）
- 熱い（情熱度）
- 固い（決意度）
- きれい（純粋・無垢）
- 深い（包容力）
- 鋭い（感受性）
- 強い（忍耐力）
- 豊か（充実度）
- やさしい（慈愛性）
- まっすぐ（正直）
- 優れた（善性・品性・徳性）
- 透明（無私・無欲）
- 崇高（精神性・霊性）

「こころ」のありか

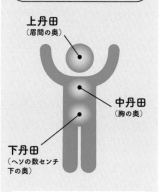

上丹田
（眉間の奥）

中丹田
（胸の奥）

下丹田
（ヘソの数センチ下の奥）

東洋医学では、気を生む体内箇所として「丹田（たんでん）」というものを考えています。上・中・下と3箇所あり、最も重要とされているのが下丹田です。ここを肚（はら）と呼んだり、意（こころ）と呼んだりします。

「欲する」が「祈る・誓う」に昇華するとき、そこに精神性が宿る

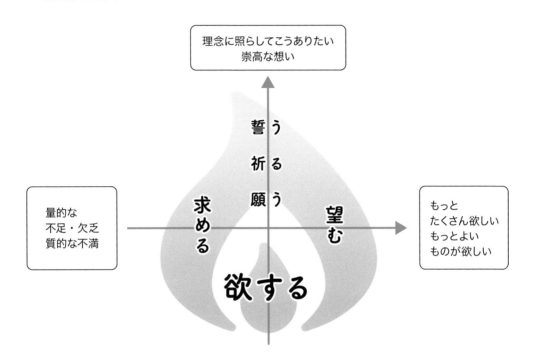

理念に照らしてこうありたい
崇高な想い

量的な
不足・欠乏
質的な不満

もっと
たくさん欲しい
もっとよい
ものが欲しい

誓う
祈る
願う
求める
望む

欲する

いいます。「高い精神性が宿る作品だ」「その仕事には精神性が感じられない」というように、私たちが仕事や生き方に対して精神性を言うとき、暗黙のうちに崇高さや厳格さ、品位、霊性といったものを問うています。

人の精神性は「欲する」中に最も表れるのではないでしょうか。上図に描いたように、「欲する」には、量的・質的に増していく方向と、理念的に昇華していく方向があります。精神性は欲求や欲望には宿ることなく、祈りや誓いに宿ります。

! **Essential Points**

☐ 人間のやる仕事は、機械がやる仕事でも、動物がやる仕事でもない。だからそこには何かしら精神性を通わせたい。

☐ あなたの日々の仕事の中には、祈りや誓いといったものがあるだろうか?

仕事の中の祈り

身体にせよ、生活・社会にせよ、生存のための不足・欠乏が起こると、私たちは最低限必要な量・質を求めます。それが欲求です。動物は必要分を満たしたら欲求をやめます。しかし、人間は「もっと、もっと」となります。これが欲望です。

欲求満たしから欲望満たしへ。これは言ってみれば、自分の能力を「数量の獲得」に使う生き方で

す。資本主義という経済システムはこの生き方と相性がよく、多くの人はこの一本道をひた走る／走らされることになります（右ページ図）。

しかし中には、自分は「数量の獲得」のみに生きる存在ではないと感じる人もいます。その人は欲を祈りに変換していく人かもしれません。そこには能力を「誓いの成就」に使う生き方があります。

「これらの千年を過ぎた木がまだ生きているんです。塔の瓦をはずして下の土を除きますと、しだいに屋根の反りが戻ってきますし、鉋をかければ今でも品のいい檜の香りがしますのや。これが檜の命の長さです。
こうした木ですから、この寿命をまっとうするだけ生かすのが大工の役目ですわ。千年の木やったら、少なくとも千年生きるようにせな、木に申し訳がたちませんわ」。
─── 西岡常一『木のいのち木のこころ　天』より

「結局、花へいくいのちを私がいただいている。であったら裂（きれ）の中に花と同じようなものが咲かなければ、いただいたということのあかしが……。
自然の恵みをだれがいただくかといえば、ほんとうは花が咲くのが自然なのに、私がいただくんだから、やはり私の中で裂の中で桜が咲いてほしいっていうような気持ちが、しぜんに湧いてきたんですね」。
─── 志村ふくみ　梅原猛対談集『芸術の世界　上』より

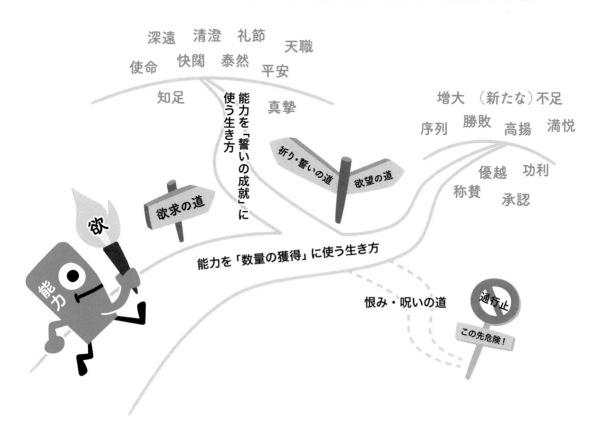

私たち1人1人は欲と能力を何に向けて使っていくのだろう……？

深遠　清澄　礼節　天職
使命　快闊　泰然　平安
知足　　能力を「誓いの成就」に使う生き方　真摯　増大　（新たな）不足
　序列　勝敗　高揚　満悦
祈り・誓いの道　欲望の道　優越　功利
欲求の道　称賛　承認
能力を「数量の獲得」に使う生き方
恨み・呪いの道　通行止
この先危険！
欲
能力

樹木のいのちと引き替えに
創造を行うことの心の痛み

　さて、祈りや誓いを伴った働きぶりとはどういうものでしょうか。ここにその2人を紹介します。

　西岡常一さんは1300年ぶりといわれる法隆寺の昭和の大修理を取り仕切った宮大工の棟梁です。彼が材料となる樹齢1000年超の檜（ヒノキ）について触れたのが左ページの言葉です。

　また、もう1人は染織作家で人間国宝の志村ふくみさんです。淡いピンクの桜色を布地に染めたいときに、桜の木の皮を剥いで樹液を採りますが、春のいよいよ花を咲かせようとするタイミングの桜の木でないと、あのピンク色は出ないのだといいます。

　これらの言葉の中には、生命（いのち）に対する慈しみや、それを断つことへの痛みがあります。抗しがたく湧き起こってくる創造欲を祈りや誓いに変換している表現者の姿があります。

　祈りや誓いは、この大自然・大宇宙を貫く「おお

いなるもの」を何かしら感じ取り、そのもとでちっぽけな自分が生き、生かせてもらっていることに気づいたとき、ふつふつと湧き起こってくるものです。人間の精神性とはそういう謙虚さ、透明さをベースとした心のありようであり、気高く固い決意を生むエネルギーの源泉になります。

ビジネスはスポーツ化し「精神のない専門人」が自惚れる

ドイツの社会学者マックス・ヴェーバーは、いまから100年以上も前に著した『プロテスタンティズムの倫理と資本主義の精神』の中で次のように書いています。

「営利のもっとも自由な地域であるアメリカ合衆国では、営利活動は宗教的・倫理的な意味を取り去られていて、今では純粋な競争に結びつく傾向があり、その結果、スポーツの性格をおびることさえ稀ではない」

彼の見立てはまさに現実のものとなり、いまやビジネスや仕事は、数量（利益額やシェア、定量化された価値など）を獲得しあうスポーツあるいはゲームになりました。獲得された数量はお金と直接的に結びついており、それが欲望を際限なくふくらませもします。

そうしたいびつに発達した資本主義経済の末期に跋扈し自惚れるのは誰か───ヴェーバーは同著の最後の箇所で、それは「精神のない専門人、心情のない享楽人」だと喝破しました。

欲や能力をどんな目的につなげるかそこでこそ精神性が問われる

欲自体は悪いものではありません。欲によってはたらく知識や能力もそれ自体は善悪どちらでも

ありません。資本主義というシステムも、お金という道具もしかりです。それらがどんな目的と結びつくかによって、よいものにも悪いものにもなりえます。それを統御するのがまさに精神性といえるでしょう。

今日のビジネス社会では、物事をうまくつくる、はやくつくる、儲かるようにつくることが至上命題になっています。いわば「長けた仕事」の追求です。しかしこのことの先にある組織・社会は、長ける者と長けざる者の分離が貧富の差へと形を変えて進み、個も全体も幸福にしないことが明らかになりはじめました。

経済的ものさしから外れ、欲望から外れたところでなされる「よい仕事」「豊かな仕事」「健やかな仕事」が、「長けた仕事」に負けないくらい多様に生まれる余裕ある社会の実現。それこそが精神性のある社会といえそうですが、その壮大な取り組みはほかならぬ今後の私たちに課せられています。

「プロフェッショナル」の原義は「誓いを立てる（profess）」職業人。常に自分に問いかけたい視点です。

「能力とキャリア」総括

　以上、本書ではさまざまに能力および能力を司るマインド・観についてみてきました。人間が発揮する能力は無限に広く、また深さの尽きないものです。その中から、独自に強い仕事をする上で最も重要であろう能力と心の構えを44項目取り上げました。

「食えるスキル・資格はこれだ！」
皆がこぞってスキル習得に走る

　「10年後になくなるのはこの仕事だ」「これから食っていけるスキル・資格はこれだ」……AI（人工知能）や作業ロボットの急速な発達によってメディアにはこうした見出しが目立つようになりました。

　そうした影響もあって義務教育や高校・大学の現場では、特定の資格取得や職業選択と結びついた授業の取り込みが増えています。保護者たちも子どもが職にあぶれることを心配して、いろいろと介入をします。

　そうやって無事就職しても、というより、就職した後からこそ、職を保持する長い長いキャリアの道のりが始まります。人生100年時代、20歳前後で就職し、60歳前後で会社員を定年退職するとして

も、実に40年。健康であれば定年後も10年やそこらは、まだ何かしら働くことになるでしょう。

　もちろん食っていくためという切実な理由があります。また、自分の可能性を開発するため、社会貢献するため、人と出会うためなどの理由もあります。いずれにせよ、私たち1人1人にとって、職を見つけ、保持していくことは人生で最重要級の挑戦です。

スキルを追えば追うほど
変化の波に巻き込まれ不安感は増す

　その挑戦をやり遂げるための方策としてまずあるのが、ともかく需要のある知識・技能を身につけて、自分を買ってもらおうという「スキル習得」アプローチです。

　時代の変化に合わせて、あるいは雇ってくれる側の要請に合わせてスキルを習得・更新していく。それ自体はまったく必要な行動なのですが、長期的な視点でながめれば、枝葉次元の対処法であって、根幹的な取り組みにはならないことを本書では各所で触れてきました。

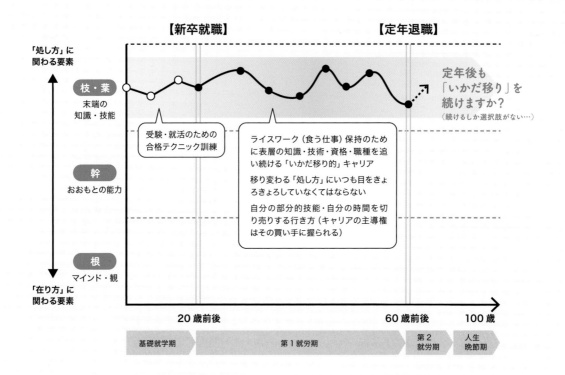

表層の変化を渡る「いかだ的」キャリア

【新卒就職】　【定年退職】

「処し方」に
関わる要素

枝・葉
末端の
知識・技能

受験・就活のための
合格テクニック訓練

ライスワーク（食う仕事）保持のため
に表層の知識・技術・資格・職種を追
い続ける「いかだ移り的」キャリア

移り変わる「処し方」にいつも目をきょ
ろきょろしていなくてはならない

自分の部分的技能・自分の時間を切
り売りする行き方（キャリアの主導権
はその買い手に握られる）

幹
おおもとの能力

根
マインド・観

「在り方」に
関わる要素

定年後も
「いかだ移り」を
続けますか？
（続けるしか選択肢がない…）

20 歳前後　　　　　　　　　　　　　　　　60 歳前後　　100 歳

基礎就学期　　第 1 就労期　　第 2
就労期　　人生
晩節期

「スキル習得」アプローチは上図で描いたように、変化していく表層を「いかだ」を次々に乗り換えて、何とか職をつないでいく対応です。何十年と続くキャリアの道のりを考えると、それは何と不安なことでしょう。しかし実に多くの人がこの方策で乗り切るしかないと考えています。

しかし、時代や組織の要請に合わせたスキルを身につけることはもはや前提（あるいは必要条件）でしかなく、人生100年時代に健やかに働き続けていくための方策（あるいは十分条件）にはならないのです。

ではどういうアプローチがなされるべきか。本書はそれが「マインド・観醸成」ではないかと提言しています。

スキルを「鋤・鍬・刀」として
どう自分を彫り／掘り起こしていくか

マインド・観は在り方を問います。そして在り方はライフワークやソウルワーク、道としての仕事を生み出す源になるものです。知識や技能といった

深くに不変のものを掘り起こしていく「耕作的」キャリア

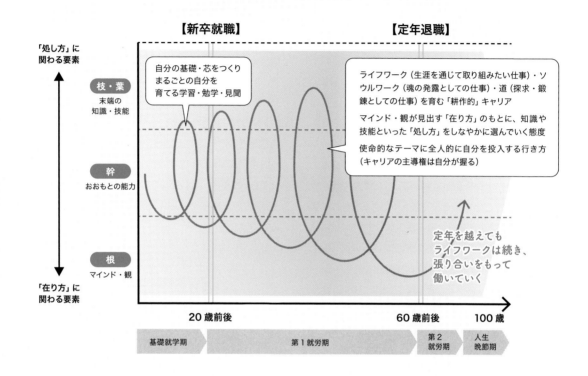

【新卒就職】 **【定年退職】**

「処し方」に
関わる要素

枝・葉
末端の
知識・技能

幹
おおもとの能力

根
マインド・観

「在り方」に
関わる要素

自分の基礎・芯をつくり
まるごとの自分を
育てる学習・勉学・見聞

ライフワーク（生涯を通じて取り組みたい仕事）・ソ
ウルワーク（魂の発露としての仕事）・道（探求・鍛
錬としての仕事）を育む「耕作的」キャリア

マインド・観が見出す「在り方」のもとに、知識や
技能といった「処し方」をしなやかに選んでいく態度

使命的なテーマに全人的に自分を投入する行き方
（キャリアの主導権は自分が握る）

定年を越えても
ライフワークは続き、
張り合いをもって
働いていく

20歳前後　　　　　　　　　　60歳前後　　　100歳

基礎就学期　　　　　第1就労期　　　　第2就労期　人生晩節期

処し方はその下に来る手段的要素ととらえます。それが上図の「耕作的キャリア」です。

不変・普遍のものをつかめば、変化も悠然と楽しむことができる。これが健やかに長く職業人生を送っていくための鍵だと思います。

もちろん最初から自身の在り方がわかっていて、ライフワークを見つけられる人は稀です。若いころはスキル習得に右往左往しながら「いかだ移り」をやることでいいでしょう。問題はそこからです。

そのまま表層を渡っていくのか、それとも在り方の次元に意識を向け、深くを耕していくのか。これは決定的に大きな分岐です。

私は仕事柄、さまざまな人たちのキャリアを観察してきました。50代以降もはつらつと働いている人は、知識・スキルを「いかだ」としてではなく、「鋤・鍬（すき・くわ）」として、自分という可能性を耕し続けている人です。あるいは、知識・スキルを「刀」として、人生の在り方を彫刻している人です。そのようなキャリアの体現には、堅固なマインド・観の醸成がなくてはならないのです。

おわりに

……この本の原稿を書き上げたのが 2020 年 1 月末。その直後の 2 月、新型コロナウイルスの感染拡大が日本国内でも本格化し、3 月には全世界的な規模へと発展しました。この疫病禍がどうおさまり、どんな影響を残していくかは現時点ではわかりません。とはいえ、この禍が個々人に、ビジネスに、社会に大きな変化を強いることは確実です。

もちろんこの難局を乗り越えるために、誰もが懸命に「処し方」を考え、生き延びなければなりません。しかし、この禍が根本で問うているのは、私たちの「在り方」ではないでしょうか。

これを機に、生きること・働くことについて、より深いところに目を向け、観をつくりなおし、生活を、仕事を、社会を再生することができれば、それこそがこの禍に対する真の勝利といえるでしょう。

本書でみてきたように、根底のところで不変の「在り方」を肚に据えている人は強い。「在り方」のもとに変化や不安への「処し方」があるからです。その意味で、本書がコロナ後の世界を生きる上で何かしら重要なことが提示できているとすれば、それこそ書き手にとって本望です。

* * * * *

「ハウツーを教えない能力の本」を書いてみよう——そう思い立ったのは、2018 年 3 月に刊行した『働き方の哲学』の執筆のさなかでした。同書の第 3 章を「知識・能力について」とし、働くうえで重要と思われる能力をいくつか取り上げ解説をしました。しかし書いている途中に、この能力も大事だ、あの能力も大事だ、これを外すわけにはいかない、ならばこれも……というふうに、書くべき項目・内容がどんどん吹き上がってくるのでした。そのとき、「能力をテーマにして十分に 1 冊のボリュームになるな」と確信しました（そのようによい仕事への没頭は、その中に次のよい仕事の種を内包しているものです）。

ですが能力の本といっても、当初から、具体的なテクニックを教える本にするつもりはまったくありません。能力の本質をどうとらえるか、能力とどう向き合うか、という切り口でなければならないと考えていました。それは、私が企業内研修の事業者として 17 年間、受講者である企業のビジネスパーソンたちと接してきて気づくことがあるからでした。

昨今の仕事現場では、組織は従業員に対し、どう効率的・効果的に業務をこなせるかをひたすら問います。働く側も組織から要請のある能力をあれこれ身につけ、組織での居場所を確保し、生計を立てるためのお金を得ていきます。そこには使う側も使われる側も、もっぱら「処し方」に長けることのみに関心が強まっていく流れがあります。

製品やサービスがどんどん高度に細分化されるに従い、「処し方」も細かく鋭くなっていく。するとそこにあてがわれる人材も細かく鋭くなっていか

ざるをえない。そのために企業の勤め人たちは、アタマ（知識）と手足（技能）だけが異様にとがっていきます。

言い換えると、人材がますます部分的・末端的な機能部品となり、全人的・大本的な可能性存在ではなくなる傾向が強まっているということです。

チャーリー・チャップリンは映画『モダンタイムス』（1936年）で、工場労働者が単純作業にまで分解された仕事を黙々とこなし、生産装置の一部になっていく姿を描きました。チャップリン扮する労働者が機械の大歯車の中にぐねぐねと流し込まれてしまい、きりきり舞いになるという映像は、工業化社会に一石を投じました。

あの映像をいまのビジネスパーソンたちは、「かわいそうになぁ、そりゃあんな単純な肉体労働を歯車のようにさせられちゃ人間疎外にもなるよ。昔はひどかったな」と思うかもしれません。しかし、よくよく考えてみるに、チャップリンが描いた当時のブルーカラーも、令和ニッポンの知的労働に関わるホワイトカラーも問題の本質は変わっていないのです。

単純な肉体作業が、多少複雑な知的作業に変わっただけであって、依然1人の働き手は、大きな利益創出装置の中で、部分的、末端的な歯車として閉じ込められています。ただ1点異なるところをあげるとすれば、知識なり技能なりを身につけて、多少のプロ意識を抱き、承認欲求を満たすところでしょうか。

しかし、その多少の自負や張りも30代半ばまでがせいぜいで、それ以降は、変化への順応力が鈍ってきたり、有能な若手に追い越されたり、機械に代

替されたりで停滞が始まります。部分的・末端的な人材が硬直化すると、まさに行き場を失います。人生100年時代、その先ゆうに30年、40年と続く仕事人生をどこでどう働いていけばいいのか、どんよりとした不安感が心の中に漂い始めます。

同時に組織側も、高年次化し、狭い業務分野の知識・技能で硬直化した人材の配置転換をうまく進めることができません。

だからこそ、私は「ハウツーを教えない能力の本」を書きたかったのです。

＊　＊　＊　＊　＊

アインシュタインは、「ふたつの生き方がある。──奇跡など起こらないと信じて生きるか、それとも、すべてが奇跡だと信じて生きるか」と言いました。もちろん後者の生き方に気づけという人類へのメッセージです。

一個の人間が生まれ出る奇跡。刹那も休みを止めずいのちを維持する奇跡。そしてどんなことも成し遂げる可能性を秘める奇跡。

そんな「生の奇跡」にじゅうぶんに応えようとする意志、もっと言えば「誓い」が、仕事の中にあるでしょうか。私たち1人1人が全人的に豊かに自己を開くことをせず、雇われることと引き替えに、狭い枠の中に自己を閉じ込め、生き生きと生きる想いも展望も気概もないとしたら、それはほんとうにもったいないことです。

第二次世界大戦下のドイツでナチス軍に捕らわれ、強制収容所に送られたユダヤ人の心理学者ヴィクトール・フランクル。彼は凄惨きわまりない

収容所生活を生き延び、そこでの体験を綴った『夜と霧』を著します。そんな彼が投げかけたのも、「あなたはあなたの人生から何を期待されているか？」という深い問いでした。

いつの時代も、仕事を見つけて食っていくことは大変なことです。だからといって、雇われ続けることが目的となり、組織から命じられるままに移ろいゆく末端の技能の習得を繰り返して自分を安易に機能部品にしてしまう。この状態に浸かることが、どれほど「健やかに働き、はつらつと生きる」ことから遠くなるかを今一度考えてみるべきでしょう。

基本的に、雇われるもとで自分を部品にしたほうがラクなのです。やるべきことを考えずにすみますから。

それに比べ、幹となる力（しる力、みる力、想う力など）を豊かにふくらませ、根となる意識・観を耕すことは難しい。ましてや、そこからほんとうに自分のやり遂げたいことを見つけ、全能力をそこに向けて成就させることはもっと難しい。考え抜き、意志を起こさねばならないからです。しかし、人間が秘める能力というのは、まさにそういうことを行うために天から与えられたものではないでしょうか。

繰り返しになりますが、知識・スキルは手段であり、道具です。知識・スキルによって、ライフワークを掘り起こしていく、ほんとうの自分というものを彫刻していく、それが目的です。そして気がつけば、ちゃんと食えている。さらには、その仕事ぶりによって周囲から感謝もされる──それが人生100年時代における理想のキャリアの体現であると私は思っています。この本を手に取られたみなさ

んにおいても、そうした健やかな仕事人生に行き着くことを願ってやみません。

＊　＊　＊　＊　＊

260ページを超えるこのイラストフルな本は、まさに複数の人間の能力と意志の結晶物です。編集者の原典宏さんは、この企画を積極的に進め、煩雑な編集素材をまとめてくださいました。

そして数多くのイラストを起こしてくれたイラストレーターのサカイシヤスシさん。彼との最初の出会いはおよそ30年前。いつか一緒に仕事ができればいいねと言葉を交わし、ついにこのタイミングでコラボレーションがかないました。さらに紙面デザインは、サカイシさん率いるランタデザインのスタッフデザイナーのみなさん。

そして何よりも、コロナ禍による緊急事態宣言の中でこの本の印刷、製本、流通を担っていただいた方々のご尽力。さらには、医療基盤・社会基盤を支えてくださった方々の懸命な戦い。

これらの方々の奮闘なしにこの本は決して現物にならなかったでしょう。それに報いるためにも、この本が1人でも多くの人の目に留まり、よりよき仕事人生への手助けになりますように。そして社会全体がまた活動的な日々を取り戻せますように。

2020年5月
人類を脅かすコロナ禍をよそに
若葉輝く林を歩きながら

村山 昇

参考文献

第1部　コア20　「中核能力」の本質を押さえる

『Eゲイト英和辞典』ベネッセコーポレーション
リチャード・S・ワーマン『情報選択の時代』松岡正剛訳、日本実業出版社
野中郁次郎、紺野登『知識創造の方法論』東洋経済新報社
湯川秀樹『目に見えないもの』講談社
磯崎新『見立ての手法 －日本的空間の読解－』鹿島出版会
原研哉『デザインのデザイン』岩波書店
竹田青嗣『現象学入門』NHK出版
山鳥重『「わかる」とはどういうことか －認識の脳科学－』筑摩書房
塩見直紀『半農半Xという生き方』ソニーマガジンズ
植村直己『青春を山に賭けて』文藝春秋
鷲田清一『「聴く」ことの力 －臨床哲学試論－』筑摩書房
金子みすゞ『永遠の詩〈1〉金子みすゞ』小学館
サン・テグジュペリ『星の王子さま』内藤濯訳、岩波書店
岡本太郎『強く生きる言葉』イースト・プレス
神谷美恵子『生きがいについて』みすず書房
ベルクソン『創造的進化』真方敬道訳、岩波書店
オノ・ヨーコ『グレープフルーツ・ジュース』南風椎訳、講談社
野田智義／金井壽宏『リーダーシップの旅』光文社
中山元『思考の用語辞典』筑摩書房

第2部　アドバンスト14　強い仕事を生み出すための「発展能力」

川喜田二郎『発想法 －創造性開発のために－』中央公論新社
宮永博史『成功者の絶対法則 セレンディピティ』祥伝社
エドワード・デ・ボーノ『6つの帽子思考法 －視点を変えると会議も変わる－』川本英明訳、パンローリング
小林秀雄、岡潔『人間の建設』新潮社
ティム・ブラウン『デザイン思考が世界を変える』千葉敏生訳、早川書房
中西進『ひらがなでよめばわかる日本語』新潮文庫
灰谷健次郎『せんせいぎらいになれ』理論社
ノーマン・カズンズ『人間の選択』松田銑訳、角川書店
ジョシュア・ハルバースタム『仕事と幸福、そして人生について』桜田直美訳、ディスカヴァー・トゥエンティワン
九鬼周造『「いき」の構造』岩波書店
アルバート・エリス／ロバート・ハーパー『論理療法』國分康孝／伊藤順康訳、川島書店
村山昇『キレの思考 コクの思考』東洋経済新報社
J.B.ベンジャミン『コミュニケーション』西川一廉訳、二瓶社
ベルクソン『物質と記憶』熊野純彦訳、岩波書店
ピーター・F・ドラッカー『ドラッカー名著集7 断絶の時代』上田惇生訳、ダイヤモンド社
ヘンリー・デイヴィッド・ソロー『ソロー語録』岩政伸治編訳、文遊社
山本貴光『「百学連環」を読む』三省堂

第3部　マインド10　能力を活かす「意識・観」

清水博『生命を捉えなおす』中央公論新社
柳宗悦『手仕事の日本』岩波書店
エイブラハム・マスロー『完全なる人間』上田吉一訳、誠信書房
ゲーテ『ゲーテ全集1』登張正実ほか編集、潮出版社
カール・ヒルティ『眠られぬ夜のために』草間平作、大和邦太郎訳、岩波書店
ニーチェ『超訳 ニーチェの言葉』白取春彦訳、ディスカヴァー・トゥエンティワン
小林秀雄『人生の鍛錬』新潮社編、新潮社
濱田庄司『無盡蔵』講談社
オイゲン・ヘリゲル『日本の弓術』柴田治三郎訳、岩波文庫
西岡常一『木のいのち木のこころ 天』草思社
梅原猛『芸術の世界 －梅原猛対談集・上』講談社
マックス・ヴェーバー『プロテスタンティズムの倫理と資本主義の精神』大塚久雄訳、岩波書店
ヴィクトール・E・フランクル『意味への意志』山田邦男監訳、春秋社
小寺聡『もういちど読む 山川哲学』山川出版社
晴山陽一『名言の森』東京堂出版

索 引

ア アナロジー.......................... 30, 56, 72, 180, 182

アルバート・アインシュタイン 51, 58, 85, 92, 239, 261

合わせの妙 80

暗黙知 22-3, 179

意識の視界 218-9

糸井重里 117

イメージトレーニング 84

インフォグラフィックス 168

ヴァージニア・ウルフ 165

ウィーク・タイズ 114

ウイリアム・クラーク 238

ウィリアム・ブレイク 85

ヴェニス・ブラッドワース 239

植村直己 51

ウォルト・ディズニー 85, 133, 238

エイブラハム・マスロー 224

オープンマインド 144-5, 222, 250

岡潔 141

岡本太郎 51

オノ・ヨーコ 111

カ カール・ヒルティ 226

階調図 172, 175

概念化..... 62, 64, 72, 140-1, 151-3, 156, 170, 187

改良的アイデア／革命的アイデア 131,134-5

省みる／顧みる 24, 31

拡散／収束 57, 187

カクテルパーティー効果 188

仮説／検証 56, 58-9

課題／問題..........25, 27, 45, 57, 60, 73, 88-9, 91, 101, 109, 123, 126-9, 130-1, 141, 145-7,

149, 154, 160, 180, 190, 196, 203, 206, 212, 214, 216, 221, 240, 245, 259

価値基盤 228-233

価値創造回路 12-4, 92

金子みすず 86

神谷美恵子 87

川喜田二郎 57

観...... 2-4, 21, 25, 36, 67, 122, 124-5, 149, 167-9, 185, 200-2, 240-9, 251, 257-9, 260, 262

観照 248-9, 250-1

帰納／演繹 56, 59, 145

クリティカル・シンキング 144-5, 149

形式知 22-23, 179

ゲーテ 224, 239, 251

高／低コンテクスト文化 175

五感 40-1, 148

理（ことわり） 52-3, 153

小林秀雄 55, 246-7

コンセプチュアル・シンキング 149, 150-7

サ サン・テグジュペリ 86

塩見直紀 32

識 16-7

自己概念 82-3

自己像 82-3

自己定義宣言 232-3

仕事のオーナーシップ 214, 220

資産ストック 78-9

自信 32, 76, 85, 154, 206-9, 217

自制心 210

自分ごと化 214-5, 218, 221

島崎藤村 165

志村ふくみ 254-5

視野・視座・視点.... 21, 24-27, 126-7, 157, 174, 194, 204-5, 232

習慣 101, 122, 124-5, 161, 178, 200, 226-7

主観／客観 44-5, 48-50, 56, 58, 66-8, 151-3, 155, 168, 180

守・破・離 74-5

純粋経験 248

小我／大我 210-2, 225

使用語彙 160

ジョージ・ムーア 85

自立／自律／自導 119, 195, 204-5

ジレンマ 91

図解／図観 166-185, 221

スティーブン・スピルバーグ 239

正射必中 138

精神性 252-6

成長／成熟....24-5, 34, 37, 68, 87, 166-7, 212-3

正・反・合 56, 70-1, 222

セオドア・ルーズベルト 238

セルフ・リーダーシップ 119, 142

セレンディピティ 131, 132, 188

ゾーン 248

ソリッド部分／ファジー部分 108-110

タ 太極図 176

台風モデル 232

多読・速読 34-5, 161

ダニエル・ピンク 150

断捨離 212

丹田 252

知識は力なり 18

知・情・意 53-5, 66, 210-2, 247

知足 212, 255

抽象／具体 21, 24-5, 28, 30, 49, 56, 60-5, 72, 75, 76, 126-9, 151-2, 155, 156, 180, 187

ツリー図 172, 177

定義化 68, 151, 157

提供価値宣言 232-3

定量化 44, 50, 256

デザイン・シンキング 146-7, 149

東洲斎写楽 139

トーマス・カーライル 85

ナ ナポレオン・ヒル 238

ニーチェ 68, 240

ニコラ・ボアロー・デプレオー 56

西岡常一 254-5

日本百名山 49

認知語彙 160

ノーマン・カズンズ 164-5

ハ 灰谷健次郎................................164

π（パイ）の字思考プロセス 64, 72, 151, 156

ハイマン・シュタインタール 165

濱田庄司 251

パラダイム 135

ハンモック・モデル 151, 156

ピーター・ドラッカー 67, 140, 190

日野原重明 51

ファシリテーション 186-7

フォロワー 118, 142-3

深田久弥 49

不二図 172, 176

フランシス・ベーコン 18

ブレークスルー 130-1

フレデリック・アミエル 87
フロー 173, 179, 248
プロジェクト化 128-9
プロフェッショナル 14-5, 147, 184, 256
ベルクソン 102, 183
ベンジャミン・ディズレーリ 50
ベンジャミン・フランクリン 87
編集 12-3, 80-1, 122-3, 158-9
弁証法 56, 70-1, 80
ベン図 172, 174
ヘンリー・デイヴィッド・ソロー....................196
ホーリズム 73
ボコ発想／デコ発想 137-8
ホモ・ファーベル...............................102
本田宗一郎...67, 68

マ　マーシャル・マクルーハン 38
マーティン・ルーサー・キング・ジュニア 99, 239
マインドフルネス 249
マックス・ヴェーバー 256
松下幸之助 67, 68, 153, 204
まなざし 4, 24, 32, 213
マネジメント 123, 140-1, 148, 150, 186-7
マルセル・プルースト 32
マンダラ 168-9, 173, 183
水の力／火の力 98
見立て 24, 30, 256
目利き 19, 24, 29, 139
メタ能力 194-5
メビウスの輪 167, 176
モデル化 12, 151, 157, 185
ものさし 46-50, 157, 256

ヤ　雇われない生き方 221
柳宗悦 224, 251
湯川秀樹 23
夢／志 32, 55, 82-3, 85, 125, 185, 204,
　　　220, 228-9, 234-9
要素論／全体論..........................56, 73

ラ　リーダーシップ 118-9, 142-3, 186
利己の環／利他の環 225
リチャード・S・ワーマン 19
理念軸 228-9, 232
類推 56, 72, 151, 157
ルビコン川を渡る 235-7
霊性 28, 251, 253
ロバート・L・カッツ 150

他　5Forces分析 181
ABC理論 178
KJ法 57
PPM (プロダクト・ポートフォリオ・マネジメント)図
　　　..180
SECIモデル 22, 179
SWOT分析.. 181

360度の視点で能力を哲学する絵事典

スキルペディア

発行日　2020年6月30日　第1刷

Author	村山昇
Illustrator	サカイシヤスシ
Book Design / DTP	LaNTA
Publication	株式会社ディスカヴァー・トゥエンティワン
	〒102-0093　東京都千代田区平河町2-16-1 平河町森タワー11F
	TEL 03-3237-8321 (代表)　03-3237-8345 (営業)　FAX 03-3237-8323
	http://www.d21.co.jp
Publisher	谷口奈緒美
Editor	原典宏
Publishing Company	蛯原昇　千葉正幸　梅本翔太　古矢薫　青木翔平　志摩麻衣　大竹朝子　小木曽礼丈　小田孝文　小山怜那　川島理
	川本寛子　越野志絵良　佐竹祐哉　佐藤淳基　佐藤昌幸　竹内大貴　滝口景太郎　直林実咲　野村美空　橋本莉奈
	廣内悠理　三角真穂　宮田有利子　渡辺基志　井澤徳子　俵敬子　藤井かおり　藤井多穂子　町田加奈子
Digital Commerce Company	谷口奈緒美　飯田智樹　安永智洋　大山聡子　岡本典子　早水真吾　磯部隆　伊東佑真　王廳　倉田華　小石亜季
	榊原僚　佐々木玲奈　佐藤サラ圭　庄司知世　杉田彰子　高橋雛乃　辰巳佳衣　谷中卓　中島俊平　西川なつか
	野崎竜海　野中保奈美　林拓馬　林秀樹　牧野類　三谷祐一　三輪真也　元木優子　安永姫菜　中澤泰宏
Business Solution Company	蛯原昇　志摩晃司　野村美紀　藤田浩芳　南健一
Business Platform Group	大星多聞　小関勝則　堀部直人　小田木もも　斎藤悠人　山中麻吏　福田章平　伊藤香　葛目美枝子　鈴木洋子
Company Design Group	松原史与志　井筒浩　井上竜之介　岡村浩明　奥田千晶　田中亜紀　福永友紀　山田諭志　池田望　石光まゆ子
	石橋佐知子　齋藤朋子　丸山香織　宮崎陽子
Proofreader	文字工房燦光
Printing	大日本印刷株式会社